Escritos de Educação

Dados Internacionais de Catalogação na Publicação (CIP)
(Câmara Brasileira do Livro, SP, Brasil)

Pierre Bourdieu
 Escritos de educação / Maria Alice Nogueira e Afrânio Catani (organizadores). 17. ed. – Petrópolis, RJ : Vozes, 2023.

ISBN 978-65-5713-883-0

1. Educação 2. Sociologia educacional I. Catani, Afrânio. II. Nogueira, Maria Alice. III. Título. IV. Série.

96-0345   CDD-370.19

Índices para catálogo sistemático:

1. Sociologia educacional   370.19

PIERRE BORDIEU

Escritos de Educação

Seleção, organização, introdução e notas
Maria Alice Nogueira
Afrânio Catani

EDITORA
VOZES

Petrópolis

© Pierre Bourdieu
Direitos de publicação em língua portuguesa:
1998, Editora Vozes Ltda.
Rua Frei Luís, 100
25689-900 Petrópolis, RJ
www.vozes.com.br
Brasil

Todos os direitos reservados. Nenhuma parte desta obra poderá ser reproduzida ou transmitida por qualquer forma e/ou quaisquer meios (eletrônico ou mecânico, incluindo fotocópia e gravação) ou arquivada em qualquer sistema ou banco de dados sem permissão escrita da editora.

CONSELHO EDITORIAL

Diretor
Volney J. Berkenbrock

Editores
Aline dos Santos Carneiro
Edrian Josué Pasini
Marilac Loraine Oleniki
Welder Lancieri Marchini

Conselheiros
Elói Dionísio Piva
Francisco Morás
Gilberto Gonçalves Garcia
Ludovico Garmus
Teobaldo Heidemann

Secretário executivo
Leonardo A.R.T. dos Santos

Editoração e org. literária: Jaime Clasen
Diagramação: Daniela Alessandra Eid
Revisão gráfica: Michele Guedes
Capa: WM design

"E ouvrage, publié dans le cadre du programme de participation à la publication, bénéficie du soutien du Ministère français des Affaires Etrangéres, de l'Ambassade de France au Brésil et de la Maison française de Rio de Janeiro."

"Este livro, publicado no âmbito do programa de participação à publicação, contou com o apoio do Ministério francês das Relações Exteriores, da Embaixada da França no Brasil e da Maison française do Rio de Janeiro".

ISBN 978-65-5713-883-0

Este livro foi composto e impresso pela Editora Vozes Ltda.

Sumário

Uma sociologia da produção do mundo cultural e escolar, 7
(Maria Alice Nogueira e Afrânio Catani)

Prefácio: Sobre as artimanhas da razão imperialista, 23

I. Método científico e hierarquia social dos objetos, 53

II. A escola conservadora: as desigualdades frente à escola e à cultura, 63

III. O capital social – notas provisórias, 111

IV. Os três estados do capital cultural, 119

V. Futuro de classe e causalidade do provável, 133

VI. O diploma e o cargo: relações entre o sistema de produção e o sistema de reprodução, 219

VII. Classificação, desclassificação, reclassificação, 245

VIII. As categorias do juízo professoral, 313

IX. Os excluídos do interior, 369

X. As contradições da herança, 389

XI. Medalha de ouro do CNRS 1993, 405

Anexo I: Quadro comparativo dos sistemas de ensino – Brasil/França, 421

Anexo II: Significado das siglas, 423

Uma sociologia da produção do mundo cultural e escolar

A década de 1960 pode ser considerada um período de fausto para as ciências sociais francesas: um acelerado processo de desenvolvimento, expresso sobretudo na ampliação do número de pesquisadores e no crescimento do volume da produção científica, levou ao aparecimento de pensadores como Pierre Bourdieu (1930), cujo nome desponta inicialmente como criador, em 1967, do Centro de Sociologia da Educação e da Cultura (Csec), sendo autor, juntamente com Jean-Claude Passeron, do livro *Les Héritiers* (1964), uma das principais fontes inspiradoras dos estudantes universitários rebelados em maio de 1968[1]. Desde então, as análises de Bourdieu dedicadas à sociologia da educação e da cultura marcaram gerações de intelectuais e ganharam rapidamente notoriedade nacional e internacional.

Ao mesmo tempo em que colocava novos questionamentos, sua obra fornecia respostas originais, renovando o pensamento sociológico sobre as funções e o funcionamento social dos sistemas de ensino nas sociedades contemporâneas, e sobre as relações que

---

1. Raymond Aron escreveu que "o livro de Bourdieu e de Passeron, *Les Héritiers*, tornou-se, por assim dizer, um livro de cabeceira dos estudantes de maio" – cf. *Memórias*. 2. ed. Rio de Janeiro: Nova Fronteira, 1986, p. 521 [Trad. Octávio Alves Velho].

mantêm os diferentes grupos sociais com a escola e com o saber. Conceitos e categorias analíticas por ele construídos constituem hoje moeda corrente da pesquisa educacional, impregnando, com seu alto poder explicativo, boa parte das análises brasileiras sobre as condições de produção e de distribuição dos bens culturais e simbólicos, entre os quais se incluem obviamente os produtos escolares.

Este livro foi organizado com o intuito de oferecer, em língua portuguesa, a um público de pesquisadores, estudiosos e especialistas em educação, uma seleção de alguns dos mais importantes escritos do autor em matéria de educação e de ensino, que ainda não estavam disponíveis em nosso país – boa parte dos quais publicados originalmente na revista *Actes de la Recherche en Sciences Sociales* (*ARSS*), criada por Bourdieu em 1975, e até hoje por ele dirigida[2].

Em se tratando de obra tão extensa, era forçoso operar escolhas, o que provavelmente não fizemos sem certa dose de arbitrariedade. Guiou-nos, entretanto, a intenção de evitá-la ao máximo e o propósito de selecionar na obra, inicialmente, aqueles momentos fortes

---

2. Ainda está por ser feita a análise das condições de recepção da obra de Bourdieu no Brasil, à semelhança do que fez Loïc Wacquant para os Estados Unidos, em seu texto "Bourdieu in America: notes on the transatlantic importation of social theory" (In: CALHOUN, C.; LIPUMA, E. & POSTONE, M. (orgs.). *Bourdieu Critical Perspectives*. Cambridge: Polity Press, 1993). Mas, desde já, é possível supor que, entre nós, verifica-se o mesmo fenômeno do desconhecimento do grande *corpus* de análises empíricas realizadas pelos colaboradores e colegas de Bourdieu e veiculadas na revista *Actes de la Recherche en Sciences Sociales*.

do pensamento, marcados por textos que tiveram vasta repercussão e influência na área. Um outro critério levou-nos à opção por trabalhos que tentassem cobrir os diferentes aspectos da questão educacional que ocupam o autor, visando obter uma certa representatividade do conjunto do pensamento.

A disposição dos textos a partir da ordem cronológica de publicação não nos pareceu conveniente, porque quebraria a sequência temática. A ela preferimos uma estratégia de apresentação que os agrupasse segundo os diferentes aspectos da problemática de Bourdieu no campo da educação. Trata-se, pois, de textos redigidos em momentos diferentes e em distintos contextos, o que torna no mínimo arriscado falar-se de um *corpus* unificado.

Integram assim a presente coletânea onze textos precedidos de um prefácio do autor e acrescidos dos anexos I e II que fornecem, respectivamente, as equivalências entre os graus e as séries dos sistemas de ensino francês e brasileiro, e o significado das siglas educacionais francesas que aparecem nos textos.

"Método científico e hierarquia social dos objetos" (1975) é um artigo de abertura, espécie de editorial, publicado originalmente no primeiro número de *ARSS*. Para Bourdieu, a existência nos campos de produção simbólica de uma hierarquia dos objetos legítimos, legitimáveis ou indignos constitui-se em uma das mediações por meio das quais se impõe a *censura* específica de um determinado campo. No seu entender, "a definição dominante das coisas boas de se dizer e dos temas dignos de interesse é um dos mecanismos ideológicos que fazem com que coisas também muito boas de se dizer não sejam ditas e com que temas não menos dignos de interesse não interessem a ninguém, ou só possam ser tratados de modo envergonhado ou vicioso".

É a hierarquia dos objetos que, consciente ou inconscientemente, orienta os investimentos intelectuais dos agentes, mediados pela estrutura de oportunidades de lucro material e simbólico. Assim, os produtores que trabalham com objetos considerados "desvalorizados" esperam de um outro campo as recompensas que o campo científico lhes recusa de antemão.

Apenas quatro anos antes de *A reprodução*, o artigo "A escola conservadora: as desigualdades frente à escola e à cultura" (1966) assinalou uma etapa decisiva na exploração das funções escolares de reprodução cultural e de conservação social.

Rompendo com as explicações fundadas em aptidões naturais e individuais e ensejando – de modo praticamente pioneiro – a crítica do mito do "dom", o autor desvenda as condições sociais e culturais que permitiram o desenvolvimento desse mito. E desmonta também os mecanismos através dos quais o sistema de ensino transforma as diferenças iniciais – resultado da transmissão familiar da herança cultural – em desigualdades de destino escolar.

Nesse momento da obra, já despontavam elementos que irão se revelar duradouros no pensamento, conquanto tenham sido ulteriormente melhor desenvolvidos ou mais rigorosamente demonstrados. É o caso, por exemplo, da ênfase conferida à relação com o saber (em detrimento do saber em si mesmo) como uma das características principais da teoria bourdieusiana. Os educandos provenientes de famílias desprovidas de capital cultural apresentarão uma relação com as obras de cultura veiculadas pela escola que tende a ser interessada, laboriosa, tensa, esforçada, enquanto para os indivíduos originários de meios culturalmente privilegiados essa relação está marcada pelo diletantismo, desenvoltura, elegância, facilidade verbal "natural". Ocorre que, ao avaliar o desempenho dos alunos, a escola leva em conta sobretudo – consciente ou inconscientemente – esse modo de aquisição (e uso) do saber ou, em outras palavras, essa relação com o saber.

"Os três estados do capital cultural" e "O capital social – notas provisórias" apareceram em *ARSS*, respectivamente, em 1979 e 1980. São textos fundamentais para a compreensão dos esquemas explicativos desenvolvidos por Bourdieu. Ele formulou o conceito de capital cultural para dar conta da desigualdade de desempenho escolar de crianças oriundas de diferentes classes sociais, procurando relacionar o "sucesso escolar" (isto é, os benefícios específicos que as crianças das diferentes classes e frações de classe podem obter no mercado escolar) com a distribuição desse capital específico entre as classes ou frações de classe. Tal postura significa "uma ruptura com os pressupostos inerentes, tanto à visão comum que considera o sucesso ou fracasso escolar como efeito das 'aptidões' naturais, quanto às teorias do 'capital humano'".

O capital cultural existe sob três formas, a saber: a) no *estado incorporado*, sob a forma de disposições duráveis do organismo. Sua acumulação está ligada ao corpo, exigindo *incorporação*, demanda tempo, pressupõe um trabalho de inculcação e assimilação. Esse tempo necessário deve ser investido pessoalmente pelo receptor – "tal como o bronzeamento, essa incorporação não pode efetuar-se *por procuração*"; b) no *estado objetivado*, sob a forma de bens culturais (quadros, livros, dicionários, instrumentos, máquinas), transmissíveis de maneira relativamente instantânea quanto à propriedade jurídica. Todavia, as condições de sua apropriação específica submetem-se às mesmas leis de transmissão do capital cultural em estado incorporado; c) no *estado institucionalizado*, consolidando-se nos títulos e certificados escolares que, da mesma maneira que o dinheiro, guardam relativa independência em relação ao portador do título. Essa certidão de competência "*institui* o capital cultural pela magia coletiva, da mesma forma que, segundo Merleau-Ponty, os vivos *instituem* seus mortos através dos ritos do luto". Por meio dessa forma de capital cultural é possível colocar a questão das funções sociais do sistema de ensino e de apreender as relações que mantém com o sistema econômico.

O capital social é, para Bourdieu, o conjunto de recursos (atuais ou potenciais) que estão ligados à posse de uma rede durável de relações mais ou menos institucionalizadas, em que os agentes se reconhecem como pares ou como vinculados a determinado(s) grupo(s).

Tais agentes são dotados de propriedades comuns e, também, encontram-se unidos através de ligações permanentes e úteis. Assim, o volume do capital social que um agente individual possui depende da extensão da rede de relações que pode ou consegue mobilizar e do volume do capital (econômico, cultural ou simbólico) que é posse exclusiva de cada um daqueles a quem está ligado.

Bourdieu escreve que a reprodução do capital social é tributária de instituições que visam favorecer "as trocas legítimas e a excluir as trocas ilegítimas, produzindo ocasiões (*rallyes*, cruzeiros, caçadas, saraus, recepções etc.), lugares (bairros chiques, escolas seletas, clubes etc.) ou práticas (esportes chiques, jogos de sociedade, cerimônias culturais etc.) que reúnem, de maneira aparentemente fortuita, indivíduos tão homogêneos quanto possível, sob todos os aspectos pertinentes do ponto de vista da existência e pertinência do grupo". Tal reprodução paga tributo, igualmente, ao trabalho de sociabilidade, de uma competência específica (conhecimento das relações genealógicas e das ligações reais e arte de utilizá-las), de um dispêndio de tempo e de esforços para mantê-la – além, naturalmente, de capital econômico.

"Futuro de classe e causalidade do provável" (1974) apareceu na *Revue Française de Sociologie*, sendo republicado em parte no livro *La Distinction* (1979). No entender de Bourdieu, as práticas econômicas dos agentes sociais dependem das possibilidades objetivas com que se assegura o capital, em um dado momento, a uma classe específica de agentes. Tal situação é determinada pelas disposições duráveis, *habitus*, princípio gerador de estratégias objetivas. De maneira mais precisa, tais práticas econômicas "dependem da estrutura das possibilidades diferenciais de aproveitamento que se oferecem a essa classe, levando-se em conta o volume e a estrutura de seu capital", como também "a estrutura do sistema de estratégias de reprodução que utilizam para melhorar ou manter sua posição na estrutura social".

A "causalidade do provável" é o resultado dessa espécie de dialética entre o *habitus*, cujas antecipações práticas repousam sobre toda a experiência anterior, e as "significações prováveis", ou seja, o dado que ele toma como percepção seletiva e uma apreciação oblíqua dos indicadores do futuro. Assim, "as práticas aparecem como o resultado desse encontro entre um agente predisposto e prevenido, e um *mundo presumido*, isto é, o único que lhe é dado conhecer".

O sistema de estratégias de reprodução pode ser definido como sequências ordenadas e orientadas de práticas que todo grupo produz para reproduzir-se enquanto grupo. Merecem destaque, dentre outras, para o autor, as *estratégias de fecundidade*, limitando-se o número de filhos e, consequentemente, reduzindo o total de pretendentes ao patrimônio; ou, ainda, as estratégias indiretas de limitação da fecundidade, como o casamento tardio ou o celibato. As *estratégias sucessórias* têm por fim a transmissão do patrimônio, com a menor possibilidade de degradação, de uma geração a outra. As *estratégias educativas*, conscientes e inconscientes, são investimentos de longo prazo que, em geral, não são percebidos como tais pelos agentes. *Estratégias matrimoniais* existem para assegurar a reprodução biológica do grupo, tratando-se de evitar um "casamento desigual" e de prover, através da aliança com um grupo ao menos equivalente, a manutenção do capital de relações sociais. As *estratégias ideológicas*, por sua vez, visam legitimar os privilégios, naturalizando-os. Isso sem mencionarmos as estratégias *propriamente econômicas*, de *investimento social, profiláticas* etc.

O futuro de classe é determinado pela relação entre o patrimônio (considerado em seu volume e composição) e os sistemas dos instrumentos de reprodução. Nesse sentido, os detentores de capital não podem manter sua posição na estrutura social (ou na de um dado campo, como por exemplo o artístico ou o jurídico) "senão ao preço de *reconversões* das espécies de capital que detêm, em outras espécies mais rentáveis e/ou mais legítimas no estado considerado dos instrumentos de reprodução"[3].

O texto "O diploma e o cargo: relações entre o sistema de produção e o sistema de reprodução" (1975), escrito em colaboração com Luc Boltanski, foi originalmente concebido como nota provisória de trabalho,

---

3. Cf. BOURDIEU, P.; BOLTANSKI, L. & SAINT-MARTIN, M. As estratégias de reconversão: as classes sociais e o sistema de ensino". In: DURAND, J.C.G. (org.). *Educação e hegemonia de classe*: as funções ideológicas da escola. Rio de Janeiro: Zahar, 1979, p. 105-176.

cuja finalidade deveria ser a de lançar o debate sobre uma série de hipóteses a respeito das relações entre o sistema de ensino (o diploma) e o sistema produtivo (o cargo), tema que na década de 70 mobilizava não apenas os autores, mas grande parte dos sociólogos da educação franceses. Esse programa de estudos terá prolongamento no artigo "Classificação, desclassificação, reclassificação" (1978), igualmente publicado na revista *ARSS* e posteriormente incorporado ao segundo capítulo do livro *La Distinction*.

No primeiro trabalho, os autores limitam-se a focalizar a defasagem existente entre, de um lado, as transformações que afetam continuamente a estrutura das profissões e, de outro, a produção de produtores pelo sistema escolar, o qual, em razão de suas funções mais gerais de reprodução social (e não apenas de reprodução técnica) e de sua autonomia relativa, não se ajusta senão de modo muito imperfeito às demandas do mercado de trabalho, possibilitando o fenômeno da "inflação de diplomas"[4].

Já no artigo de 1978, Bourdieu estende a análise às estratégias empregadas pelos diferentes grupos sociais para obter o maior rendimento possível de seus investimentos educativos e de seu capital escolar. Segundo a

---

4. Quase dez anos mais tarde, no livro *Homo Academicus* (Paris: Minuit, 1984), Bourdieu se mostrará mais hesitante quanto ao emprego da analogia da inflação, "à qual recorri em fase anterior de meu trabalho", uma vez que certas estratégias individuais ou coletivas dos agentes, como, por exemplo, a criação de novos mercados e profissões, podem proteger portadores de certificados escolares desvalorizados (cf. p. 214).

posição que ocupam no espaço social, esses diferentes grupos travam, em torno do diploma, uma verdadeira luta por sua classificação, para não se desclassificarem ou para se reclassificarem, dado que, com o mesmo nível de diploma, ocupa-se postos cada vez menos elevados na hierarquia ocupacional.

Esse efeito de depreciação relativa, oriundo da multiplicação do contingente de diplomados, leva a uma intensificação da utilização da escola, por parte das categorias já – anteriormente – utilizadoras dela, e a uma desilusão, por parte dos novos utilizadores, no que se refere às aspirações que nutriam em relação às credenciais escolares obtidas. É no seio destes últimos que o processo de desvalorização faz suas maiores vítimas, pois que, em geral, são privados de outras espécies de capital (em particular, o capital social), capazes de rentabilizar seu certificado escolar.

No artigo "As categorias do juízo professoral" (1975), examinando os considerandos anotados pelos professores à margem dos trabalhos escolares de 154 alunas de filosofia de um curso preparatório à Escola Normal Superior de Paris, nos anos 1960, Pierre Bourdieu e Monique de Saint-Martin constatam que tanto os julgamentos mais favoráveis quanto as notas elevam-se à medida que se eleva a posição social da aluna, embora o primeiro elemento esteja mais fortemente correlacionado à origem social do que a nota.

Bem mais relevante, entretanto, é sua demonstração de que nada escapa ao julgamento operado pelo docente na hora de avaliar o produto do trabalho discente. Ao lado, ou para além, dos "critérios internos" de avaliação de um determinado tipo de conhecimento (domínio do campo, vocabulário técnico, entre outros), levam-se em conta, sobretudo, "critérios externos" tais como: postura corporal, maneiras, aparência física, dicção, sotaque, estilo da linguagem oral e escrita, cultura geral etc.

Desnudam o sistema de classificação que orienta a apreciação do mestre, e que se expressa através de uma "taxionomia propriamente escolar" que distingue (e opõe) qualidades superiores como brilho, originalidade, fineza, sutileza, elegância, desenvoltura, de virtudes inferiores – ou, até mesmo, "negativas" – como esforço, seriedade, precisão, modéstia, correção.

Mesmo se hoje em dia, mais de vinte anos após a publicação desse artigo, os sociólogos não mais se permitem enxergar nos processos sociais de avaliação escolar apenas a ação inexorável de um mecanismo, de uma "máquina ideológica" de transformar herança cultural em capital escolar, não impede que a imaginação criadora e a demonstração sociológica dos autores conserve, até hoje, o mérito de ter decifrado as classificações escolares como formas de classificação social e, principalmente, o valor heurístico de ter esmiuçado e nomeado o universo fino e sutil de elementos implícitos e ocultos que povoam a apreciação professoral. É preciso, pois, render a esse texto a condição de pioneiro no terreno da sociologia da avaliação escolar.

Bem mais recente, o artigo "Os excluídos do interior", publicado originalmente em *ARSS* (1992), e reproduzido, um ano após, no livro *La misère du monde* (1993)[5], trata da constituição de novas formas de desigualdade escolar. Se, até fins da década de 50, a grande clivagem se fazia entre, de um lado, os escolarizados, e, de outro, os excluídos da escola, hoje em dia ela opera, de modo bem menos simples, através de uma segregação interna ao sistema educacional que separa os educandos segundo o itinerário escolar, o tipo de estudos, o estabelecimento de ensino, a sala de aula, as opções curriculares. Exclusão "branda", "contínua", "insensível", "despercebida". A escola segue, pois, excluindo, mas hoje ela o faz de modo bem mais dissimulado, conservando em seu interior os excluídos, postergando sua eliminação, e reservando a eles os setores escolares mais desvalorizados.

Talvez seja esse artigo de 1992, escrito em colaboração com Patrick Champagne, o texto que melhor deixa ver a renovação do pensamento de Bourdieu no que se refere ao papel da escola. Das primeiras obras dos anos 1960 ao momento atual, a análise se atualiza em função da nova conjuntura escolar e também ideológica. Mas não renuncia ao núcleo da teoria: a escola permanece uma das instituições principais de manutenção dos privilégios.

De modo semelhante, o texto "As contradições da herança" (1993), extraído do livro *A miséria do mundo*, propõe novas maneiras de abordar o peso da instituição

---

5. Livro editado pela Vozes, com o título *A miséria do mundo* (1997).

escolar na vida dos indivíduos, notadamente o papel que podem ter seus veredictos nos processos de transmissão da herança familiar. Seus efeitos de mudança nas posições e disposições dos agentes incidem poderosamente sobre a construção das identidades individuais.

Numa perspectiva mais próxima da intimidade dos sujeitos, o autor reflete sobre as formas de "sofrimento social" que têm a família e a escola em sua origem. Cita como situação exemplar o caso de pais originários de meios desfavorecidos cuja relação com a escolaridade prolongada e o sucesso escolar do filho é marcada por uma forte ambivalência: ao mesmo tempo em que desejam que este se diferencie deles tornando-se alguém bem-sucedido escolar e socialmente, temem a inevitável distância dos padrões populares – e portanto de si mesmos – que tal processo acarretaria para o filho. Cumprindo um destino de "trânsfuga", este último, por sua vez, enfrenta uma dilacerante contradição em relação a si mesmo: ter sucesso culpabiliza, pois significa trair suas origens; renunciar a ele também, pois representa decepcionar expectativas paternas.

"Medalha de ouro do CNRS 1993", último artigo desta coletânea, constitui-se basicamente em um "texto de combate" em que o autor realiza uma defesa apaixonada da sociologia, dos sociólogos, do *métier* de sociólogo e das condições de institucionalização dessa ciência, em especial na França. Bourdieu agradece ao ministro do Ensino Superior e da Investigação pela láurea que lhe foi conferida e, ao mesmo tempo em que enfatiza que a sociologia francesa é "universalmente reconhecida como uma das melhores do mundo", cobra das autoridades "as vantagens simbólicas e materiais" associadas a tal reconhecimento.

Defende a ideia segundo a qual a sociologia deva ser sobretudo reflexiva, que tome a si própria por objeto, com o trabalho se desenvolvendo em equipes integradas – resultados dessa postura podem ser encontrados em *Homo Academicus* (1984) e nas ações que culminaram na edição de *A miséria do mundo*, na revista *ARSS* e no seu suplemento internacional, *Liber*.

Recusando-se a "pregar aos convertidos", Bourdieu mergulha na sociologia do universo científico, perseguindo a "psicologia do espírito científico" preconizada por Bachelard, desvelando o invisível, o não dito, as censuras, a lógica dos determinantes sociais da exclusão, dos comitês de seleção, dos critérios de avaliação, das condições sociais do recrutamento e do comportamento dos administradores científicos etc. Ele vai dissecar a lógica inerente de um espaço social específico, quer dizer, o campo científico, situando o sociólogo em seu interior, "este pequeno profeta privilegiado e estipendiado pelo Estado", nas palavras de Weber.

Nesta sua fala de quase cinco anos atrás, Bourdieu faz a defesa do Estado – "que representa a única liberdade diante dos constrangimentos do mercado" –, direcionando sua artilharia contra a atual maneira de proceder dessa esfera, que cada vez mais pauta suas ações e serviços em matéria de cultura, de ciência ou de literatura, pela "tirania do marketing, das sondagens, do audimat e de todos os registros" que se supõem legítimos face às expectativas do maior número, da quantificação absoluta[6].

Uma palavra deve ser dita, ainda, com relação ao texto "Sobre as artimanhas da razão imperialista", publicado originalmente em *ARSS* (1998) e tendo como coautor Loïc Wacquant. Esta coletânea já estava com todos os textos traduzidos e nos encontrávamos à espera do prefácio de Bourdieu quando, em carta de meados de junho de 1998, o autor nos sugeriu que fosse esse trabalho, "de grande importância para sociólogos de diferentes países", transformado no artigo inicial – sugestão que incorporamos de imediato.

Maria Alice Nogueira
Afrânio Mendes Catani
Belo Horizonte – São Paulo
Agosto/1998

---

6. Cf., a respeito, seus livros *Sur la télévision* (Paris: Liber Editions, 1997) e *Contre-feux* (Paris: Seuil, 1998), bem como alguns de seus desdobramentos no artigo "A máquina infernal". *Mais! Folha de S. Paulo*, 12/7/1998.

Prefácio
Sobre as artimanhas da razão imperialista

Pierre Bourdieu
Loïc Wacquant

Tradução: GUILHERME JOÃO DE FREITAS TEIXEIRA
Revisão técnica: MARIA ALICE NOGUEIRA

Fonte: BOURDIEU, PIERRE & WACQUANT, Loïc. "Sur les ruses de la raison impérialiste", publicado originalmente em *Actes de la recherche en sciences sociales*. *Paris, n. 121-122, março de 1998, p. 109-118.*

O imperialismo cultural repousa no poder de universalizar os particularismos associados a uma tradição histórica singular, tornando-os irreconhecíveis como tais[1]. Assim, do mesmo modo que, no século XIX, um certo número de questões ditas filosóficas debatidas como

---

1. Para evitar qualquer mal-entendido – e afastar a acusação de "antiamericanismo" – é preferível afirmar, de saída, que nada é mais universal do que a pretensão ao universal ou, mais precisamente, à universalização de uma visão particular do mundo; além disso, a demonstração esboçada aqui será válida, *mutatis mutandis*, para outros campos e países (principalmente, a França: cf. BOURDIEU, P. "Deux impérialismes de luniversel". In: FAURE, C. & BISHOP, T. (orgs.). *L'Amerique dês François*, Paris: François Bourin, 1992).

universais, em toda a Europa e para além dela, tinham sua origem, segundo foi muito bem demonstrado por Fritz Ringer, nas particularidades (e nos conflitos) históricas próprias do universo singular dos professores universitários alemães[2], assim também, hoje em dia, numerosos tópicos oriundos diretamente de confrontos intelectuais associados à particularidade social da sociedade e das universidades americanas impuseram-se, sob formas aparentemente desistoricizadas, ao planeta inteiro. Esses *lugares-comuns* no sentido aristotélico de noções ou de teses *com as quais* se argumenta, mas *sobre as quais* não se argumenta ou, por outras palavras, esses pressupostos da discussão que permanecem indiscutidos, devem uma parte de sua força de convicção ao fato de que, circulando de colóquios universitários para livros de sucesso, de revistas semieruditas para relatórios de especialistas, de balanços de comissões para capas de magazines, estão presentes por toda parte ao mesmo tempo, de Berlim a Tóquio e de Milão a México, e são sustentados e intermediados de uma forma poderosa por esses espaços pretensamente neutros como são os organismos internacionais (tais como a Ocde ou a Comissão Europeia) e os centros de estudos e assessoria para políticas públicas (tal como o Adam Smith Institute e a Fondation Saint-Simon)[3].

---

2. RINGER, F. *The Decline of Mandarins*. Cambridge: Cambridge University Press, 1969.

3. Entre os livros que dão testemunho dessa McDonaldização rampante do pensamento, pode-se citar a jeremiada elitista de BLOOM, A. *The Closing of the American Mind* (Nova York: Simon & Schuster, 1987),

A neutralização do contexto histórico que resulta da circulação internacional dos textos e do esquecimento correlato das condições históricas de origem produz uma universalização aparente que vem duplicar o trabalho de "teorização". Espécie de axiomatização fictícia benfeita para produzir a ilusão de uma gênese pura, o jogo das definições prévias e das deduções que visam substituir a contingência das necessidades sociológicas negadas pela aparência da necessidade lógica tende a ocultar as raízes históricas de um conjunto de questões e de noções que, segundo o campo de acolhimento, serão consideradas filosóficas, sociológicas, históricas ou políticas. Assim, planetarizados, mundializados, no sentido estritamente geográfico, pelo desenraizamento, ao mesmo tempo que desparticularizados pelo efeito de falso corte que produz a conceitualização, esses lugares-

---

traduzida imediatamente em francês, pela Editora Julliard com o título *L'âme désarmée* (1987) e o panfleto enraivecido do imigrante indiano neoconservador (e biógrafo de Reagan), membro do Manhattan Institute, DiSOUZA, D. *Illiberal Education*: The Politics of Race and Sex on Campus (Nova York: The Free Press, 1991), traduzido em francês com o título *L'Education contre les libertes*. Paris: Gallimard, 1993 [Coleção "le Messager"]. Um dos melhores indícios para identificar as obras que participam dessa nova doxa intelectual com pretensão planetária é a *celeridade*, absolutamente inabitual, com a qual são traduzidas e publicadas no exterior (sobretudo, em comparação com as obras científicas). Para uma visão nativa de conjunto dos sucessos e fracassos dos professores universitários americanos, atualmente, ver o recente número de *Daedalus* consagrado a "The American Academic Profession" (n. 126, outono de 1997), principalmente CLARK, B. "Small Worlds, Different Worlds: The Uniqueness and Troubles of American Academic Professions", p. 21-42, e ALTBACH, P. "An International Academic Crisis? The American Professoriate in Comparative Perspective", p. 315-338.

-comuns da grande vulgata planetária transformados, aos poucos, pela insistência midiática em senso comum universal chegam a fazer esquecer que têm sua origem nas realidades complexas e controvertidas de uma sociedade histórica particular, constituída tacitamente como modelo e medida de todas as coisas.

Eis o que se passou, por exemplo, com o debate impreciso e inconsistente em torno do "multiculturalismo", termo que, na Europa, foi utilizado, sobretudo, para designar o pluralismo cultural na esfera cívica, enquanto, nos Estados Unidos, ele remete às sequelas perenes da exclusão dos negros e à crise da mitologia nacional do "sonho americano", correlacionada ao crescimento generalizado das desigualdades no decorrer das últimas duas décadas[4]. Crise que o vocábulo "multicultural" encobre, confinando-a artificial e exclusivamente ao microcosmo universitário e expressando-a em um registro ostensivamente "étnico" quando, afinal, ela tem como principal questão não o reconhecimento das culturas marginalizadas pelos cânones acadêmicos, mas o acesso aos instrumentos de (re)produção das classes média e superior – na primeira fila das quais figura a

---

4. MASSEY, D. & DENTON, N. *American Apartheid* (Paris: Descartes, 1996, orig. de 1993); WATERS, M. *Ethnic Options* (Berkeley: University of California Press, 1990); HOLLINGER, D.A. *Postethnic America* (Nova York: Basic Books, 1995); e HOCHSCHILD, J. *Facing up to the American Dream*: Race, Class, and the Soul of the Nation (Princeton: Princeton University Press, 1996); para uma análise de conjunto dessas questões que, com justeza, coloca em evidência sua ancoragem e recorrência históricas, LACORNE, D. *La Crise de l'identité américaine* – Du melting pot au multiculturalisme (Paris: Fayard, 1997).

universidade – em um contexto de descompromisso maciço e multiforme do Estado[5].

Através desse exemplo, vê-se de passagem que, entre os produtos culturais difundidos na escala planetária, os mais insidiosos não são as teorias de aparência sistemática (como o "fim da história" ou a "globalização") e as visões do mundo filosóficas (ou que pretendem ser tais, como o "pós-modernismo"), no final de contas, fáceis de serem identificadas; mas sobretudo determinados termos isolados com aparência técnica, tais como a "flexibilidade" (ou sua versão britânica, a "empregabilidade") que, pelo fato de condensarem ou veicularem uma verdadeira filosofia do indivíduo e da organização social, adaptam-se perfeitamente para funcionar como verdadeiras palavras de ordem políticas (no caso concreto: "menos Estado", redução da cobertura social e aceitação da generalização da precariedade salarial como uma fatalidade, inclusive, um benefício).

Poder-se-ia analisar também em todos os seus detalhes a noção fortemente polissêmica de "mundiali-

---

5. Sobre o imperativo de reconhecimento cultural, TAYLOR, C. *Multiculturalism*: Examining the Politics of Recognition (Princeton: Princeton University Press, 1994), e os textos coletados e apresentados por GOLDBERG, T. (org.). *Multiculturalism*: A Critical Reader (Cambridge: Blackwell, 1994); sobre os entraves às estratégias de perpetuação da classe média nos Estados Unidos, WACQUANT, L. "La généralisation de l'insécurité salariale en Amérique: restructurations d'entreprises et crise de reproduction sociale". *Actes de la Recherche en Sciences Sociales*, n. 115. dezembro de 1996, p. 65-79; o profundo mal-estar da classe média americana é bem-descrito por NEWMAN, K. *Declining Fortunes* (Nova York: Basic Books, 1993).

zação" que tem como efeito, para não dizer função, submergir no ecumenismo cultural ou no fatalismo economista os efeitos do imperialismo e fazer aparecer uma relação de força transnacional como uma necessidade natural. No termo de uma reviravolta simbólica baseada na naturalização dos esquemas do pensamento neoliberal, cuja dominação se impôs nos últimos vinte anos, graças ao trabalho de sapa dos *think tanks* conservadores e de seus aliados nos campos político e jornalístico[6], a remodelagem das relações sociais e das práticas culturais das sociedades avançadas em conformidade com o padrão norte-americano, apoiado na pauperização do Estado, mercantilização dos bens públicos e generalização da insegurança social, é aceita atualmente com resignação como o desfecho obrigatório das evoluções nacionais quando não é celebrada com um entusiasmo subserviente que faz lembrar estranhamente a "febre" pela América que, há meio século, o plano Marshall tinha suscitado em uma Europa devastada[7].

---

6. GRÉMION, P. *Preuves, une revue européenne à Paris*. Paris: Julliard, 1989; *Intelligence de l'anticommunisme: le Congrès pour la liberté de la culture à Paris*. Paris: Fayard, 1995. • SMITH, J.A. *The idea Brokers*: Think Tanks and the Rise of the New Policy Elite. Nova York: The Free Press, 1991. • DIXON, K. "Les Evangélistes du Marché". *Liber*, n. 32, setembro de 1997, p. 5-6.

7. Sobre a "mundialização" como "projeto americano", FLIGSTEIN, N. "Rhétorique et réalités de la mondialisation'". *Actes de la Recherche en Sciences Sociales*, n. 119, setembro de 1997, p. 36-47; sobre o fascínio ambivalente pela América no período após a guerra, BOLTANSKI, L. "America. America... Le plan Marshall et l'importation du management". *Actes de la Recherche en Sciences Sociales*, n. 38, 1981, p. 19-41; e KUISEL, R. *Seducting the French*: The Dilemma of Americanization. Berkeley: University of California Press, 1993.

Um grande número de temas conexos publicados recentemente sobre a cena intelectual europeia e, singularmente, parisiense, atravessaram assim o Atlântico, seja às claras, seja por contrabando, favorecendo a volta da influência de que gozam os produtos da pesquisa americana, tais como o "politicamente correto", utilizado de forma paradoxal, nos meios intelectuais franceses, como instrumento de reprovação e repressão contra qualquer veleidade de subversão, principalmente feminista ou homossexual, ou o pânico moral em torno da "guetoização" dos bairros ditos "imigrantes", ou ainda o moralismo que se insinua por toda parte através de uma visão ética da política, da família, etc., conduzindo a uma espécie de despolitização "principielle" dos problemas sociais e políticos, assim desembaraçados de qualquer referência a toda espécie de dominação ou, enfim, a oposição que se tornou canônica, nos setores do campo intelectual mais próximos do jornalismo cultural, entre o "modernismo" e o "pós-modernismo" que, baseada em uma releitura eclética, sincrética e, na maioria das vezes, desistoricizada e bastante imprecisa de um pequeno número de autores franceses e alemães, está em vias de se impor, em sua forma americana, aos próprios europeus[8].

Seria necessário atribuir um lugar à parte e conferir um desenvolvimento mais importante ao debate

---

8. Não se trata do único caso em que, por um paradoxo que manifesta um dos efeitos mais típicos da dominação simbólica, um certo número de tópicos que os Estados Unidos exportam e impõem em todo o universo, a começar pela Europa, foram tomados de empréstimo a esses mesmos que os recebem como as formas mais avançadas da teoria.

que, atualmente, opõe os "liberais" aos "defensores da comunidade"[9] (outros tantos termos diretamente *transcritos*, e não traduzidos, do inglês), ilustração exemplar do efeito de *falso corte* e de *falsa universalização* que produz a passagem para a ordem do discurso com pretensões filosóficas: definições fundadoras que marcam uma ruptura aparente com os particularismos históricos que permanecem no segundo plano do pensamento do pensador situado e datado do ponto de vista histórico (por exemplo, como será possível não ver que, como já foi sugerido muitas vezes, o caráter dogmático da argumentação de Rawls em favor da prioridade das liberdades de base se explica pelo fato de que ele atribui tacitamente aos parceiros na posição original um ideal latente que não é outro senão o seu, o de um professor universitário americano, apegado a uma visão ideal da democracia americana?)[10]; pressupostos antropológicos antropologicamente injustificáveis, mas dotados de toda a autoridade *social* da teoria econômica neomarginalista à qual são tomados de empréstimo; pretensão à dedução rigorosa que permite encadear formalmente consequências infalsificáveis sem se expor, em nenhum momento, à menor refutação empírica; alternativas rituais, e irrisórias, entre atomistas-individualistas e holistas-coletivistas, e tão visivelmente absurdas na medi-

---

9. Para uma bibliografia do imenso debate, cf.: *Philosophy & social criticism*, 3/4 v. 14, 1988, special issue, Universalism vs. communitarianism: contemporary debates in ethics.

10. HART, H.L.A. "Rawls on Liberty and its Priority". In: DANIELS, N. (org.). *Reading Rawls*. Nova York: Basic Books, 1975, p. 238-259.

da em que obrigam a inventar "holistas-individualistas" para enquadrar Humboldt, ou "atomistas-coletivistas"; e tudo isso expresso em um extraordinário *jargão*, em uma terrível *língua franca* internacional, que permite incluir, sem levá-las em consideração de forma consciente, todas as particularidades e os particularismos associados às tradições *filosóficas e políticas* nacionais (sendo que alguém pode escrever *liberty* entre parênteses após a palavra liberdade, mas aceitar sem problema determinados barbarismos conceituais como a oposição entre o "procedural" e o "substancial"). Esse debate e as "teorias" que ele opõe, e entre as quais seria inútil tentar introduzir uma opção política, devem, sem dúvida, uma parte de seu sucesso entre os filósofos, principalmente conservadores (e, em especial, católicos), ao fato de que tendem a reduzir a política à moral: o imenso discurso sabiamente neutralizado e politicamente desrealizado que ele suscita veio tomar o lugar da grande tradição alemã da *Antropologia filosófica*, palavra nobre e falsamente profunda de *denegação* (*Verneinung*) que, durante muito tempo, serve de anteparo e obstáculo – por toda parte em que a filosofia (alemã) podia afirmar sua dominação – a qualquer análise científica do mundo social[11].

---

11. Desse ponto de vista, aviltadamente sociológico, o diálogo entre Rawls e Habermas – a respeito dos quais não é exagerado afirmar que, em relação à tradição filosófica, são bastante equivalentes – é altamente significativo (cf., por exemplo, HABERMAS, J. "Reconciliation through the Public Use of Reason: Remarks on Political Liberalism". *Journal of Philosophy*, 1995, 3, p. 109-131.

Em um campo mais próximo das realidades políticas, um debate como o da "raça" e da identidade dá lugar a semelhantes intrusões etnocêntricas. Uma representação histórica, surgida do fato de que a tradição americana calca, de maneira arbitrária, a dicotomia entre brancos e negros em uma realidade infinitamente mais complexa, pode até mesmo se impor em países em que os princípios de visão e divisão, codificados ou práticos, das diferenças étnicas são completamente diferentes e em que, como o Brasil, ainda eram considerados, recentemente, como contraexemplos do "modelo americano"[12]. A maior parte das pesquisas recentes sobre a desigualdade etnorracial no Brasil, empreendidas por americanos e latino-americanos formados nos Estados Unidos, esforçam-se em provar que, contrariamente à imagem que os brasileiros têm de sua nação, o país das "três tristes raças" (indígenas, negros descendentes dos escravos, brancos oriundos da colonização e das vagas de imigração europeias) não é menos "racista" do que os outros; além disso, sobre esse capítulo, os brasileiros "brancos" nada têm a invejar em relação aos primos norte-americanos. Ainda pior, o *racismo mascarado* à brasileira seria, por definição, mais perverso, já que dissimulado e negado. É o que pretende, em *Orpheus and Power*[13], o cientista político afro-americano

---

12. Segundo o estudo clássico de DEGLER, C. *Neither Black Nor White*: Slavery and Race Relations in Brazil and the United States. Madison: University of Wisconsin Press, 1995 [publicado pela primeira vez em 1974].

13. HANCHARD, M. *Orpheus and Power*: The Movimento Negro of Rio de Janeiro and São Paulo, 1945-1988. Princeton: Princeton University

Michael Hanchard: ao aplicar as categorias raciais norte-americanas à situação brasileira, o autor erige a história particular do Movimento em favor dos Direitos Civis como padrão universal da luta dos grupos de cor oprimidos. Em vez de considerar a constituição da ordem etnorracial brasileira em sua lógica própria, essas pesquisas contentam-se, na maioria das vezes, em substituir na sua totalidade o mito nacional da "democracia racial" (tal como é mencionada, por exemplo, na obra de Gilberto Freire[14]), pelo mito segundo o qual todas as sociedades são "racistas", inclusive aquelas no seio das quais parece que, à primeira vista, as relações "sociais" são menos distantes e hostis. De utensílio analítico, o conceito de racismo torna-se um simples instrumento de acusação; sob pretexto de ciência, acaba por se consolidar a lógica do processo (garantindo o sucesso de livraria, na falta de um sucesso de estima)[15].

Em um artigo clássico, publicado há trinta anos, o antropólogo Charles Wagley mostrava que a concep-

---

Press, 1994. Um poderoso antídoto ao veneno etnocêntrico sobre esse tema encontra-se na obra de MARX, A. *Making Race and Nation*: A Comparison of the United States, South Africa and Brazil (Cambridge: Cambridge University Press, 1998) que demonstra que as divisões raciais são estreitamente tributárias da história política e ideológica do país considerado, sendo que cada Estado fabrica, de alguma forma, a concepção de "raça" que lhe convém.

14. FREIRE, G. *Maîtres et esclaves*. Paris: Gallimard, 1978.

15. Quando será publicado um livro intitulado *O Brasil racista*, segundo o modelo da obra com o título cientificamente inqualificável *La France raciste*, de um sociólogo francês mais atento às expectativas do campo jornalístico do que às complexidades da realidade?

ção da "raça" nas Américas admite várias definições, segundo o peso atribuído à ascendência, à aparência física (que não se limita à cor da pele) e ao *status* sociocultural (profissão, montante da renda, diplomas, região de origem, etc.), em função da história das relações e dos conflitos entre grupos nas diversas zonas[16]. Os norte-americanos são os únicos a definir "raça" a partir somente da ascendência e, exclusivamente, em relação aos afro-americanos: em Chicago, Los Angeles ou Atlanta a pessoa é "negra" não pela cor da pele, mas pelo fato de ter um ou vários parentes identificados como negros, isto é, no termo da regressão, como escravos. Os Estados Unidos constituem a única sociedade moderna a aplicar a *"one-drop rule"* e o princípio de "hipodescendência", segundo o qual os filhos de uma união mista são, automaticamente, situados no grupo inferior (aqui, os negros). No Brasil, a identidade racial define-se pela referência a um *continuum* de "cor", isto é, pela aplicação de um princípio flexível ou impreciso que, levando em consideração traços físicos como a textura dos cabelos, a forma dos lábios e do nariz e a posição de classe (principalmente, a renda e a educação), engendram um grande número de categorias intermediárias (mais de uma centena foram repertoriadas no censo de 1980) e não implicam ostracização radical nem *estigmatização* sem remédio. Dão testemunho dessa situação, por exemplo, os índices de segregação exibidos pelas

---

16. WAGLEY, C. "On the Concept of Social Race in the Americas". In: HEATH, D.B. & ADAMS, R.N. (orgs.). *Contemporary Cultures and Societies in Latin America.* Nova York: Random House, 1965, p. 531-545.

cidades brasileiras, nitidamente inferiores aos das metrópoles norte-americanas, bem como a ausência virtual dessas duas formas tipicamente norte-americanas de violência racial como são o linchamento e o motim urbano[17]. Pelo contrário, nos Estados Unidos não existe categoria que, social e legalmente, seja reconhecida como "mestiço"[18]. Aí, temos a ver com uma divisão que se assemelha mais à das *castas definitivamente definidas e delimitadas* (como prova, a taxa excepcionalmente baixa de intercasamentos: menos de 2% das afro-americanas contraem uniões "mistas", em contraposição à metade, aproximadamente, das mulheres de origem hispanizante e asiática que o fazem) que se tenta dissimular, submergindo-a pela "globalização" no universo das visões diferenciantes.

Como explicar que sejam assim elevadas, tacitamente, à posição de padrão universal em relação ao qual deve ser analisada e avaliada toda situação de dominação étnica[19], determinadas "teorias" das "relações

---

17. TELLES, E.E. "Race, Class, and Space in Brazilian Cities". *International Journal of Urban and Regional Research*, 19-3, setembro de 1995, p. 395-406; e REID, G.A. *Blacks and Whites in São Paulo, 1888-1988*. Madison: University of Wisconsin Press, 1992.

18. DAVIS, F.J. *Who is Black? One Nation's Rule*. University Park: Pennsylvania State Press, 1991, e WILLIAMSON, J. *The New People*: Miscegenation and Mulattoes in the United States. Nova York: New York University Press, 1980.

19. Esse estatuto de padrão universal, de "meridiano de Greenwich" em relação ao qual são avaliados os avanços e os atrasos, os "arcaísmos" e os "modernismos" (a vanguarda), é uma das propriedades universais daqueles que dominam simbolicamente um universo (cf. CASANOVA, P. *L'espace littéraire international*. Paris: [s.e.], 1997 [Tese de doutorado]).

raciais" que são *transfigurações conceitualizadas* e, incessantemente, renovadas pelas necessidades da atualização, de estereótipos raciais de uso comum que, em si mesmos, não passam de justificações primárias da dominação dos brancos sobre os negros[20]? O fato de que, no decorrer dos últimos anos, a sociodiceia racial (ou racista) tenha conseguido se "mundializar", perdendo ao mesmo tempo suas características de discurso justificador para uso interno ou local, é, sem dúvida, uma das confirmações mais exemplares do império e da influência simbólicos que os Estados Unidos exercem sobre toda espécie de produção erudita e, sobretudo, semierudita, em particular, através do poder de consagração que esse país detém e dos benefícios materiais e simbólicos que a adesão mais ou menos assumida ou vergonhosa ao modelo norte-americano proporciona aos pesquisadores dos países dominados. Com efeito, é possível dizer, com Thomas Bender, que os produtos da pesquisa americana adquiriram "uma estatura internacional e um poder de atração" comparáveis aos "do cinema, da música popular, dos programas de informática e do basquetebol americanos"[21]. A violência

---

20. James McKee demonstra, a uma só vez, em sua obra-mestra *Sociology and the Race Problem*: The Failure of a Perspective (Urbana/Chicago: University of Illinois Press, 1993), por um lado, que essas teorias com pretensões científicas retomam o estereótipo da inferioridade cultural dos negros e, por outro, que elas se revelaram singularmente inaptas para predizer e depois explicar a mobilização negra do após-guerra e os motins raciais dos anos 1960.

21. BENDER, T. "Politics, Intellect, and the American University, 1945-1995". *Daedalus*, n. 126, inverno de 1997, p. 1-38; sobre a importação

simbólica nunca se exerce, de fato, sem uma forma de cumplicidade (extorquida) daqueles que a sofrem e a "globalização" dos temas da doxa social americana ou de sua transcrição, mais ou menos sublimada, no discurso semierudito não seria possível sem a colaboração, consciente ou inconsciente, direta ou indiretamente interessada, não só de todos os "passadores" e importadores de produtos culturais com grife ou "dégriffés" (editores, diretores de instituições culturais, museus, óperas, galerias de arte, revistas etc.) que, no próprio país ou nos países-alvo, propõem e propagam, muitas vezes com toda a boa-fé, os produtos culturais americanos, mas também de todas as instâncias culturais americanas que, sem estarem explicitamente coordenadas, acompanham, orquestram e, até por vezes, organizam o processo de conversão coletiva à nova Meca simbólica[22].

Mas todos esses mecanismos que têm como efeito *favorecer* uma verdadeira "globalização" das problemáticas americanas, dando assim razão, em um aspecto, à crença americano-cêntrica na "globalização" entendida, simplesmente, como *americanização* do mundo ocidental e, aos poucos, de todo o universo, não são suficientes

---

da temática do gueto no *recente* debate em torno da cidade e de seus males, WACQUANT, L. "Pour en finir avec le mythe des 'rites-ghettos': les differences entre la France et les Etats-Unis". *Annates de la Recherche Urbaine*, 52, setembro de 1992, p. 20-30.

22. Uma descrição exemplar do processo de transferência do poder de consagração de Paris para Nova York, em matéria de arte de vanguarda, encontra-se no livro clássico de Serge Guilbaut *How New York Stole the Idea of Modern Art*: Abstract Impressionism. Freedom, and the Cold War. Chicago: The University of Chicago Press, 1983.

para explicar a tendência do ponto de vista americano, erudito ou semierudito, sobre o mundo, para se impor como ponto de vista universal, sobretudo, quando se trata de questões, tais como a da "raça" em que a particularidade da situação americana é particularmente flagrante e está particularmente longe de ser exemplar. Poder-se-ia ainda invocar, evidentemente, o papel motor que desempenham as grandes fundações americanas de filantropia e pesquisa na difusão da doxa racial norte-americana no seio do campo universitário brasileiro, tanto no plano das representações quanto das práticas. Assim, a Fundação Rockefeller financia um programa sobre "Raça e etnicidade" na Universidade Federal do Rio de Janeiro, bem como o Centro de Estudos Afro-asiáticos (e sua revista *Estudos Afro-asiáticos*) da Universidade Cândido Mendes, de maneira a favorecer o intercâmbio de pesquisadores e estudantes. Para a obtenção de seu patrocínio, a Fundação impõe como condição que as equipes de pesquisa obedeçam aos critérios de *affirmative action* à maneira americana, o que levanta problemas espinhosos já que, como se viu, a dicotomia branco/negro é de aplicação, no mínimo, arriscada na sociedade brasileira.

Além do papel das fundações filantrópicas, deve-se, enfim, colocar entre os fatores que contribuem para a difusão do "pensamento US" nas ciências sociais a internacionalização da atividade editorial universitária. A integração crescente da edição dos livros acadêmicos em língua inglesa (doravante vendidos, frequentemente, pelas mesmas editoras nos Estados Unidos, nos diferentes países da antiga Commonwealth britânica, bem como nos pequenos países poliglotas da União Europeia, tais como a Suécia e a Holanda, e nas sociedades submetidas mais diretamente à dominação cultural americana) e o desaparecimento da fronteira entre atividade editorial universitária e editoras comerciais contribuíram para encorajar a circulação de termos, temas e tropos com forte divulgação prevista ou constatada que, por ricochete, devem seu poder de atração ao simples fato de sua ampla difusão. Por exemplo, a grande editora semicomercial, semiuniversitária (designada pelos anglo-saxões como *crossover press*), Basil Blackwell, não hesita em impor a seus autores determinados títulos em consonância com esse novo senso comum planetário para a instalação do qual ela tem dado sua contribuição sob pretexto de repercuti-lo. Assim, à coletânea de textos sobre as novas formas de pobreza urbana, na Europa e na América, reunidos em 1996 pelo sociólogo italiano Enzo Mingione, foi dado o título *Urban Poverty and the Underclass*, contra o parecer de seu responsável e dos diferentes colaboradores, uma vez que toda a obra tende a demonstrar a vacuidade da noção de *underclass* (Backwell chegou mesmo a se recusar a colocar o termo entre aspas)[23]. Em caso de reticência demasiado grande por parte dos autores, Basil Blackwell

---

23. MINGIONE, E. *Urban Poverty and the Underclass*: A Reader. Oxford: Basil Backwell, 1996. Não se trata de um incidente isolado: no momento em que este artigo foi para o prelo, a mesma editora empreendeu um combate furioso com os urbanólogos Ronald van Kempen e Peter Marcuse, a fim de que estes modifiquem o título de sua obra coletiva, *The Partitioned City,* para *Globalizing Cities.*

está em condições de pretender que um título atraente é o único meio de evitar um preço de venda elevado que, de qualquer modo, liquidaria o livro em questão. É assim que certas decisões de pura comercialização editorial orientam a pesquisa e o ensino universitários no sentido da homogeneização e da submissão às modas oriundas da América, quando não acabam por criar, claramente, determinadas "disciplinas", tais como os *cultural studies*, campo híbrido, nascido nos anos 1970 na Inglaterra que deve sua difusão internacional a uma política de propaganda editorial bem-sucedida. Deste modo, o fato de que essa "disciplina" esteja ausente dos campos universitário e intelectual franceses não impediu Routledge de publicar um *compendium* intitulado *French Cultural Studies*, segundo o modelo dos *British Cultural Studies* (existe também um tomo de *German Cultural Studies*). E pode-se predizer que, em virtude do princípio de partenogênese étnico-editorial em voga atualmente, ver-se-á em breve aparecer um manual de *French Arab Cultural Studies* que venha a constituir o par simétrico de seu primo do além-Mancha, *Black British Cultural Studies*, publicado em 1997.

Mas todos esses fatores reunidos não podem justificar completamente a hegemonia que a produção exerce sobre o mercado mundial. É a razão pela qual é necessário levar em consideração o papel de alguns dos responsáveis pelas estratégias de *import-export* conceitual mistificadores mistificados que podem veicular, sem seu conhecimento, a parte oculta – e, muitas vezes, maldita – dos produtos culturais que fazem circular. Com efeito, o que pensar desses pesquisadores americanos que vão ao Brasil encorajar os líderes do *Movimento Negro* a adotar as táticas do movimento afro-americano de defesa dos direitos civis e denunciar a categoria *pardo* (termo intermediário entre *branco* e *preto* que designa as pessoas de aparência física mista) a fim de mobilizar todos os brasileiros de ascendência africana a partir de uma oposição dicotômica entre "afro-brasileiros" e "brancos" no preciso momento em que, nos Estados Unidos, os indivíduos de origem mista se mobilizam a fim de que o Estado americano (a começar pelos Institutos de Recenseamento) reconheça, oficialmente, os americanos "mestiços", deixando de os classificar à força sob a etiqueta exclusiva de "negro"?[24] Semelhantes constatações nos autorizam a pensar que a descoberta tão recente quanto repentina da "globalização da raça"[25] resulta, não de uma brusca convergência dos modos de dominação etnorracial nos diferentes países, mas antes da quase universalização do *folk concept* norte-americano de "raça" sob o efeito da exportação mundial das categorias eruditas americanas.

Poder-se-ia fazer a mesma demonstração a propósito da difusão internacional do verdadeiro-falso con-

---

24. SPENCER, J.M. *The New Colored People*: The Mixed Race Movement in America. Nova York: New York University, 1997, e DaCOSTA, K. *Remaking "Race"*: Social Bases and Implications of the Multiracial Movement in America. Berkeley: Universidade da Califórnia, 1998 [Tese de doutorado].

25. WINANT, H. "Racial Formation and Hegemony: Global and Local Developments". In: RATTANSI, A. & WESTWOOD, S. (orgs.). *Racism, Identity, Ethnicity*. Oxford: Basil Blackwell, 1994. Ibid. *Racial Conditions*. Minneapolis: University of Minnesota Press, 1995.

ceito de *underclass* que, por um efeito de *allodoxia* transcontinental, foi importado pelos sociólogos do velho continente desejosos de conseguirem uma segunda juventude intelectual surfando na onda da popularidade dos conceitos *made in USA*[26]. Para avançar rápido, os pesquisadores europeus ouvem falar de "*classe*" e acreditam fazer referência a uma nova posição na estrutura do espaço social urbano quando seus colegas americanos ouvem falar de "*under*" e pensam cambada de pobres perigosos e imorais, tudo isso sob uma óptica deliberadamente vitoriana e racistótide. No entanto, Paul Peterson, professor de ciência política em Harvard e diretor do "Comitê de pesquisas sobre a *underclass* urbana" do Social Science Research Council (também financiado pelas Fundações Rockefeller e Ford), não deixa subsistir qualquer equívoco quando, com o seu aval, resume os ensinamentos extraídos de um grande colóquio sobre a *underclass* realizado, em 1990, em Chicago, nestes termos que não têm necessidade de qualquer comentário: "O sufixo '*class*' é o componente menos interessante da palavra. Embora implique uma relação entre dois grupos sociais, os termos dessa relação permanecem indeterminados enquanto não for acrescentada a palavra mais familiar '*under*'. Esta sugere algo de baixo, vil, passivo, resignado e, ao mesmo tem-

---

26. Como tinha sido observado, há alguns anos, por John Westergaard em sua alocução diante da British Sociological Association (About and Beyond the Underclass: Some Notes on the Influence of the Social Climate on British Sociology Today") em *Sociology*, 26-4, julho-setembro de 1992, p. 575-587.

po, algo de vergonhoso, perigoso, disruptivo, sombrio, maléfico, inclusive, demoníaco. E, além desses atributos pessoais, ela implica a ideia de submissão, subordinação e miséria"[27].

Em cada campo intelectual nacional, existem "passadores" (por vezes, um só; outras vezes, vários) que retomam esse mito erudito e reformulam nesses termos alienados a questão das relações entre pobreza, imigração e segregação em seus países. Assim, já não é possível contar o número de artigos e obras que têm como objetivo provar – ou negar, o que acaba sendo a mesma coisa – com uma bela aplicação positivista, a "existência" desse "grupo" em tal sociedade, cidade ou bairro, a partir de indicadores empíricos na maioria das vezes malconstruídos e malcorrelacionados entre si[28]. Ora, colocar a questão de saber se existe uma *underclass* (termo que alguns sociólogos franceses não hesitaram em traduzir por "subclasse", na expectativa, sem dúvida, de introduzir o conceito de sub-homens) em Londres, Lyon, Leiden ou Lisboa é pressupor, no mínimo, por um lado, que o termo é dotado de uma certa consistência analítica e,

---

27. JENOKS, C. & PETERSON, P. (orgs.). *The Urban Underclass*. Washington: Brookings Institution, 1991, p. 3.

28. Eis três exemplos, entre muitos: RODANT, T. "An Emerging Ethnic Underclass in the Netherlands? Some Empirical Evidence". *New Community*, 19-1, outubro de 1992, p. 129-141; DANGSCHAT, J. "Concentration of Poverty in the Landscapes of Boomtown' Hamburg: The Creation of a New Urban Underclass?" *Urban Studies*, 31-77, agosto de 1994, p. 1.133-1.147; e WHELM, C.T. "Marginalization. Deprivation, and Fatalism in the Republic of Ireland: Class and Underclass Perspectives". *European Sociological Review*, 12-1, maio de 1996, p. 33-51.

por outro, que tal "grupo" existe realmente nos Estados Unidos[29]. Ora, a noção semijornalística e semierudita de *underclass* é desprovida não só de coerência semântica, mas também de existência social. As populações heteróclitas que os pesquisadores americanos colocam, habitualmente, sob esse termo – beneficiários da assistência social, desempregados crônicos, mães solteiras, famílias monoparentais, rejeitados do sistema escolar, criminosos e membros de gangues, drogados e sem-teto, quando não são todos os habitantes do gueto sem distinção – devem sua inclusão nessa categoria "fourre-tout" ao fato de que são percebidas como outros tantos desmentidos vivos do "sonho americano" de sucesso individual. O "conceito" aparentado de "exclusão" é comumente empregado, na França e em certo número de outros países europeus (principalmente, sob a influência da Comissão Europeia), na fronteira dos campos político, jornalístico e científico, com funções similares de desistoricização e despolitização. Isso dá uma ideia da inanidade da operação que consiste em retraduzir uma noção inexistente por uma outra mais do que incerta[30].

---

29. Tendo sentido muita dificuldade para arguir uma evidência, ou seja, o fato de que o conceito de *underclass* não se aplica às cidades francesas. Cyprien Avenel aceita e reforça a ideia preconcebida segundo a qual ele seria operatório nos Estados Unidos ("La question de l'underclass des deux côtés de l'Atlantique". *Sociologie du Travail*, 39-2, abril de 1997, p. 211-237).

30. HERPIN, N. "L'underclass dans la sociologie américaine: exclusion sociale e pauvreté". *Revue Française de Sociologie*, 34-4, julho-setembro de 1993, p. 421-439.

Com efeito, a *underclass* não passa de um grupo fictício, produzido no papel pelas práticas de classificação dos eruditos, jornalistas e outros especialistas em gestão dos pobres (negros urbanos) que comungam da crença em sua existência porque tal grupo é constituído para voltar a dar a algumas pessoas uma legitimidade científica e, a outras, um tema politicamente compensador[31]. Inapto e inepto no caso americano, o conceito de importação não traz nada ao conhecimento das sociedades europeias. Com efeito, os instrumentos e as modalidades do governo da miséria estão longe de ser idênticos dos dois lados do Atlântico, sem falar das divisões étnicas e de seu estatuto político[32]. Segue-se que, nos Estados Unidos, a definição e o tratamento reservados às "populações com problemas" diferem dos que são adotados pelos diversos países do velho mundo. E, sem dúvida, o mais extraordinário é que, segundo um paradoxo já encontrado a propósito de outros falsos conceitos da vulgata mundializada, essa noção de *underclass* que nos chega da América surgiu na Europa, bem como a de gueto que ela tem por função ocultar em razão da severa censura política que, nos Estados Uni-

---

31. WACQUANT, L. "L'underclass' urbaine dans l'imaginaire social et scientifique américain". In: PAUGAM, S. (org.). *L'exclusion*: l'état des savoirs. Paris: La Découverte, 1996, p. 248-262.

32. Essas diferenças estão enraizadas em profundos pedestais históricos, como indica a leitura comparada dos trabalhos de Giovanna Procacci e Michael Katz: PROCACCI, G. *Gouverner la misère*: la question sociale en France, 1789-1848. Paris. Le Seuil, 1993; e KATZ, M. *In the Shadow of the Poorhouse*: A History of Welfare in America. Nova York: Basic Books, 1997 [nova edição].

dos, pesa sobre a pesquisa a respeito da desigualdade urbana e racial. Com efeito, tal noção tinha sido forjada, nos anos 1960, a partir da palavra sueca *onderklass*, pelo economista Gunnar Myrdal. Mas sua intenção era, nesse caso, descrever o processo de marginalização dos segmentos inferiores da classe operária dos países ricos para criticar a ideologia do aburguesamento generalizado das sociedades capitalistas[33]. Vê-se como o desvio pela América pode transformar uma ideia: de um conceito estrutural que visava colocar em questão a representação dominante surgiu uma categoria behaviorista recortada sob medida para reforçá-la, imputando aos comportamentos "antissociais" dos mais desmunidos a responsabilidade por sua despossessão.

Esses mal-entendidos devem-se, em parte, ao fato de que os "passadores" transatlânticos dos diversos campos intelectuais importadores, que produzem, reproduzem e fazem circular todos esses (falsos) problemas, retirando de passagem sua pequena parte de benefício material ou simbólico, estão expostos, pelo fato de sua posição e de seus *habitus* eruditos e políticos, a uma dupla heteronomia. Por um lado, olham em direção da América, suposto núcleo da (pós-) "modernidade" social e científica, mas eles próprios são dependentes dos pesquisadores americanos que exportam para o exterior determinados produtos intelectuais (muitas vezes, nem tão frescos) já que, em geral, não têm conhecimento direto e específico das instituições e da cultura america-

---

33. MYRDAL, G. *Challenge to Affluence*. Nova York: Pantheon, 1963.

nas. Por outro lado, inclinam-se para o jornalismo, para as seduções que ele propõe e os sucessos imediatos que ele proporciona, e, ao mesmo tempo, para os temas que afloram na interseção dos campos midiático e político, portanto, no ponto de rendimento máximo sobre o mercado exterior (como seria mostrado por um recenseamento das resenhas complacentes que seus trabalhos recebem nas revistas em voga). Daí, sua predileção por problemáticas *soft*, nem verdadeiramente jornalísticas (estão guarnecidas com conceitos), nem completamente eruditas (orgulham-se por estarem em simbiose com "o ponto de vista dos atores") que não passam da retradução semierudita dos problemas sociais do momento em um idioma importado dos Estados Unidos (etnicidade, identidade, minorias, comunidade, fragmentação etc.) e que se sucedem segundo uma ordem e ritmo ditados pela mídia: juventude dos subúrbios, xenofobia da classe operária em declínio, desajustamento dos estudantes secundaristas e universitários, violências urbanas etc. Esses sociólogos-jornalistas, sempre prontos a comentar os "fatos de sociedade", em uma linguagem, ao mesmo tempo, acessível e "modernista", portanto, muitas vezes, percebida como vagamente progressista (em referência aos "arcaísmos" do velho pensamento europeu), contribuem, de maneira particularmente paradoxal, para a imposição de uma visão do mundo que está longe de ser incompatível, apesar das aparências, com as que produzem e veiculam os grandes *think tanks* internacionais, mais ou menos diretamente plugados às esferas do poder econômico e político.

Quanto aos que, nos Estados Unidos, estão comprometidos, muitas vezes sem seu conhecimento, nessa imensa operação internacional de *import-export* cultural, eles ocupam, em sua maioria, uma posição dominada no campo do poder americano, e até mesmo, muitas vezes, no campo intelectual. Do mesmo modo que os produtores da grande indústria cultural americana como o *jazz* ou o *rap*, ou as modas de vestuário e alimentares mais comuns, como o *jeans*, devem uma parte da sedução quase universal que exercem sobre a juventude ao fato de que são produzidas e utilizadas por minorias dominadas[34], assim também os tópicos da nova vulgata mundial tiram, sem dúvida, uma boa parte de sua eficácia simbólica do fato de que, utilizados por especialistas de disciplinas percebidas como marginais e subversivas, tais como os *cultural studies*, os *minority studies*, os *gay studies* ou os *women studies*, eles assumem, por exemplo, aos olhos dos escritores das antigas colônias europeias, a aparência de mensagens de libertação. Com efeito, o imperialismo cultural (americano ou outro) há de se impor sempre melhor quando é servido por intelectuais progressistas (ou "de cor", no caso da desigualdade racial), pouco suspeitos, aparentemente, de promover os interesses hegemônicos de um país contra o qual esgrimem com a arma da crítica social. Assim, os diversos artigos que compõem o número de verão de 1996 da revista *Dissent*,

---

34. FANTASIA, R. "Everything and Nothing: The Meaning of Fast-Food and Other American Cultural Goods in France". *The Tocqueville Review*, 15-7, 1994, p. 57-88.

órgão da "velha esquerda" democrática de Nova York, consagrado às "Minorias em luta no planeta: direitos, esperanças, ameaças"[35], projetam sobre a humanidade inteira, com a boa consciência humanista característica de certa esquerda acadêmica, não só o senso comum *liberal* norte-americano, mas a noção de *minority* (seria necessário conservar sempre a palavra inglesa para lembrar que se trata de um conceito nativo importado na teoria – e ainda aí, originário da Europa) que pressupõe aquilo mesmo cuja existência real ou possível deveria ser demonstrada[36], a saber: categorias recortadas

---

35. "Embattled Minorities around the Globe: Rights, Hopes. Threat". *Dissent*, verão de 1996.

36. O problema da língua, evocado de passagem, é um dos mais espinhosos. Tendo conhecimento das precauções tomadas pelos etnólogos na introdução de palavras nativas, e embora também sejam conhecidos todos os benefícios simbólicos fornecidos por esse vernis de *modernity*, podemos nos surpreender que determinados profissionais das ciências sociais povoem sua linguagem científica com tantos "falsos amigos" teóricos baseados no simples decalque lexicológico (*minority*, minoridade; *profession*. profissão liberal etc.) sem observar que essas palavras morfologicamente gêmeas estão separadas por toda a diferença existente entre o sistema social no qual foram produzidas e o novo sistema no qual estão sendo introduzidas. Os mais expostos à *fallacy* do "falso amigo" são, evidentemente, os ingleses porque, aparentemente, falam a mesma língua, mas também porque, na maioria das vezes, tendo aprendido a sociologia em manuais, *readers* e livros americanos, não têm grande coisa a opor, salvo uma extrema vigilância epistemológico-política, à invasão conceitual. (É claro, existem polos de resistência declarada à hegemonia americana, como, por exemplo, no caso dos estudos étnicos, em torno da revista *Ethnic and Racial Studies*, dirigida por Martin Bulmer, e do grupo de estudos do racismo e das migrações de Robert Miles na Universidade de Glasgow; no entanto, esses paradigmas alternativos, preocupados em levar plenamente em consideração as especificidades da ordem britânica, não se definem menos

no seio de determinado Estado-nação a partir de traços "culturais" ou "étnicos" têm, *enquanto tais*, o desejo e o direito de exigir um reconhecimento cívico e político.

Ora, as formas sob as quais os indivíduos procuram fazer reconhecer sua existência e seu pertencimento pelo Estado variam segundo os lugares e os momentos em função das tradições históricas e constituem sempre um motivo de lutas na história. É assim que uma análise comparativa aparentemente rigorosa e generosa pode contribuir, sem que seus autores tenham consciência disso, para fazer aparecer como universal uma problemática feita por e para americanos.

Chega-se, assim, a um duplo paradoxo. Na luta pelo monopólio da produção da visão do mundo social universalmente reconhecida como universal, na qual os Estados Unidos ocupam atualmente uma posição eminente, inclusive dominante, esse país é realmente excepcional, mas seu excepcionalismo não se situa exa-

---

por oposição às concepções americanas e seus derivados britânicos.) Segue-se que a Inglaterra está estruturalmente predisposta a servir de cavalo de Troia pelo qual as noções do senso comum erudito americano penetram no campo intelectual europeu (isso é válido tanto em matéria intelectual, quanto em política econômica e social). É na Inglaterra que a ação das fundações conservadoras e dos intelectuais-mercenários está estabelecida há mais tempo e é a mais apoiada e compensadora. Dão testemunho dessa situação a difusão do mito erudito da *underclass* na sequência de intervenções ultramidiatizadas de Charles Murray, especialista do Manhattan Institute e guru intelectual da direita libertária dos Estados Unidos, e de seu par simétrico, ou seja, o tema da "dependência" dos desfavorecidos em relação às ajudas sociais que, segundo proposta de Tony Blair, devem ser reduzidas drasticamente a fim de "libertar" os pobres da "sujeição" da assistência, como foi feito por Clinton em relação aos primos da América no verão de 1996.

tamente onde a sociologia e a ciência social nacionais estão de acordo em situá-lo, isto é, na fluidez de uma ordem social que oferece oportunidades extraordinárias (principalmente, em comparação com as estruturas sociais rígidas do *velho* continente) à mobilidade: os estudos comparativos mais rigorosos estão de acordo em concluir que, neste aspecto, os Estados Unidos não diferem fundamentalmente das outras nações industrializadas quando, afinal, o leque das desigualdades é aí nitidamente mais aberto[37]. Se os Estados Unidos são realmente excepcionais, segundo a velha temática tocquevilliana, incansavelmente retomada e periodicamente reatualizada, é antes de tudo pelo *dualismo rígido* das divisões da ordem social. É ainda mais por sua capacidade para impor como universal o que têm de mais particular, ao mesmo tempo que fazem passar por excepcional o que têm de mais comum.

Se é verdade que a desistoricização que resulta quase inevitavelmente da migração das ideias através das fronteiras nacionais é um dos fatores de desrealização e de falsa universalização (por exemplo, com os

---

37. Cf., em particular, ERICKSON, R. & GOLDTHORPE, J. *The Constant Flux*: A Study of Mobility in Industrial Societies. Oxford: Clarendon Press, 1992; Erik Olin Wright chega ao mesmo resultado com uma metodologia sensivelmente diferente, em *Class Counts*: Comparative Studies in Class Inequality. Cambridge/Paris: Cambridge University Press/Editions de la Maison des Sciences de l'Homme, 1997; sobre os determinantes políticos da escala das desigualdades nos Estados Unidos e de seu crescimento durante as últimas duas décadas, FISCHER, C. et al. *Inequality by Design*: Cracking the Bell Curve Myth. Princeton: Princeton University Press, 1996.

"falsos amigos" teóricos), então somente uma verdadeira história da gênese das ideias sobre o mundo social, associada a uma análise dos mecanismos sociais da circulação internacional dessas ideias, poderia conduzir os eruditos, tanto nesse campo quanto alhures, a um controle mais aperfeiçoado dos instrumentos com os quais argumentam sem ficarem inquietos, de antemão, em argumentar a propósito deles[38].

---

38. Em uma obra essencial para avaliar plenamente não só a parte de inconsciente histórico que, sob uma forma mais ou menos irreconhecível e reprimida, sobrevive nas problemáticas eruditas de um país, mas também o peso histórico que dá ao imperialismo acadêmico americano uma parte de sua extraordinária força de imposição. Dorothy Ross revela como as ciências sociais americanas (economia, sociologia, ciência política e psicologia) se construíram, de saída, a partir de dois dogmas complementares constitutivos da doxa nacional, a saber: o "individualismo metafísico" e a ideia de uma oposição diametral entre o dinamismo e a flexibilidade da "nova" ordem social americana, por um lado, e, por outro, a estagnação e a rigidez das "velhas" formações sociais europeias (ROSS, D. *The Origins of American Social Science*. Cambridge: Cambridge University Press, 1991). Dois dogmas fundadores cujas retraduções diretas se encontram, em relação ao primeiro, na linguagem ostensivamente depurada da teoria sociológica com a tentativa canônica de Talcott Parsons de elaborar uma "teoria voluntarista da ação" e, mais recentemente, na ressurgência da teoria dita da escolha racional; e, em relação ao segundo, na "teoria da modernização" que reinou sem partilhas sobre o estudo da mudança societal nas três décadas após a Segunda Guerra Mundial e que, atualmente, faz um retorno inesperado nos estudos pós-soviéticos.

CAPÍTULO I

Método científico
e hierarquia social
dos objetos

Pierre Bourdieu

Tradução: DENICE BARBARA CATANI E AFRÂNIO MENDES CATANI
Revisão técnica: MARIA ALICE NOGUEIRA

Fonte: BOURDIEU, Pierre. "Méthode scientifique et hiérarchie sociale des objets", publicado originalmente em *Actes de la recherche en sciences sociales*. Paris, n. 1, janeiro de 1975, p. 4-6.

Quando Parmênides indaga a Sócrates, para embaraçá-lo, se ele admite a existência de "formas" de coisas "que poderiam parecer até mesmo insignificantes, como um fio de cabelo, a lama, a sujeira, ou qualquer outro objeto sem importância nem valor", Sócrates confessa que não pode decidir-se a fazer isso, pois tem medo de resvalar para um "abismo de besteiras". Isso, diz Parmênides, é porque ele é jovem e novo em filosofia e preocupa-se ainda com a opinião dos homens; a filosofia vai apoderar-se dele um dia e lhe fará ver a inutilidade dessas arrogâncias das quais a lógica não participa (*Parmênides*, 130 d.). A filosofia dos professores de filosofia não reteve suficientemente a lição de Parmênides e há poucas tradições onde seja mais marcada a distinção entre os objetos nobres e os objetos ignóbeis, ou entre as maneiras ignóbeis e as maneiras nobres – isto é, altamente "teóricas", logo idealizadas, neutralizadas, eufemizadas – de tratá-los. Mas as próprias disciplinas científicas não ignoram os efeitos dessas disposições hierárquicas que afastam os estudiosos dos gêneros, objetos, métodos ou teorias menos prestigiosos num dado momento do tempo. Assim foi possível mostrar que certas revoluções científicas foram o produto da importação para domínios socialmente desvalorizados das disposições correntes nos domínios mais consagrados[1].

A hierarquia dos objetos legítimos, legitimáveis ou indignos é uma das mediações através das quais se

---

1. BEN DAVID, J. & COLLINS, R. "Social Factors in the Origins of a New Science: The Case of Psychology". *American Sociological Review*, 31(4), agosto de 1966, p. 451-465.

impõe a *censura* específica de um campo determinado que, no caso de um campo cuja independência está mal-afirmada com relação às demandas da classe dominante, pode ser ela própria a máscara de uma censura puramente política. A definição dominante das coisas boas de se dizer e dos temas dignos de interesse é um dos mecanismos ideológicos que fazem com que coisas também muito boas de se dizer não sejam ditas e com que temas não menos dignos de interesse não interessem a ninguém, ou só possam ser tratados de modo envergonhado ou vicioso. É isso o que faz com que 1.472 livros sobre Alexandre o Grande tenham sido escritos, dos quais apenas dois seriam necessários, caso se acredite no autor do 1.473º[2] que, a despeito de seu furor iconoclasta, está malsituado para se perguntar se um livro sobre Alexandre é ou não necessário, e se a redundância observada nos domínios mais consagrados não é o preço do silêncio que paira sobre outros objetos.

A hierarquia dos domínios e dos objetos orienta os *investimentos* intelectuais pela mediação da estrutura das oportunidades (médias) de lucro material e simbólico que ela contribui para definir. O pesquisador participa sempre da importância e do valor que são comumente atribuídos ao seu objeto e é pouco provável que

---

2. FOX, R.L. *Alexander the Great*. Londres: Allen Lane, 1973. Seria desnecessário dizer que essa acumulação é altamente funcional – do ponto de vista do funcionamento e da perpetuação do sistema, evidentemente –, uma vez que ela constitui por si uma verdadeira defesa contra a crítica externa que, para se exercer, deve contar com a aliança objetiva – muito improvável – de um especialista.

ele não leve em conta, consciente ou inconscientemente, na alocação de seus interesses intelectuais, o fato de que os trabalhos (cientificamente) mais importantes sobre os objetos mais "insignificantes" têm poucas oportunidades de ter, aos olhos daqueles que interiorizaram o sistema de classificação em vigor, tanto valor quanto os trabalhos mais insignificantes (cientificamente) sobre os objetos mais "importantes" que, com frequência, são igualmente os mais insignificantes, isto é, os mais anódinos[3]. É por isso que aqueles que abordam os objetos desvalorizados por sua "futilidade" ou sua "indignidade", como o jornalismo, a moda ou as histórias em quadrinhos, frequentemente esperam de um outro campo, esse mesmo que eles estudam, as gratificações que o campo científico lhes recusa de antemão, e isso não contribui para inclina-los a uma abordagem científica.

Seria necessário analisar a forma que assume a divisão, admitida como natural, em domínios nobres ou vulgares, sérios ou fúteis, interessantes ou triviais nos diferentes campos, em diferentes momentos. Certamente se descobriria que o campo dos objetos de pesquisas possíveis tende sempre a organizar-se de acordo

---

3. A linguagem científica coloca as palavras da linguagem ordinária entre aspas (cf. BACHELARD, G. *Le Materialisme ralionnel*. Paris: PUF, 1953, p. 216) para marcar uma *ruptura* com o uso comum que pode ser o da distância objetivante (objetos "insignificantes" ou "importantes" são objetos socialmente reconhecidos como importantes ou insignificantes num dado momento do tempo) ou o da *redefinição* tácita ou explícita que determina a inserção, num sistema de conceitos, de palavras ordinárias assim constituídas como "inteiramente relativas à ciência teórica".

com duas dimensões independentes, isto é, segundo o grau de legitimidade e segundo o grau de prestígio no interior dos limites da definição. A oposição entre o prestigioso e o obscuro que pode dizer respeito a domínios dos gêneros, objetos e formas (mais ou menos "teóricos" ou "empíricos" de acordo com as taxionomias reinantes), é o produto da aplicação de critérios dominantes que determina graus de excelência no interior do universo das práticas legítimas. A oposição entre os objetos (ou os domínios, etc.) ortodoxos e os objetos com pretensão à consagração, que podem ser considerados de vanguarda ou heréticos, conforme se situem ao lado dos defensores da hierarquia estabelecida ou ao lado dos que tentam impor uma nova definição dos objetos legítimos, manifesta a polarização que se estabelece em todo campo entre instituições ou agentes que ocupam posições opostas na estrutura da distribuição do capital específico. Isto quer dizer, evidentemente, que os termos dessas oposições são relativos à *estrutura* do campo considerado, mesmo que o funcionamento de cada campo tenda a fazer com que eles não possam ser percebidos como tais e apareçam a todos aqueles que interiorizarem os sistemas de classificação que reproduzem as estruturas objetivas do campo como intrínseca, substancial e realmente importantes, interessantes, vulgares, chiques, obscuros ou prestigiosos. Bastará, para balizar esse espaço, marcar alguns pontos com exemplos tomados das ciências sociais. Por um lado, tem-se a grande síntese teórica, sem outro ponto de apoio na realidade a não ser a referência sacralizante aos textos canônicos ou, na melhor das hipóteses, aos objetos mais importantes e mais nobres do mundo sublunar, isto é, de preferência "planetários" e constituídos por uma tradição antiga. Por outro lado, tem-se a monografia provinciana, duplamente ínfima, pelo objeto – minúsculo e socialmente inferior – e pelo método, vulgarmente empírico. Oposta a uma e outra, tem-se a análise semiológica da fotonovela, dos semanários ilustrados, das histórias em quadrinhos, ou da moda, aplicação bastante herética de um método legítimo, para atrair os prestígios do vanguardismo a objetos condenados pelos guardiães da ortodoxia que estão predispostos pela atenção que recebem nas fronteiras do campo intelectual e do campo artístico – a quem fascinam todas as formas do *kitsch* – a apostar em estratégias de reabilitação que são tanto mais rentáveis quanto mais arriscadas[4]. Assim, o conflito ritual entre a grande ortodoxia do sacerdócio acadêmico e a heresia notável dos independentes inofensivos faz parte de mecanismos que contribuem para manter a hierarquia dos objetos e, ao mesmo tempo, a hierarquia dos grupos que dela tiram seus lucros materiais e simbólicos.

A experiência mostra que os objetos que a representação dominante trata como inferiores ou menores

---

4. Do mesmo modo que a hierarquia dos domínios mantém uma relação estreita (mas complexa, porque mediatizada pelo êxito escolar) com a origem social (cf. BOURDIEU, P.; BOLTANSKI, L. & MALDIDIER, P. "La defense du corps". *Information sur les Sciences Sociales*, 10 (4), 1971), é provável que a orientação para um ou outro ponto do espaço dos objetos de pesquisa exprima a posição no campo e a trajetória que conduz a ela.

atraem frequentemente aqueles que estão menos preparados para tratá-los. O reconhecimento da indignidade domina ainda aqueles que se aventuram no terreno proibido, quando eles se creem obrigados a exibir uma indignação de *voyeur* puritano, que deve condenar para poder consumir, ou uma preocupação de reabilitação que supõe a submissão íntima à hierarquia das legitimidades ou, ainda, uma hábil combinação de distância e participação, de desprezo e valorização que permite brincar com fogo, à moda do aristocrata que se abastarda. A ciência do objeto tem por condição absoluta, aqui como em outros casos, a ciência das diferentes formas da relação ingênua com o objeto (dentre as quais a que o pesquisador pode manter com ele na prática comum), isto é, a ciência da posição do objeto estudado na hierarquia objetiva dos graus de legitimidade que comanda todas as formas de experiência ingênua. A única maneira de escapar à relação ingênua de absolutização ou de contra-absolutização consiste, de fato, em apreender como tal a estrutura objetiva que comanda essas disposições. A ciência não toma partido na luta pela manutenção ou subversão do sistema de classificação dominante, ela o toma por objeto. Ela não diz que a hierarquia dominante que trata a pintura conceitual como uma arte e as histórias em quadrinhos como um modo de expressão inferior é necessária (a não ser sociologicamente). E nem diz que a hierarquia dominante é arbitrária, como aqueles que se armam do relativismo para destruí-la ou modificá-la, mas que, ao final, não fazem senão acrescentar mais um grau, o último, à escala das práticas culturais consideradas legítimas.

Em suma, a ciência não opõe um julgamento de valor a outro julgamento de valor, mas *constata* o fato de que a referência a uma hierarquia de valores está objetivamente inscrita nas práticas e, em particular, na luta da qual essa hierarquia é o objeto de disputa e que se exprime em julgamentos de valor antagônicos.

Campos situados em uma posição inferior na hierarquia das legitimidades oferecem à polêmica da razão científica uma ocasião privilegiada de exercer-se, com toda liberdade, e de atingir *por procuração*, com base na homologia que se estabelece entre campos de legitimidade desigual, os mecanismos sociais fetichizados que também funcionam sob as censuras e as máscaras de autoridades no universo protegido da alta legitimidade. Daí o ar de paródia que tomam todos os atos do culto de celebração quando, abandonando seus objetos habituais, filósofos pré-socráticos ou poesia malarmaica, voltam-se para um objeto tão malsituado na hierarquia em vigor quanto as histórias em quadrinhos, traindo a verdade de todas as acumulações eruditas. E o próprio efeito de dessacralização que a ciência deve produzir para se constituir e reproduzir para se comunicar é mais facilmente obtido quando se vê obrigada a pensar o universo por demais prestigioso e por demais familiar da pintura ou da literatura mediante uma análise da alquimia simbólica pela qual o universo da alta costura produz a fé no valor insubstituível de seus produtos.

CAPÍTULO II

A escola conservadora: as desigualdades frente à escola e à cultura

Pierre Bourdieu

Tradução: APARECIDA JOLY GOUVEIA
Revisão técnica: MARIA ALICE NOGUEIRA

Fonte: BOURDIEU, Pierre. "L'école conservatrice. Les inégalités devant l'école et la culture", publicado originalmente em *Revue française de sociologie.* Paris, 7 (3), 1966, p. 325-347.

É provavelmente por um efeito de inércia cultural que continuamos tomando o sistema escolar como um fator de mobilidade social, segundo a ideologia da "escola libertadora", quando, ao contrário, tudo tende a mostrar que ele é um dos fatores mais eficazes de conservação social, pois fornece a aparência de legitimidade às desigualdades sociais, e sanciona a herança cultural e o dom social tratado como dom natural.

Justamente porque os mecanismos de eliminação agem durante todo o *cursus**, é legítimo apreender o efeito desses mecanismos nos graus mais elevados da carreira escolar. Ora, vê-se nas oportunidades de acesso ao ensino superior o resultado de uma seleção direta ou indireta que, ao longo da escolaridade, pesa com rigor desigual sobre os sujeitos das diferentes classes sociais. Um jovem da camada superior tem oitenta vezes mais chances de entrar na universidade do que o filho de um assalariado agrícola e quarenta vezes mais do que um filho de operário, e suas chances são, ainda, duas vezes superiores àquelas de um jovem de classe média[1]. É digno de nota o fato de que as instituições de ensino mais elevadas tenham também o recrutamento mais aristocrático: assim, os filhos de quadros superiores e de profissionais liberais constituem 57% dos alunos da

---

* N.T.: Optamos por manter, na tradução, a expressão latina *cursus*, empregada pelo autor para designar o percurso (mais ou menos longo, nesse ou naquele ramo de ensino, nesse ou naquele estabelecimento) efetuado pelo aluno ao longo de sua carreira escolar [N.T.].

1. Cf. BOURDIEU, P. & PASSERON, J.-C. *Les Héritiers*. Paris: Éditions de Minuit, 1964, p. 14-21.

Escola Politécnica, 54% dos da Escola Normal Superior (frequentemente citada por seu recrutamento "democrático"), 47% dos da Escola Central e 44% dos do Instituto de Estudos Políticos.

Mas não é suficiente enunciar o fato da desigualdade diante da escola, é necessário descrever os mecanismos objetivos que determinam a eliminação contínua das crianças desfavorecidas. Parece, com efeito, que a explicação sociológica pode esclarecer completamente as diferenças de êxito que se atribuem, mais frequentemente, às diferenças de dons. A ação do privilégio cultural só é percebida, na maior parte das vezes, sob suas formas mais grosseiras, isto é, como recomendações ou relações, ajuda no trabalho escolar ou ensino suplementar, informação sobre o sistema de ensino e as perspectivas profissionais. Na realidade, cada família transmite a seus filhos, mais por vias indiretas que diretas, um certo capital cultural e um certo *ethos*, sistema de valores implícitos e profundamente interiorizados, que contribui para definir, entre coisas, as atitudes face ao capital cultural e à instituição escolar. A herança cultural, que difere, sob os dois aspectos, segundo as classes sociais, é a responsável pela diferença inicial das crianças diante da experiência escolar e, consequentemente, pelas taxas de êxito.

A transmissão do capital cultural

A influência do capital cultural se deixa apreender sob a forma da relação, muitas vezes constatada, entre o nível cultural global da família e o êxito escolar da criança. A parcela de "bons alunos" em uma amostra da quinta série cresce em função da renda de suas famílias. Paul Clerc mostrou que, com diploma igual, a renda não exerce nenhuma influência própria sobre o êxito escolar e que, ao contrário, com renda igual, a proporção de bons alunos varia de maneira significativa segundo o pai não seja diplomado ou seja *bachelier**, o que permite concluir que a ação do meio familiar sobre o êxito escolar é quase exclusivamente cultural. Mais que os diplomas obtidos pelo pai, mais mesmo do que o tipo de escolaridade que ele seguiu, é o nível cultural global do grupo familiar que mantém a relação mais estreita com o êxito escolar da criança. Ainda que o êxito escolar pareça ligado igualmente ao nível cultural do pai ou da mãe, percebem-se ainda variações significativas no êxito da criança quando os pais são de nível desigual[2].

A análise dos casos em que os níveis culturais dos pais são desiguais não deve fazer esquecer que eles se encontram frequentemente ligados (em razão da homogamia de classes), e as vantagens culturais que estão associadas ao nível cultural dos pais são cumulativas,

---

* No sistema francês, pessoa que concluiu com sucesso seus estudos secundários e tornou-se, portanto, portadora do "baccalauréat" (ou, na forma abreviada, "bac"), cuja tradução literal, em português, seria "bacharelato", mas que, em francês, designa, ao mesmo tempo, os exames e o diploma conferido ao final do 2º ciclo do ensino de 2º grau [N.T.].

2. Cf. CLERC, P. "La famille et l'orientation scolaire au niveau de la sixième. Enquête de juin 1963 dans l'agglomération parisienne". *Population*, Paris, (4), agosto/setembro de 1964, p. 637-644.

como se vê já na quinta série, em que os filhos de pais titulares do *baccalauréat* obtêm uma taxa de êxito de 77% contra 62% para os filhos de um *bachelier* e de uma pessoa sem diploma; essa diferença se manifesta mais nitidamente ainda nos graus mais elevados do *cursus*. Uma avaliação precisa das vantagens e das desvantagens transmitidas pelo meio familiar deveria levar em conta não somente o nível cultural do pai ou da mãe, mas também o dos ascendentes de um e outro ramo da família (e também, sem dúvida, o do conjunto dos membros da família extensa). Assim, o conhecimento que os estudantes de letras têm do teatro (medido pelo número de peças de teatro vistas) se hierarquiza perfeitamente segundo a categoria socioprofissional do pai ou do avô seja mais elevada, ou à medida que a categoria socioprofissional do pai e do avô se elevam conjuntamente; mas, por outro lado, para um valor fixo de cada uma dessas variáveis, a outra tende, por si só, a hierarquizar os escores[3]. Assim, em virtude da lentidão do processo de aculturação, diferenças sutis ligadas às antiguidades do acesso à cultura continuam a separar indivíduos aparentemente iguais quanto ao êxito social e mesmo ao êxito escolar. A nobreza cultural também tem seus graus de descendências.

Além disso, sabendo-se que a residência parisiense ou provinciana (ela própria fortemente ligada à categoria socioprofissional do pai) está também associada às vantagens e desvantagens culturais cujo efeito se nota

---

3. Cf. BOURDIEU, P. & PASSERON, J.-C. *Les étudiants et leurs études*, p. 96-97.

em todos os setores, quer se trate de resultados escolares anteriores, de práticas e de conhecimentos culturais (em matéria de teatro, música, *jazz*, ou cinema), ou ainda da facilidade linguística, vê-se que a consideração de um conjunto relativamente restrito de variáveis – a saber, o nível cultural dos antepassados da primeira e da segunda geração, e a residência – permite explicar as variações mais importantes do êxito escolar, mesmo em um nível elevado do *cursus*.

É até mesmo possível que a combinação desses critérios permita compreender as variações observadas no interior de grupos de estudantes homogêneos em relação à categoria socioprofissional de origem: é assim que os jovens das camadas superiores tendem a obter regularmente resultados que se distribuem de maneira bimodal, isso tanto em suas práticas e seus conhecimentos culturais quanto na sua capacidade para a compreensão e o manejo da língua (um terço deles se distingue pelos desempenhos nitidamente superiores ao resto da categoria). Uma análise multivariada, levando em conta não somente o nível cultural do pai e da mãe, o dos avós paternos e maternos e a residência no momento dos estudos superiores e durante a adolescência, mas também um conjunto de características do passado escolar, como, por exemplo, o ramo do curso secundário (clássico, moderno ou outro) e o tipo de estabelecimento (colégio ou liceu, instituição pública ou privada), permite explicar quase inteiramente os diferentes graus de êxito obtidos pelos diferentes subgrupos definidos pela combinação desses critérios; e isso sem apelar, absolutamente, para as desigualdades inatas. Consequentemente, um modelo que leve em conta essas diferentes variáveis – e também as características demográficas do grupo familiar, como o tamanho da família – permitiria fazer um cálculo muito preciso das esperanças de vida escolar.

Da mesma forma que os jovens das camadas superiores se distinguem por diferenças que podem estar ligadas a diferenças de condição social, também os filhos das classes populares que chegam até o ensino superior parecem pertencer a famílias que diferem da média de sua categoria, tanto por seu nível cultural global como por seu tamanho: dado que, como se viu, as chances objetivas de chegar ao ensino superior são quarenta vezes mais fortes para um jovem de camada superior do que para um filho de operário, poder-se-ia esperar encontrar, numa população de estudantes investigada, a mesma relação (40/1) entre o número médio de indivíduos com estudos superiores nas famílias de estudantes filhos de operários e nas famílias de estudantes das camadas superiores. Ora, numa amostra de estudantes de medicina, o número médio de membros da família extensa que fizeram ou fazem estudos superiores não varia senão de 1 a 4 entre os estudantes oriundos das classes populares e os estudantes oriundos das camadas superiores. A presença no círculo familiar de pelo menos um parente que tenha feito ou esteja fazendo curso superior testemunha que essas famílias apresentam uma situação cultural original, quer tenham sido afetadas por uma mobilidade descendente ou tenham uma atitude frente à ascensão que as distingue do conjunto das famílias de sua categoria.

Prova indireta do fato de que as oportunidades de chegar ao ensino secundário ou superior e as chances de ser bem-sucedido são função, fundamentalmente, do nível cultural do meio familiar no momento da entrada na quinta série (isto é, quando a ação homogeneizante da escola e do meio escolar não se exerceu por muito tempo) temo-la no fato de as desigualdades de êxito entre crianças francesas e crianças estrangeiras serem quase totalmente explicáveis pelas diferenças na composição social dos dois grupos de famílias. Com nível social igual, as crianças estrangeiras têm um nível de êxito sensivelmente equivalente àquele das crianças francesas: com efeito, se 45% dos filhos de operários franceses contra 38% dos filhos de operários estrangeiros entram na quinta série, pode-se supor que uma boa parte dessa diferença (relativamente mínima) é imputável ao fato de que os operários estrangeiros têm uma taxa de qualificação menor do que os operários franceses[4].

Mas o nível de instrução dos membros da família restrita ou extensa ou ainda a residência são apenas indicadores que permitem situar o nível cultural de cada família, sem nada informar sobre o conteúdo da herança que as famílias mais cultas transmitem a seus filhos,

---

4. CLERC, P. "Nouvelles données sur l'orientation scolaire au moment de l'entrée en sixième (II). Les élèves de nationalité étrangère". *Population*, outubro/dezembro de 1964, p. 871. Paris.

nem sobre as vias de transmissão. As pesquisas sobre os estudantes das faculdades de Letras tendem a mostrar que a parte do capital cultural que é a mais diretamente rentável na vida escolar é constituída pelas informações sobre o mundo universitário e sobre o *cursus*, pela facilidade verbal e pela cultura livre adquirida nas experiências extraescolares.

As desigualdades de informação são por demais evidentes e conhecidas para que haja necessidade de recordá-las mais longamente. Conforme Paul Clerc, 15% das famílias de alunos dos CEG (colégios de ensino geral cujo recrutamento é mais popular que o dos liceus) ignoram o nome do liceu mais próximo, atingindo essa taxa 36% entre as famílias dos alunos da classe de fim de estudos primários. O liceu não faz parte do universo concreto das famílias populares, e é necessária uma série contínua de sucessos excepcionais e conselhos do professor ou de algum membro da família para que se cogite de enviar para lá a criança. Ao contrário, é todo um capital de informações sobre o *cursus*, sobre a significação das grandes escolhas da quinta série, da sétima ou das classes terminais do ensino secundário, sobre as carreiras futuras e sobre as orientações que normalmente conduzem a elas, sobre o funcionamento do sistema universitário, sobre a significação dos resultados, as sanções e as recompensas, que as crianças das classes cultas investem em suas condutas escolares.

As crianças oriundas dos meios mais favorecidos não devem ao seu meio somente os hábitos e treinamento diretamente utilizáveis nas tarefas escolares, e a vantagem mais importante não é aquela que retiram da ajuda direta que seus pais lhes possam dar[5]. Elas herdam também saberes (e um "savoir-faire"), gostos e um "bom-gosto", cuja rentabilidade escolar é tanto maior quanto mais frequentemente esses imponderáveis da atitude são atribuídos ao dom. A cultura "livre", condição implícita do êxito em certas carreiras escolares, é muito desigualmente repartida entre os estudantes universitários originários das diferentes classes sociais e, *a fortiori*, entre os de liceus ou os de colégios, pois as desigualdades de seleção e a ação homogeneizante da escola não fizeram senão reduzir as diferenças. O privilégio cultural torna-se patente quando se trata da familiaridade com obras de arte, a qual só pode advir da frequência regular ao teatro, ao museu ou a concertos (frequência que não é organizada pela escola, ou o é somente de maneira esporádica). Em todos os domínios da cultura, teatro, música, pintura, *jazz*, cinema, os conhecimentos dos estudantes são tão mais ricos e extensos quanto mais elevada é sua origem social. Mas é particularmente notável que a diferença entre os estudantes oriundos de meios diferentes seja tanto mais marcada quanto mais se afasta dos domínios diretamente controlados pela escola; por exemplo, quando se

---

5. P. Clerc observa que a vigilância exercida pelos pais sobre o trabalho das crianças é tanto mais frequente quanto mais elevada é sua posição na hierarquia social, sem que exista uma ligação direta entre a frequência da intervenção dos pais e o grau de êxito escolar (cf. "La famille et l'orientation scolaire au niveau de la sixième... Op. cit., p. 635-636).

passa do teatro clássico para o teatro de vanguarda ou para o teatro de *boulevard*, ou ainda, para a pintura que não é diretamente objeto de ensino, ou para a música clássica, o *jazz* ou o cinema.

Se os exercícios de compreensão e de manejo da língua escolar não deixam aparecer a relação direta, entre os resultados e a origem social, que se observa comumente em outros domínios, ou se acontece, até mesmo, que a relação parece inverter-se, isso não deve levar à conclusão de que, nesse domínio, a desvantagem seja menos importante que em outros. É necessário ter em mente que os estudantes de letras são o produto de uma série contínua de seleções segundo o próprio critério de aptidão para o manejo da língua, e que a superseleção dos estudantes oriundos dos meios menos favorecidos vem compensar a desvantagem inicial que devem à atmosfera cultural de seu meio. Com efeito, o êxito nos estudos literários está muito estreitamente ligado à aptidão para o manejo da língua escolar, que só é uma língua materna para as crianças oriundas das classes cultas. De todos os obstáculos culturais, aqueles que se relacionam com a língua falada no meio familiar são, sem dúvida, os mais graves e os mais insidiosos, sobretudo nos primeiros anos da escolaridade, quando a compreensão e o manejo da língua constituem o ponto de atenção principal na avaliação dos mestres. Mas a influência do meio linguístico de origem não cessa jamais de se exercer, de um lado porque a riqueza, a fineza e o estilo da expressão sempre serão considerados, implícita ou explicitamente, consciente ou inconscientemente, em todos os níveis do *cursus*, e, ainda que em graus diversos, em todas as carreiras universitárias, até mesmo nas científicas. De outro lado, porque a língua não é um simples instrumento, mais ou menos eficaz, mais ou menos adequado, do pensamento, mas fornece – além de um vocabulário mais ou menos rico – uma sintaxe, isto é, um sistema de categorias mais ou menos complexas, de maneira que a aptidão para o deciframento e a manipulação de estruturas complexas, quer lógicas quer estéticas, parece função direta da complexidade da estrutura da língua inicialmente falada no meio familiar, que lega sempre uma parte de suas características à língua adquirida na escola[6].

A parte mais importante e mais ativa (escolarmente) da herança cultural, quer se trate da cultura livre ou da língua, transmite-se de maneira osmótica, mesmo na falta de qualquer esforço metódico e de qualquer ação manifesta, o que contribui para reforçar, nos membros da classe culta, a convicção de que eles só devem aos seus dons esses conhecimentos, essas aptidões e essas atitudes, que, desse modo, não lhes parecem resultar de uma aprendizagem.

A escolha do destino

As atitudes dos membros das diferentes classes sociais, pais ou crianças e, muito particularmente, as

---

6. Cf. BOURDIEU, P.; PASSERON, J.-C. & SAINT-MARTIN, M. de. "Les étudiants et la langue d'enseignement". *Rapport pédagogique et communication*. Paris: La Haye/Mouton, 1965 (*Cahiers du Centre de Sociologie Européenne*, 2).

atitudes a respeito da escola, da cultura escolar e do futuro oferecido pelos estudos são, em grande parte, a expressão do sistema de valores implícitos ou explícitos que eles devem à sua posição social. Para explicar como, em nível igual de êxito escolar, as diferentes classes sociais enviam à quinta série partes tão desiguais de suas crianças, invocam-se, frequentemente, explicações tão vagas como "a vontade dos pais". Mas, de fato, pode-se ainda falar de "vontade", a não ser num sentido metafórico, quando a investigação mostra que "de maneira geral, existe concordância plena entre a vontade das famílias e as orientações tomadas", ou, melhor dizendo, na maior parte dos casos, as famílias têm aspirações estritamente limitadas pelas oportunidades objetivas?[7] Em realidade, tudo se passa como se as atitudes dos pais em face da educação das crianças, atitudes que se manifestam na decisão de enviar seus filhos a um estabelecimento de ensino secundário ou de deixá-los na classe de fim de estudos primários, de inscrevê-los em um liceu (o que implica um projeto de estudos longos, ao menos até o *baccalauréat*) ou em um colégio de ensino geral (o que supõe a resignação a estudos curtos, até os certificados de ensino profissional, por exemplo) fossem, antes de

---

7. O acordo é muito frequente entre os desejos formulados pelos pais antes do término da escola primária, as opiniões expressas retrospectivamente sobre a escolha de tal ou tal tipo de estabelecimento e a escolha realmente efetuada. "A ambição de entrar no liceu está longe de ser compartilhada por todas as famílias", escreveu P. Clerc. "Três famílias em dez somente responderam positivamente, entre aquelas cujo filho está no CEG ou na classe de fim de estudos primários", e isso qualquer que possa ser o êxito anterior de seu filho (CLERC, P. Op. cit., p. 655-659).

tudo, a interiorização do destino objetivamente determinado (e medido em termos de probabilidades estatísticas) para o conjunto da categoria social à qual pertencem. Esse destino é continuamente lembrado pela experiência direta ou mediata e pela estatística intuitiva das derrotas ou dos êxitos parciais das crianças do seu meio e também, mais indiretamente, pelas apreciações do professor, que, ao desempenhar o papel de conselheiro, leva em conta, consciente ou inconscientemente, a origem social de seus alunos e corrige, assim, sem sabê-lo e sem desejá-lo, o que poderia ter de abstrato um prognóstico fundado unicamente na apreciação dos resultados escolares. "Os objetivos das famílias", escrevem Alain Girard & Henri Bastide, "reproduzem de alguma maneira a estratificação social, aliás tal como ela se encontra nos diversos tipos de ensino"[8]. Se os membros das classes populares e médias tomam a realidade por seus desejos, é que, nesse terreno como em outros, as aspirações e as exigências são definidas, em sua forma e conteúdo, pelas condições objetivas, que excluem a possibilidade de desejar o impossível. Dizer, a propósito dos estudos clássicos em um liceu, por exemplo, "isso não é para nós", é dizer mais do que "não temos meios para isso". Expressão da necessidade interiorizada, essa fórmula está, por assim dizer, no imperativo-indicativo, pois exprime, ao mesmo tempo, uma impossibilidade e uma interdição.

---

8. GIRARD, A. & BASTIDE, H. "La stratification sociale et la démocratisation de l'enseignement". *Population*, julho/setembro de 1963, p. 443. Paris.

As mesmas condições objetivas que definem as atitudes dos pais e dominam as escolhas importantes da carreira escolar regem também a atitude das crianças diante dessas mesmas escolhas e, consequentemente, toda sua atitude com relação à escola. De tal forma que, para explicar sua renúncia a enviar seus filhos a um estabelecimento secundário, os pais podem invocar imediatamente após o custo dos estudos (42 a 45%), o desejo da criança de não prosseguir os estudos (16 a 26%)[9]. Mais profundamente, porém, é porque o desejo razoável de ascensão através da escola não pode existir enquanto as chances objetivas de êxito forem ínfimas, que os operários – embora ignorando completamente a estatística objetiva que estabelece que um filho de operário tem duas chances em cem de chegar ao ensino superior – regulam seu comportamento objetivamente pela estimativa empírica dessas esperanças objetivas, comuns a todos os indivíduos de sua categoria. Assim, compreende-se por que a pequena burguesia, classe de transição, adere mais fortemente aos valores escolares, pois a escola lhe oferece chances razoáveis de satisfazer a todas suas expectativas, confundindo os valores do êxito social com os do prestígio cultural. Diferentemente das crianças oriundas das classes populares, que são duplamente prejudicadas no que respeita à facilidade de assimilar a cultura e a propensão para adquiri-la, as crianças das classes médias devem à sua família não só os encorajamentos e exortações ao esforço escolar,

---

9. CLERC, P. Op. cit., p. 666.

mas também um *ethos* de ascensão social e de aspiração ao êxito na escola e pela escola, que lhes permite compensar a privação cultural com a aspiração fervorosa à aquisição de cultura. Trata-se, ao que parece, do mesmo *ethos* ascético de ascensão social que constitui o princípio das condutas em matéria de fecundidade, bem como das atitudes a respeito da escola de uma parte da classe média[10]: enquanto, nas categorias sociais mais fecundas, como nas dos assalariados agrícolas, agricultores e operários, as oportunidades de ingressar na *sixième* decrescem nítida e regularmente à medida que as famílias aumentam em uma unidade, essas oportunidades apresentam uma queda brutal para as categorias menos fecundas (artesãos e comerciantes, empregados e quadros médios) nas famílias de quatro a cinco crianças (ou mais), isto é, nas famílias que se distinguem do conjunto do grupo por sua grande fecundidade. Isso indica que, em vez de ver no número de filhos a explicação causal para a baixa brutal da taxa de escolaridade, é necessário, talvez, supor que a vontade de limitar o número de nascimentos e a vontade de dar uma educação secundária às crianças exprimem, nos sujeitos que as reúnem, uma mesma disposição ascética[11].

---

10. Cf. BOURDIEU, P. & DARDEL, A. "La fin d'un malthusianisme". In: DARRAS, A. *Le Partage des bénéfices*. Paris: Editions de Minuit, 1966 [Col. "Le sens commun"].

11. Analisando a influência diferencial que a dimensão da família exerce, segundo o meio, sobre o acesso ao ensino secundário, A. Girard e H. Bastide escrevem: "Se dois terços de filhos de empregados ou de artesãos e comerciantes entraram na sixième, a proporção é mais acentuada entre as crianças de famílias com 1 ou 2 filhos. Mas, nesses grupos, os

De maneira geral, as crianças e sua família se orientam sempre em referência às forças que as determinam. Até mesmo quando suas escolhas lhes parecem obedecer à inspiração irredutível do gosto ou da vocação, elas traem a ação transfigurada das condições objetivas. Em outros termos, a estrutura das oportunidades objetivas de ascensão social e, mais precisamente, das oportunidades de ascensão pela escola condicionam as atitudes frente à escola e à ascensão pela escola – atitudes que contribuem, por uma parte determinante, para definir as oportunidades de se chegar à escola, de aderir a seus valores ou a suas normas e de nela ter êxito; de realizar, portanto, uma ascensão social – e isso por intermédio de esperanças subjetivas (partilhadas por todos os indivíduos definidos pelo mesmo futuro objetivo e reforçadas pelos apelos à ordem do grupo), que não são senão as oportunidades objetivas intuitivamente apreendidas e progressivamente interiorizadas[12].

---

filhos de famílias numerosas (4 ou mais) *não entram mais na sixième do que os filhos de operários que não têm senão um ou dois irmãos ou* irmãs" (Op. cit., p. 458, grifo meu).

12. O pressuposto deste sistema de explicação pela percepção comum das oportunidades objetivas e coletivas é que as vantagens ou as desvantagens percebidas constituem o equivalente funcional das vantagens efetivamente experimentadas ou objetivamente verificadas, dado que elas exercem a mesma influência sobre o comportamento. O que não implica que se subestime a importância das oportunidades objetivas: de fato, todas as observações científicas, em situações sociais e culturais muito diferentes, tendem a mostrar que existe uma forte correlação entre as esperanças subjetivas e as oportunidades objetivas, as segundas tendendo a modificar efetivamente as atitudes e as condutas pela mediação das primeiras (cf. BOURDIEU, P. *Travailet travailleurs en Algérie*. Paris: Mouton, 1962, p. 36-38 [2ª parte]; CLOWARD, R.A. & OHUN,

Seria necessário descrever a lógica do processo de interiorização ao final do qual as oportunidades objetivas se encontram transformadas em esperanças ou desesperanças subjetivas. Essa dimensão fundamental do *ethos* de classe, que é a atitude com relação ao futuro, seria, com efeito, outra coisa além da interiorização do futuro objetivo que se faz presente e se impõe progressivamente a todos os membros de uma mesma classe através da experiência dos sucessos e das derrotas? Os psicólogos observam que o nível de aspiração dos indivíduos se determina, em grande parte, em referência às probabilidades (intuitivamente estimadas através dos sucessos ou das derrotas anteriores) de atingir o alvo visado: "*Aquele que vence*", escreve Lewin, "situa seu próximo alvo um pouco (mas não muito) acima de seu último êxito. Assim, ele eleva regularmente seu nível de aspiração [...]. Aquele que malogra, por outro lado, pode ter duas reações diferentes: ele pode situar o seu alvo muito baixo, frequentemente aquém de seu êxito passado [...], ou então ele situa seu alvo acima de suas possibilidades[13]. Vê-se, com clareza, que, segundo um processo circular, "um moral baixo engendra uma perspectiva temporal ruim, que, por sua vez, engendra um moral ainda mais baixo; enquanto que um moral eleva-

---

L.E. *Delinquency and opportunity*: a theorie of delinquant gangs. Nova York: Free Press of Glencoe, 1960; SCHRAG, C. "Delinquency and opportunity: analysis of a Theory". *Sociology and Social Research* (46), janeiro de 1962, p. 175-176.

13. LEWIN, K. "Time perspective and Morale". *Resolving Social Conflicts*, 1948, p. 113. Nova York.

do não somente suscita alvos elevados, mas ainda tem oportunidades de criar situações de progressos capazes de conduzir a um moral ainda melhor"[14]. Por outro lado, como se sabe que "os ideais e os atos do indivíduo dependem do grupo ao qual ele pertence e dos fins e expectativas desse grupo"[15], vê-se que a influência do grupo de pares – sempre relativamente homogêneo quanto à origem social, de vez que, por exemplo, a distribuição das crianças entre os colégios técnicos e os liceus e, no interior destes, entre as seções, é, muito estritamente, função da classe social – vem redobrar, entre os desfavorecidos, a influência do meio familiar e do contexto social, que tendem a desencorajar ambições percebidas como desmedidas e sempre mais ou menos suspeitas de renegar as origens. Assim, tudo concorre para conclamar aqueles que, como se diz, "não têm futuro", a terem esperanças "razoáveis", ou, como diz Lewin, "realistas", ou seja, muito frequentemente, a renunciarem à esperança.

O capital cultural e o *ethos*, ao se combinarem, concorrem para definir as condutas escolares e as atitudes diante da escola, que constituem o princípio de eliminação diferencial das crianças das diferentes classes sociais. Ainda que o êxito escolar, diretamente ligado ao capital cultural legado pelo meio familiar, desempenhe um papel na escolha da orientação, parece que o determinante principal do prosseguimento dos estudos seja a atitude da família a respeito da escola, ela mesma

---

14. Ibid., p. 115.

15. Ibid.

função, como se viu, das esperanças objetivas de êxito escolar encontradas em cada categoria social. Paul Clerc mostrou que, ainda que a taxa de êxito escolar e a taxa de entrada na quinta série dependam estreitamente da classe social, as desigualdades das taxas de entrada nessa série são mais afetadas pela origem social do que pela desigualdade de êxito escolar[16]. De fato, isso significa que os obstáculos são cumulativos, pois as crianças das classes populares e médias que obtêm globalmente uma taxa de êxito mais fraca precisam ter um êxito mais forte para que sua família e seus professores pensem em fazê-las prosseguir seus estudos. O mesmo mecanismo de superseleção atua segundo o critério da idade: as crianças das classes camponesa e operária, geralmente mais velhas do que as crianças de meios mais favorecidos, são mais fortemente eliminadas, com idade igual, do que as crianças desses meios. Enfim, o princípio geral que conduz à superseleção das crianças das classes populares e médias estabelece-se assim: as crianças dessas classes sociais que, por falta de capital cultural, têm menos oportunidades que as outras de demonstrar um êxito excepcional devem, contudo, demonstrar um êxito excepcional para chegar ao ensino secundário.

Mas o mecanismo de superseleção funciona tanto melhor quanto mais se se eleva na hierarquia dos estabelecimentos secundários e, no interior destes, na hierarquia (socialmente admitida) das seções: aqui ainda, com resultado igual, as crianças dos meios favorecidos

---

16. CLERC, P. Op. cit., p. 646.

vão muito mais frequentemente que as outras para os liceus e para as seções clássicas desses liceus; devendo as crianças de origem desfavorecida, na maioria das vezes, pagar por sua entrada na quinta série o preço de serem relegadas em um colégio de ensino geral, enquanto aquelas crianças das classes abastadas que se veem impedidas de frequentar o liceu, dado o seu resultado medíocre, podem encontrar abrigo no ensino privado.

Vê-se, ainda aqui, que as vantagens e desvantagens são cumulativas, pelo fato de as escolhas iniciais, escolha de estabelecimento e escolha de seção, definirem irreversivelmente os destinos escolares. É assim que uma pesquisa mostrou que os resultados obtidos pelos estudantes universitários de letras em um conjunto de exercícios destinados a medir a compreensão e a manipulação da língua, e em particular da língua acadêmica, eram função direta do tipo de estabelecimento frequentado durante os estudos secundários, bem como do conhecimento do grego e latim. As escolhas operadas no momento da entrada na quinta série selam, de uma vez por todas, os destinos escolares, convertendo a herança cultural em passado escolar. De fato, essas escolhas que comprometem todo o futuro são efetuadas com referência a imagens diferentes do futuro: 31% dos pais de alunos do liceu desejam que seus filhos atinjam o ensino superior e 27% o *baccalauréat*; uma parte ínfima destina seus filhos a um *brevet** técnico (4%) ou

---

* No sistema educacional francês, é o certificado escolar obtido após a realização de um curso profissionalizante de 2 anos, feito em seguida ao 1º ciclo [N.T.].

ao BEPC (2%). Ao contrário, 27% dos pais de alunos do CEG desejam vê-los obter o *brevet* técnico ou profissional, 15% o BEPC, 14% o *baccalauréat*; 7% apenas esperam vê-los atingir o ensino superior[17]. Assim, as estatísticas globais que mostram um crescimento da taxa de escolarização secundária dissimulam o fato de que as crianças das classes populares devem pagar seu acesso a esse nível de ensino com um estreitamento considerável do campo de suas possibilidades de futuro.

As cifras sistemáticas que ainda separam, ao final do *cursus* escolar, os estudantes oriundos dos diferentes meios sociais devem sua forma e sua natureza ao fato de que a seleção que eles sofrem é desigualmente severa, e que as vantagens ou desvantagens sociais são convertidas progressivamente em vantagens e desvantagens escolares pelo jogo das orientações precoces, que, diretamente ligadas à origem social, substituem e redobram

---

17. É, parece, em referência a uma definição social do diploma razoavelmente acessível que os projetos individuais de carreira se determinam e, desse modo, as atitudes frente à escola. Essa definição social varia, evidentemente, segundo as classes sociais; enquanto para os membros dos estratos inferiores das classes médias o *baccalauréat* parece ser percebido, ainda hoje, como o termo normal dos estudos – por um efeito de inércia cultural e por falta de informação, mas também, sem dúvida, porque os empregados e os quadros médios têm, mais que todos os outros, a ocasião de experimentar a eficácia dessa barreira à ascensão social –, ele aparece cada vez mais aos estratos superiores das classes médias e às classes superiores como uma espécie de exame de entrada para o ensino superior. Essa representação do *cursus* poderia explicar por que filhos de empregados e de quadros médios renunciam, em proporções particularmente elevadas, a prosseguir seus estudos além do *baccalauréat*.

a influência desta última. Se a ação compensadora que a escola exerce nas matérias diretamente ensinadas explica, ao menos parcialmente, que a vantagem dos estudantes oriundos das classes superiores seja tanto mais marcada quanto mais se afasta dos domínios culturais diretamente ensinados e totalmente controlados pela escola, somente o efeito de compensação ligado à superseleção pode explicar que, para um comportamento como o uso da língua escolar, as diferenças tendam a se atenuar ao máximo e mesmo a se inverter, pois que os estudantes altamente selecionados das classes populares obtêm, nesse domínio, resultados equivalentes àqueles dos estudantes das classes altas, menos fortemente selecionados, e superiores àqueles dos estudantes das classes médias, igualmente desfavorecidos pela atmosfera linguística de suas famílias, mas menos fortemente selecionados[18]. Da mesma forma, o conjunto de características da carreira escolar, as seções ou os estabelecimentos são indícios da influência direta do meio familiar, que eles traduzem na lógica propriamente escolar: por exemplo, se, no estado atual das tradições e das técnicas pedagógicas, um maior domínio da língua ainda é encontrado entre os estudantes de letras que optaram, em seus estudos secundários, pela seção de

---

18. Cf. BOURDIEU, P.; PASSERON, J.-C. & SAINT-MARTIN, M. de. Op. cit. Para medir completamente o efeito do capital linguístico, é necessário estabelecer, através de estudos experimentais análogos àqueles realizados por Bernstein, se existem relações significativas entre a sintaxe da língua falada (por exemplo, sua complexidade) e o êxito em outros domínios que não aqueles dos estudos literários (onde a relação é atestada), por exemplo, a matemática.

línguas antigas, é que a formação clássica é a mediação pela qual se exprimem e se exercem outras influências, como a informação dos pais sobre as seções e as carreiras, o sucesso nas primeiras etapas do *cursus*, ou, ainda, a vantagem constituída pela entrada nos ramos de ensino em que o sistema reconhece a sua elite. Procurando recobrar a lógica segundo a qual se opera a transmutação da herança social em herança escolar nas diferentes situações de classe, observar-se-á que a escolha da seção ou do estabelecimento e os resultados obtidos nos primeiros anos da escolaridade secundária (eles próprios ligados a essas escolhas) condicionam a utilização que as crianças dos diferentes meios podem fazer de sua herança, positiva ou negativa. Sem dúvida, seria imprudente pretender isolar, no sistema de relações que são as carreiras escolares, fatores determinantes e, *a fortiori*, um fator predominante. Mas, se o êxito no nível mais alto do *cursus* permanece muito fortemente ligado ao passado escolar mais longínquo, há que se admitir que escolhas precoces comprometem muito fortemente as oportunidades de atingir tal ou tal ramo do ensino superior e de nele triunfar. Em síntese, as cartas são jogadas muito cedo.

O funcionamento da escola e sua função de conservação social

Concordar-se-á facilmente, e talvez até facilmente demais, com tudo o que precede. Mas restringir-se a isso significaria abdicarmos de nos interrogar sobre a responsabilidade da escola na perpetuação das desigualdades sociais. Se essa questão é raramente colocada, é porque a ideologia jacobina que inspira a maior parte das críticas dirigidas ao sistema universitário evita levar em conta realmente as desigualdades frente ao sistema escolar, em virtude do apego a uma definição social de equidade nas oportunidades de escolarização. Ora, se considerarmos seriamente as desigualdades socialmente condicionadas diante da escola e da cultura, somos obrigados a concluir que a equidade formal à qual obedece todo o sistema escolar é injusta de fato, e que, em toda sociedade onde se proclamam ideais democráticos, ela protege melhor os privilégios do que a transmissão aberta dos privilégios.

Com efeito, para que sejam favorecidos os mais favorecidos e desfavorecidos os mais desfavorecidos, é necessário e suficiente que a escola ignore, no âmbito dos conteúdos do ensino que transmite, dos métodos e técnicas de transmissão e dos critérios de avaliação, as desigualdades culturais entre as crianças das diferentes classes sociais. Em outras palavras, tratando todos os educandos, por mais desiguais que sejam eles de fato, como iguais em direitos e deveres, o sistema escolar é levado a dar sua sanção às desigualdades iniciais diante da cultura.

A igualdade formal que pauta a prática pedagógica serve como máscara e justificação para a indiferença no que diz respeito às desigualdades reais diante do ensino e da cultura transmitida, ou, melhor dizendo, exigida. Assim, por exemplo, a "pedagogia" que é utilizada no ensino secundário ou superior aparece objetivamente como uma pedagogia "para o despertar", como diz Weber, visando a despertar os "dons adormecidos" em alguns indivíduos excepcionais, através de técnicas encantatórias, tais como a proeza verbal dos mestres, em oposição a uma pedagogia racional e universal, que, partindo do zero e não considerando como dado o que apenas alguns herdaram, se obrigaria a tudo em favor de todos e se organizaria metodicamente em referência ao fim explícito de dar a todos os meios de adquirir aquilo que não é dado, sob a aparência do dom natural, senão às crianças das classes privilegiadas. Mas o fato é que a tradição pedagógica só se dirige, por trás das ideias inquestionáveis de igualdade e de universalidade, aos educandos que estão no caso particular de deter uma herança cultural, de acordo com as exigências culturais da escola. Não somente ele exclui as interrogações sobre os meios mais eficazes de transmitir a todos os conhecimentos e as habilidades que a escola exige de todos e que as diferentes classes sociais só transmitem de forma desigual, mas ela tende ainda a desvalorizar como "primárias" (com o duplo sentido de primitivas e vulgares) e, paradoxalmente, como "escolares", as ações pedagógicas voltadas para tais fins.

Não é por acaso que o ensino primário superior, quando concorria com o liceu clássico, constituía um mundo menos estranho do que o liceu para as crianças oriundas das classes populares, atraindo, assim, o desprezo das elites, precisamente porque era mais explícito e metodicamente escolar. São também duas concepções de cultura que, sob interesses corporativos, exprimem-se ainda hoje nos conflitos entre os mestres provenientes do ensino primário e os professores tradicionais das escolas secundárias[19]. Seria preciso que se indagasse também sobre as funções que exerce junto aos professores e membros das classes cultivadas o horror sagrado a *bachotage**, em oposição a cultura geral. O *bachotage* não é o mal absoluto, quando consiste tão somente em reconhecer que se prepara os alunos para o *baccalauréat*, e determiná-los, por isso mesmo, a reconhecer que eles estão se preparando para o *bachot*. A desvalorização das técnicas não é senão o reverso da exaltação da proeza intelectual, a qual tem afinidade estrutural com os valores dos grupos privilegiados do ponto de vista cultural. Os detentores estatutários das "boas maneiras" estão sempre inclinados a desvalorizar como laboriosas e laboriosamente adquiridas as qualidades que não valem senão sob as aparências do inato.

Produtos de um sistema voltado para a transmissão de uma cultura aristocrática em seu conteúdo e espírito, os educadores inclinam-se a desposar os seus valores, com mais ardor talvez porque lhe devem o su-

---

19. Cf., neste mesmo número, o artigo de ISAMBERT-JAMATI, V. "La rigidité d'une institution: structure scolaire et système de valeurs", p. 306.

* Por *bachotage* entende-se toda preparação intelectual utilitária visando meramente à aprovação em exames e concursos (feita, em geral, de "dicas" e expedientes práticos). Opõe-se, portanto, ao diletantismo intelectual desinteressado. O termo deriva de "bachoter", que, em francês, significa passar pelo *bachot*, isto é, pelo *baccalauréat* [N.T.].

cesso universitário e social. Além do mais, como não integrariam, mesmo e sobretudo sem que disso tenham consciência, os valores de seu meio de origem ou de pertencimento às suas maneiras de julgar e de ensinar? Assim, no ensino superior, os estudantes originários das classes populares e médias serão julgados segundo a escala de valores das classes privilegiadas, que numerosos educadores devem à sua origem social e que assumem de bom grado, sobretudo se o seu pertencimento à elite datar de sua ascensão ao magistério. Dá-se uma inversão dos valores – a qual, através de uma mudança de signo, transforma o sério em espírito de sério e a valorização do esforço em uma mesquinharia indigente e laboriosa, suspeita de compensar a ausência de dons – a partir do momento em que o *ethos* pequeno-burguês é julgado segundo o ponto de vista do *ethos* da elite, ou seja, aferido pelo diletantismo do homem culto e bem-nascido. De modo oposto, o diletantismo que os estudantes das classes favorecidas exprimem em várias condutas e o próprio estilo de suas relações com uma cultura que eles não devem jamais totalmente à escola, respondem às expectativas, frequentemente inconscientes, dos mestres e, mais ainda, às exigências objetivamente inscritas na instituição. Não há indício algum de pertencimento social, nem mesmo a postura corporal ou a indumentária, o estilo de expressão ou o sotaque, que não sejam objeto de "pequenas percepções" de classe e que não contribuam para orientar –

mais frequentemente de maneira inconsciente – o julgamento dos mestres[20]. O professor que, ao julgar aparentemente "dons inatos", mede, pelos critérios do *ethos* da elite cultivada, condutas inspiradas por um *ethos* ascético do trabalho executado laboriosa e dificilmente, opõe dois tipos de relação com uma cultura à qual indivíduos de meios sociais diferentes estão desigualmente destinados desde o nascimento. A cultura da elite é tão próxima da cultura escolar que as crianças originárias de um meio pequeno-burguês (ou, *a fortiori*, camponês e operário) não podem adquirir, senão penosamente, o que é herdado pelos filhos das classes cultivadas: o estilo, o bom-gosto, o talento, em síntese, essas atitudes e aptidões que só parecem naturais e naturalmente exigíveis dos membros da classe cultivada, porque constituem a "cultura" (no sentido empregado pelos etnólogos) dessa classe. Não recebendo de suas famílias nada que lhes possa servir em sua atividade escolar, a não ser uma espécie de boa vontade cultural vazia, os filhos das classes médias são forçados a tudo esperar e a tudo receber da escola, e sujeitos, ainda por cima, a ser repreendidos pela escola por suas condutas por demais "escolares".

É uma cultura aristocrática e sobretudo uma relação aristocrática com essa cultura, que o sistema de

---

20. Do mesmo modo que os julgamentos que os professores primários, impregnados de valores das classes médias às quais pertencem e das quais provêm cada vez mais, fazem de seus alunos levam sempre em conta a coloração ética das condutas e a atitude em relação ao professor e às disciplinas escolares.

ensino transmite e exige[21]. Isso nunca fica tão claro quanto nas relações que os professores mantêm com linguagem. Pendendo entre um uso carismático da palavra como encantamento destinado a colocar o aluno em condições de "receber a graça" e um uso tradicional da linguagem universitária como veículo consagrado de uma cultura consagrada, os professores partem da hipótese de que existe, entre o ensinante e o ensinado, uma comunidade linguística e de cultura, uma cumplicidade prévia nos valores, o que só ocorre quando o sistema escolar está lidando com seus próprios herdeiros. Fazendo como se a linguagem do ensino, língua feita de alusões e cumplicidade, fosse natural aos sujeitos "inteligentes" e "dotados", os educadores podem-se poupar o trabalho de controlar tecnicamente seu manejo da linguagem e a compreensão que dela têm os estudantes. Eles podem também experienciar, como estritamente equânimes, as

---

21. No centro da definição mais tradicional de cultura está, sem dúvida, a distinção entre o conteúdo da cultura (no sentido subjetivo da cultura objetiva interiorizada) ou, se se quiser, o saber, e a modalidade característica da posse desse saber, que lhe dá toda a significação e todo o valor. Aquilo que a criança herda de um meio cultivado não é somente uma cultura (no sentido objetivo), mas certo estilo de relação com a cultura que provém precisamente do modo de aquisição dessa cultura. A relação que um indivíduo mantém com as obras da cultura (e a modalidade de todas as suas experiências culturais) é, portanto, mais ou menos "fácil", "brilhante", "natural", "laboriosa", "árdua", "dramática", "tensa", segundo as condições nas quais ele adquiriu sua cultura; a aprendizagem osmótica na família favorecendo uma experiência de "familiaridade" (fonte da ilusão carismática), que a aprendizagem escolar não poderia jamais fornecer completamente. Vê-se, assim, que, ao colocar a ênfase na relação com a cultura e ao valorizar o estilo de relações mais aristocrático (a facilidade e o brilho), a escola favorece os mais favorecidos.

avaliações escolares que consagram, de fato, o privilégio cultural. Com efeito, como a linguagem é a parte mais inatingível e a mais atuante da herança cultural, porque, enquanto sintaxe, ela fornece um sistema de posturas mentais transferíveis, solidárias com valores que dominam toda a experiência, e como, por outro lado, a linguagem universitária é muito desigualmente distante da língua efetivamente falada pelas diferentes classes sociais, não se pode conceber educandos iguais em direitos e deveres frente à língua universitária e frente ao uso universitário da língua, sem se condenar a creditar ao dom um grande número de desigualdades que são, antes de tudo, desigualdades sociais. Além de um léxico e de uma sintaxe, cada indivíduo herda, de seu meio, uma certa atitude em relação às palavras e ao seu uso que o prepara mais ou menos para os jogos escolares, que são sempre, em parte, na tradição francesa de ensino literário, jogo de palavras.

Essa ligação com as palavras, reverencial ou livre, artificial ou familiar, sóbria ou intemperante, não é nunca tão manifesta quanto nas provas orais, nas quais os professores, consciente ou inconscientemente, diferenciam a facilidade "natural", constituída da facilidade de expressão e de desenvoltura elegante, da destreza "forçada", frequente nos estudantes das classes populares e médias, e que trai o esforço para se conformar (à custa de dissonâncias e de um certo tom artificial) às normas do discurso universitário. Essa falsa destreza, em que desponta a ansiedade de se impor, deixa transparecer por demais sua função de autovalorização, para não ser suspeita de vulgaridade interessada. Em síntese, a *certitudo sui* dos professores, que não se exprime nunca tão bem quanto no prestígio do curso magistral, alimenta-se de um "etnocentrismo de classe", que autoriza tanto um uso determinado da linguagem professoral quanto certa atitude em relação aos usos que os educandos fazem da linguagem e, em particular, da linguagem professoral.

Assim, o que está implícito nessas relações com a linguagem é todo o significado que as classes cultas conferem ao saber erudito e à instituição encarregada de perpetuá-lo e transmiti-lo. São as funções latentes que essas classes atribuem à instituição escolar, a saber, organizar o culto de uma cultura que pode ser proposta a todos, porque está reservada de fato aos membros das classes às quais ela pertence. É a hierarquia dos valores intelectuais que dá aos manipuladores prestigiosos de palavras e ideias superioridade sobre os humildes servidores das técnicas. É, enfim, a lógica própria de um sistema que tem por função objetiva conservar os valores que fundamentam a ordem social.

Mais profundamente: é porque o ensino tradicional se dirige objetivamente àqueles que devem ao seu meio o capital linguístico e cultural que ele exige objetivamente é que esse ensino pode permitir senão explicitar suas exigências e não se obrigar a dar a todos os meios de satisfazê-las. À moda de um direito consuetudinário, a tradição universitária prevê apenas infrações e sanções particulares, sem jamais explicitar os princípios que as fundamentam. A verdade de um tal sistema deve ser, então, encontrada nas suas exigências implícitas e no caráter implícito de suas exigências. Assim, tomando-se o exemplo do exame, percebe-se evidentemente que, quanto mais as provas escritas propostas se aproximam de um exercício retórico mais tradicional, mais favorável à exibição de qualidades imponderáveis, tanto no estilo quanto na sintaxe do pensamento ou nos conhecimentos mobilizados, a *dissertatio de omni re scibili* que domina os grandes concursos literários (e que ainda desempenha um papel importante nos concursos científicos), mais elas marcam as diferenças existentes entre os candidatos de diferentes origens sociais. Segundo a mesma lógica, os "herdeiros" são mais favorecidos nos exames orais do que nos escritos, principalmente quando o exame oral se torna explicitamente aquilo que ele sempre é implicitamente, a saber, o teste das maneiras cultivadas e distintas[22].

Nota-se, evidentemente, que um sistema de ensino como este só pode funcionar perfeitamente enquanto se limite a recrutar e a selecionar os educandos capazes de satisfazerem às exigências que se lhe impõem, objetivamente, ou seja, enquanto se dirija a indivíduos dotados de capital cultural (e da aptidão para fazer frutificar esse capital) que ele pressupõe e consagra, sem exigi-

---

22. A resistência dos professores em relação à *docimologie* [N.T.: Este termo designa, em francês, o estudo sistemático das formas de avaliação dos conhecimentos] e, mais ainda, em relação a todo esforço para racionalizar as provas (vide os protestos indignados que despertam as questões fechadas) se inspira inconscientemente no mesmo *ethos* aristocrático da recusa da pedagogia, ainda que este último encontre um álibi "democrático" na denúncia do ritual do perigo tecnocrático.

-lo explicitamente e sem transmiti-lo metodicamente. A única prova de que ele possa realmente se ressentir não é, como se vê, a do número, mas a da qualidade dos educandos. O ensino de massa, do qual se fala tanto hoje em dia, opõe-se, ao mesmo tempo, tanto ao ensino reservado a um pequeno número de herdeiros da cultura exigida pela escola quanto ao ensino reservado a um pequeno número de indivíduos quaisquer. De fato, o sistema de ensino pode acolher um número de educandos cada vez maior – como já ocorreu na primeira metade do século XX – sem ter que se transformar profundamente, desde que os recém-chegados sejam também portadores das aptidões socialmente adquiridas que a escola exige tradicionalmente. Ao contrário, ele está condenado a uma crise, percebida por exemplo como de "queda de nível", quando recebe um número cada vez maior de educandos que não dominam mais, no mesmo grau que seus predecessores, a herança cultural de sua classe social (como acontece quando as taxas de escolarização secundária e superior das classes tradicionalmente escolarizadas crescem continuamente, caindo a taxa de seleção paralelamente), ou que, procedendo de classes sociais culturalmente desfavorecidas, são desprovidos de qualquer herança cultural. Inúmeras transformações por que passa atualmente o sistema de ensino são imputáveis aos determinismos propriamente morfológicos; assim se compreende que elas não toquem no essencial e que se questione tão pouco nos programas de reforma, bem como nas reivindicações dos educadores e educandos, a especificidade do sistema escolar tradicional e de seu funcionamento. É verdade que a democratização do acesso à quinta série constituiria, sem dúvida, uma prova decisiva, capaz de impor uma transformação profunda ao funcionamento do sistema de ensino no que ele tem de mais específico, se a segregação das crianças, segundo a hierarquia dos tipos de estabelecimentos e das seções (dos colégios de ensino geral ou de ensino técnico às seções clássicas dos liceus), não fornecesse ao sistema uma proteção de acordo com a lógica do sistema: as crianças das classes populares que não empregam na atividade escolar nem a boa vontade cultural das crianças das classes médias nem o capital cultural das classes superiores refugiam-se numa espécie de atitude negativa, que desconcerta os educadores e se exprime em formas de desordem até então desconhecidas. Evidentemente que, nesse caso, é suficiente *laisser-faire* para que atuem com a maior brutalidade os *handicaps* culturais, e para que tudo retorne à ordem. Para responder verdadeiramente a esse desafio, o sistema escolar deveria dotar-se dos meios para realizar um empreendimento sistemático e generalizado de aculturação, do qual ele pode prescindir quando se dirige às classes mais favorecidas[23].

---

23. A pressão da demanda econômica pode impor transformações decisivas? Pode-se conceber que as sociedades industriais venham satisfazer as suas necessidades de quadros sem ampliar consideravelmente a base de recrutamento do ensino secundário e sobretudo do ensino superior. Com efeito, se se raciocina apenas em termos de custos, ou, se se quiser, de racionalidade formal, pode ser preferível recrutar, contra os imperativos da justiça escolar, nas classes cuja cultura social

Seria, pois, ingênuo esperar que, do funcionamento de um sistema que define ele próprio seu recrutamento (impondo exigências tanto mais eficazes talvez quanto mais implícitas), surgissem as contradições capazes de determinar uma transformação profunda na lógica segundo a qual funciona esse sistema, e de impedir a instituição encarregada da conservação e da transmissão da cultura legítima de exercer suas funções de conservação social. Ao atribuir aos indivíduos esperanças de vida escolar estritamente dimensionadas pela sua posição na hierarquia social, e operando uma seleção que – sob as aparências da equidade formal – sanciona e consagra as desigualdades reais, a escola contribui para perpetuar as desigualdades, ao mesmo tempo em que as legitima. Conferindo uma sanção que se pretende neutra, e que é altamente reconhecida como tal, a aptidões socialmente condicionadas que trata como desigualdades de "dons" ou de mérito, ela transforma as desigualdades de fato em desigualdades de direito, as diferenças econômicas e sociais em "distinção de qualidade", e legitima a transmissão da herança cultural. Por isso, ela exerce uma função mistificadora. Além de permitir à elite se justificar de ser o que é, a "ideologia do dom", chave do sistema escolar e do sistema social, contribui para encerrar os membros das classes desfavorecidas no destino que a sociedade lhes assinala, levando-os a perceberem como inaptidões naturais o que não é se-

---

é mais próxima da cultura escolar, e se dispensar, dessa forma, de um empreendimento de aculturação.

não efeito de uma condição inferior, e persuadindo-os de que eles devem o seu destino social (cada vez mais estreitamente ligado ao seu destino escolar, à medida que a sociedade se racionaliza) – à sua natureza individual e à sua falta de dons. O sucesso excepcional de alguns indivíduos que escapam ao destino coletivo dá uma aparência de legitimidade à seleção escolar, e dá crédito ao mito da escola libertadora junto àqueles próprios indivíduos que ela eliminou, fazendo crer que o sucesso é uma simples questão de trabalho e de dons. Enfim, aqueles que a escola "liberou", mestres ou professores, colocam sua fé na escola libertadora a serviço da escola conservadora, que deve ao mito da escola libertadora uma parte de seu poder de conservação. Assim, o sistema escolar pode, por sua lógica própria, servir à perpetuação dos privilégios culturais sem que os privilegiados tenham de se servir dele. Conferindo às desigualdades culturais uma sanção formalmente conforme aos ideais democráticos, ele fornece a melhor justificativa para essas desigualdades.

A escola e a prática cultural

Porque um fenômeno de moda intelectual leva a reconhecer em todo lugar os sinais de uma homogeneização da sociedade, numerosos autores pretendem que as distâncias culturais entre as classes tendem a se reduzir. Contra as mitologias da homogeneização cultural que (entre outras coisas, e sem que se precise jamais a parte que cabe a um ou a outro fator) o enfraquecimento das diferenças econômicas e das barreiras de classe, por um lado, e a ação dos meios modernos de comunicação, por outro, determinariam, a pesquisa científica mostra que o acesso às obras culturais permanece como privilégio das classes cultivadas. Assim, por exemplo, a frequência a museus (que – como se sabe – está fortemente ligada a todos os outros tipos de práticas culturais, assistência a concertos ou frequência a teatros) depende estreitamente do nível de instrução: 9% dos visitantes são desprovidos de qualquer diploma; 11% são titulares do CEP, 17% do CAP ou do BEPC, 31% são *bacheliers* e 21% são *licenciés**, o que significa que os visitantes com o *baccalauréat* ou um diploma mais elevado constituem mais da metade do público total[24].

A existência de uma ligação tão forte entre a instrução e a frequência a museus mostra que só a escola pode criar (ou desenvolver, segundo o caso) a aspiração à cultura, mesmo à cultura menos escolar[25]. Falar

---

* Pessoa portadora do diploma universitário de "licence", título intermediário entre o 1º e o 3º ciclo dos estudos superiores [N.T.].

24. O público do teatro apresenta uma estrutura análoga, e a frequência ao cinema, considerado como uma arte mais popular, é também muito desigual segundo as classes sociais, passando de 82% para os quadros superiores e membros de profissões liberais a 74% para os empregados, 67% para os operários e 64% para os pequenos proprietários. Cf. GUETTA, P. "Le cinema moribond ou malade". *L'Expansion de la Recherche Scientifique*, 21, dezembro de 1964, p. 30.

25. O jogo das analogias verbais conduz alguns a falar em "propensões para consumir" este ou aquele bem cultural, como eles falam de "consumo cultural". Dissociar as aspirações (tal qual elas são medidas através das enquetes) dos condicionamentos econômicos e sociais que as determinam é sancionar o *status quo* e omitir-se de enunciar e de denun-

de "necessidades culturais", sem lembrar que elas são, diferentemente das "necessidades primárias", produtos da educação, é, com efeito, o melhor meio de dissimular (mais uma vez recorrendo-se à ideologia do dom) que as desigualdades frente às obras da cultura erudita não são senão um aspecto e um efeito das desigualdades frente à escola, que cria a necessidade cultural ao mesmo tempo em que dá e define os meios de satisfazê-la.

A privação em matéria de cultura não é necessariamente percebida como tal, sendo o aumento da privação acompanhado, ao contrário, de um enfraquecimento da consciência da privação. O privilégio tem, pois, todos os sinais exteriores da legitimidade: nada é mais acessível que os museus, e os obstáculos econômicos, cuja ação se deixa perceber em outros domínios, são aqui menores, de modo que parece ter-se mais fundamento, aqui, para invocar a desigualdade natural das necessidades culturais. O caráter autodestrutivo dessa ideologia é tão evidente quanto sua função justificadora.

Verifica-se, mais uma vez, que as vantagens e desvantagens são cumulativas. Assim, são os mesmos indivíduos que têm oportunidades mais numerosas, mais duradouras e mais extensas de frequentar os museus, por ocasião de giros turísticos, os que são também dotados da cultura, sem a qual as viagens turísticas não enriquecem em nada (ou somente por acaso e sem maiores consequências) a prática cultural.

---

ciar suas causas; é proibir-se de pesquisar as condições econômicas e sociais de um outro tipo de aspirações.

Da mesma maneira, como se procurou mostrar nas análises precedentes, os indivíduos que têm um nível de instrução mais elevado têm as maiores chances de ter crescido num meio culto. Ora, nesse domínio, o papel das incitações difusas propiciadas pelo meio familiar é particularmente determinante: a maioria dos visitantes faz sua primeira visita ao museu antes da idade de quinze anos e a parte relativa das visitas precoces cresce, regularmente, à medida que se se eleva na hierarquia social.

Se a ação indireta da escola (produtora dessa disposição geral diante de todo tipo de bem cultural que define a atitude "culta") é determinante, a ação direta, sob a forma do ensino artístico ou dos diferentes tipos de incitação à prática (visitas organizadas etc.), permanece fraca: deixando de dar a todos, através de uma educação metódica, aquilo que alguns devem ao seu meio familiar, a escola sanciona, portanto, aquelas desigualdades que somente ela poderia reduzir. Com efeito, somente uma instituição cuja função específica fosse transmitir ao maior número possível de pessoas, pelo aprendizado e pelo exercício, as atitudes e as aptidões que fazem o homem "culto", poderia compensar (pelo menos parcialmente) as desvantagens daqueles que não encontram em seu meio familiar a incitação à prática cultural.

Se as desigualdades não são jamais tão acentuadas quanto diante das obras de cultura erudita, elas permanecem, todavia, muito fortes nas práticas culturais que uma certa ideologia apresenta como mais universais, porque mais largamente acessíveis. Por exemplo, as enquetes sobre a audiência radiofônica mostram que a posse de aparelhos de rádio e televisão é muito desigual entre os diferentes meios sociais; e inúmeros indícios permitem inferir que as desigualdades se refletem não somente na escolha dos programas vistos ou ouvidos (escolha que depende estreitamente do nível de instrução, tanto quanto a frequência a museus ou a concertos), mas também, e sobretudo, no tipo de atenção dedicada. Sabe-se, com efeito, para usar a linguagem da teoria da comunicação, que a recepção adequada de uma mensagem supõe uma adequação entre as aptidões do receptor (aquilo que chamamos grosseiramente de sua cultura) e a natureza mais ou menos original, mais ou menos redundante, da mensagem. Essa adequação pode, evidentemente, realizar-se em todos os níveis, mas é igualmente evidente que o conteúdo informativo e estético da mensagem efetivamente recebida tem tanto mais chances de ser mais pobre quanto a "cultura" do receptor for ela própria mais pobre.

Como toda mensagem é objeto de uma recepção diferencial, segundo as características sociais e culturais do receptor, não se pode afirmar que a homogeneização das mensagens emitidas leve a uma homogeneização das mensagens recebidas, e, menos ainda, a uma homogeneização dos receptores. É preciso denunciar a ficção segundo a qual "os meios de comunicação de massa" seriam capazes de homogeneizar os grupos sociais, transmitindo uma "cultura de massa" idêntica para todos e identicamente percebida por todos.

É preciso, também, pôr em dúvida a eficácia de todas as técnicas de ação cultural direta, desde os Centros Culturais* até os empreendimentos de educação popular. Quer esteja apoiado num museu, como no Havre, ou num teatro, como em Caen, o Centro Cultural atraiu e reagrupou – e isso já é suficiente para justificar sua existência – aqueles cuja formação escolar ou meio social haviam preparado para a prática cultural. Se a ação de organizações profissionais, esportivas ou familiares preexistentes pode incitar uma parte das classes médias e uma minoria das classes populares a uma prática cultural que não lhes era familiar, o Centro Cultural se viu imediatamente investido das características das instituições, teatros ou museus, que ele pretendia duplicar ou substituir: os membros da classe "culta" se sentem no direito e no dever de frequentar esses altos centros de cultura, dos quais os outros, por falta de uma cultura suficiente, sentem-se excluídos. Longe de preencher a função que uma certa mística da "cultura popular" lhe atribuiu, o Centro Cultural continua sendo a Casa dos homens cultos.

E como poderia ser diferente? Se se sabe que o interesse que um ouvinte pode ter por uma mensagem, qualquer que seja ela, e, mais ainda, a compreensão que dela venha ter, são, direta e estritamente, função de sua "cultura", ou seja, de sua educação e de seu meio cultural, não se pode senão duvidar da eficácia de todas

---

* No original, Maisons de culture [N.T.].

as técnicas de ação cultural direta, desde os Centros Culturais até os empreendimentos de educação popular, que, enquanto perdurarem as desigualdades frente à escola (única instituição capaz de criar a atitude cultivada), apenas contribuirão para disfarçar as desigualdades culturais que não conseguem reduzir realmente e, sobretudo, de maneira duradoura. Não há atalhos no caminho que leva às obras da cultura e os encontros artificialmente arranjados e diretamente provocados não têm futuro.

Significaria isso que esses empreendimentos só poderão ter alguma eficácia se se dotarem dos meios de que a escola dispõe? Com efeito, além do fato de que toda tentativa de impor tarefas e disciplinas escolares aos organismos marginais de difusão cultural encontraria resistências ideológicas por parte dos responsáveis por esses organismos, podemos ainda interrogar-nos sobre a verdadeira função da política que consiste em encorajar e sustentar tais organismos marginais e pouco eficazes, enquanto não se tiver feito tudo para obrigar e autorizar a instituição escolar a desempenhar a função que lhe cabe, de fato e de direito, ou seja, a de desenvolver em todos os membros da sociedade, sem distinção, a aptidão para as práticas culturais que a sociedade considera como as mais nobres. Não estaríamos nós no direito de formular essa questão, uma vez que está estabelecido cientificamente que, a um custo equivalente, a extensão da escolaridade ou o aumento da parte consagrada nos programas escolares ao ensino artístico levariam, a longo prazo, aos museus, teatros e concertos, um número incomparavelmente maior de indivíduos que todas as técnicas de ação direta reunidas, quer se trate de animação cultural ou de publicidade através da imprensa, rádio ou televisão?[26]

Como o deciframento de uma obra da cultura erudita supõe o conhecimento do código segundo o qual ela está codificada, pode-se considerar que os fenômenos de difusão cultural são um caso particular da teoria da comunicação. Mas o domínio do código só pode ser adquirido mediante o preço de uma aprendizagem metódica e organizada por uma instituição expressamente ordenada para esse fim. Ora, assim como a comunicação que se estabelece entre as obras da cultura erudita e o espectador depende da intensidade e da modalidade da cultura (no sentido subjetivo) deste último, da mesma maneira a comunicação pedagógica depende estreitamente da cultura que o receptor deve, nesse caso, a seu meio familiar, detentor e transmissor de uma cultura (no sentido etnológico) mais ou menos próxima, em seu conteúdo e valores, da cultura erudita que a escola transmite e dos modelos linguísticos e culturais segundo os quais essa transmissão é feita. Se é verdade que a experiência das obras da cultura erudita e a aquisição institucionalizada da cultura que essa experiência pressupõe obedecem à mesma lógica, enquanto fenômenos de comunicação, compreende-se o quanto é

---

26. BOURDIEU , P. & DARBEL, A. *L'Amour de l'art, les musées et leur public*. Paris: Éditions de Minuit, 1966 [Col. "Le sens commun"].

difícil romper o processo circular que tende a perpetuar as desigualdades frente à cultura legítima.

Platão relata, no fim de seu livro *A república*, que as almas devem empreender uma outra vida; devem, elas mesmas, escolher seu destino – entre modelos de vida de todo tipo, dentre todas as vidas animais e humanas possíveis – e que, feita a escolha, elas devem beber a água do Rio Amélès, água do esquecimento, antes de retornarem à Terra. A função de teodiceia que Platão confere ao mito compete, em nossas sociedades, aos tribunais universitários. Mas é necessário citar Platão mais uma vez:

"Quando eles chegaram, tiveram que se apresentar imediatamente a Lachèsis. E primeiro um hierofante os alinhou em ordem, depois, apanhando sobre os joelhos de Lachèsis destinos e modelos de vida, galgou um estrado elevado e gritou: 'Proclamação da virgem Lachèsis, filha da Necessidade. Almas efêmeras, ides começar uma nova carreira e renascer na condição mortal. Não será um gênio que há de vos sortear, sois vós mesmas que escolhereis vosso gênio. O primeiro designado pela sorte escolherá, em primeiro lugar, a vida à qual ficará ligado pela necessidade [...]. Cada qual é responsável pela sua escolha, a divindade não é responsável"[27].

Para que os destinos sejam metamorfoseados em escolhas livres, é suficiente que a escola, hierofante da Necessidade, consiga convencer os indivíduos a se

---

27. PLATÃO. *A república*, livro X, 617 e. [s.d.].

submeterem ao seu veredicto e persuadi-los de que eles mesmos escolheram os destinos que lhes haviam sido *a priori* atribuídos. A partir desse momento, a divindade social está fora de questão.

Ao mito platônico da escolha inicial dos destinos se poderia opor aquele que propõe Campanella na *Cidade do Sol*: para instaurar imediatamente uma situação de mobilidade social perfeita e assegurar a independência absoluta entre a posição do pai e a posição do filho, interditando-se a transmissão do capital cultural, é necessário e suficiente – como se sabe – afastar, desde o nascimento, as crianças de seus pais. Esse é o mito da mobilidade perfeita que os estatísticos[28] invocam implicitamente, quando constroem índices de mobilidade social referindo a situação empiricamente observada a uma situação de independência completa entre a posição social dos herdeiros e dos genitores. Sem dúvida, é preciso atribuir a esse mito, e aos índices que ele permite construir, uma função de crítica, pois eles concorrem para desvendar a falta de correspondência entre os ideais democráticos e a realidade social. Mas mesmo o exame mais superficial mostraria que a consideração dessas abstrações supõe o desconhecimento dos custos sociais e das condições sociais da possibilidade de um alto grau de mobilidade[29].

---

28. Cf. SDODAK, M. "Children in foster homes. A study of mental development". *Studies in childwelfares*. University of Iowa Studies, vol. XVI, n. 1, janeiro de 1939, p. 1-156; WELLMAR, B. "The Fickle IG". *Sigma X; Quarterly*, 28(2), 1940, p. 52-60.

29. Sem falar das dificuldades que há em se obter uma medida precisa da mobilidade e sem relembrar as discussões em torno da escolha do

Assim, a melhor maneira de provar em que medida a realidade de uma sociedade "democrática" está de acordo com seus ideais não consistiria em medir as chances de acesso aos instrumentos institucionalizados de ascensão social e de salvação cultural que ela concede aos indivíduos das diferentes classes sociais?[30] Somos levados, então, a reconhecer a "rigidez" extrema de uma ordem social que autoriza as classes sociais mais favorecidas a monopolizar a utilização da instituição escolar, detentora, como diz Max Weber, do monopólio da manipulação dos bens culturais e dos signos institucionais da salvação cultural.

---

ponto da carreira do pai e do filho que se deve levar em consideração para obter uma comparação pertinente, é preciso, ao menos, mencionar que, como ressaltam Bendix e Lipset, "mobilidade perfeita" (no sentido de uma equalização perfeita das chances de mobilidade) e "mobilidade máxima" não estão necessariamente ligadas, e que é preciso distinguir entre a "rigidez" ou a "mobilidade" forçadas e a "rigidez" ou a "mobilidade" desejadas.

30. Seria preciso, também, levar em consideração as chances diferenciais de ascensão social com idêntica utilização dos meios institucionais. Ora, sabe-se que, com nível de instrução equivalente, os indivíduos oriundos de classes sociais diferentes ascendem a níveis mais ou menos elevados da hierarquia social.

CAPÍTULO III

O capital social – notas provisórias

Pierre Bourdieu

Tradução: DENICE BARBARA CATANI E AFRÂNIO MENDES CATANI
Revisão técnica: MARIA ALICE NOGUEIRA

Fonte: BOURDIEU, Pierre. "Le capital social – notes provisoires", publicado originalmente em *Actes de la recherche en sciences sociales*. Paris, n. 31, janeiro de 1980, p. 2-3.

A noção de capital social impôs-se como o único meio de designar o fundamento de efeitos sociais que, mesmo sendo claramente compreendidos no nível dos agentes singulares – em que se situa inevitavelmente a pesquisa estatística –, não são redutíveis ao conjunto das propriedades individuais possuídas por um agente determinado. Tais efeitos, em que a sociologia espontânea reconhece de bom grado a ação das "relações", são particularmente visíveis em todos os casos em que diferentes indivíduos obtêm um rendimento muito desigual de um capital (econômico ou cultural) mais ou menos equivalente, segundo o grau em que eles podem mobilizar, por procuração, o capital de um grupo (família, antigos alunos de escolas de "elite", clube seleto, nobreza etc.) mais ou menos constituído como tal e mais ou menos provido de capital.

O capital social é o conjunto de recursos atuais ou potenciais que estão ligados à posse de uma *rede durável de relações* mais ou menos institucionalizadas de inter-conhecimento e de inter-reconhecimento ou, em outros termos, *à vinculação a um grupo*, como conjunto de agentes que não somente são dotados de propriedades comuns (passíveis de serem percebidas pelo observador, pelos outros ou por eles mesmos), mas também são unidos por *ligações* permanentes e úteis. Essas ligações são irredutíveis às relações objetivas de proximidade no espaço físico (geográfico) ou no espaço econômico e social porque são fundadas em trocas inseparavelmente materiais e simbólicas cuja instauração e perpetuação supõem o reconhecimento dessa proximidade. O volume do capital social que um agente individual possui depende então da extensão da rede de relações que ele pode efetivamente mobilizar e do volume do capital (econômico, cultural ou simbólico) que é posse exclusiva de cada um daqueles a quem está ligado. Isso significa que, embora seja relativamente irredutível ao capital econômico e cultural possuído por um agente determinado ou mesmo pelo conjunto de agentes a quem está ligado (como bem se vê no caso do novo rico), o capital social não é jamais completamente independente deles pelo fato de que as trocas que instituem o inter-reconhecimento supõem o reconhecimento de um mínimo de homogeneidade "objetiva" e de que ele exerce um efeito multiplicador sobre o capital possuído com exclusividade.

Os lucros que o pertencimento a um grupo proporciona estão na base da solidariedade que os torna possível. O que não significa que eles sejam conscientemente perseguidos como tais, mesmo no caso dos grupos que, como os clubes seletos, são expressamente arranjados com vistas a *concentrar o capital social* e obter assim o pleno benefício do efeito multiplicador implicado pela concentração e assegurar os lucros proporcionados pelo pertencimento – lucros materiais como todas as espécies de "serviços" assegurados por relações úteis, e lucros simbólicos tais como aqueles que estão associados à participação num grupo raro e prestigioso.

A existência de uma rede de relações não é um dado natural, nem mesmo um "dado social", constituído de uma vez por todas e para sempre por um ato social de instituição (representado, no caso do grupo familiar, pela definição *genealógica* das relações de parentesco que é característica de uma formação social), mas o produto do trabalho de instauração e de manutenção que é necessário para produzir e reproduzir relações duráveis e úteis, aptas a proporcionar lucros materiais ou simbólicos. Em outras palavras, a rede de ligações é o produto de estratégias de investimento social consciente ou inconscientemente orientadas para a instituição ou a reprodução de relações sociais diretamente utilizáveis, a curto ou longo prazo, isto é, orientadas para a transformação de relações contingentes, como as relações de vizinhança, de trabalho ou mesmo de parentesco, em relações, ao mesmo tempo, necessárias e eletivas, que implicam obrigações duráveis subjetivamente sentidas (sentimentos de reconhecimento, de respeito, de amizade etc.) ou institucionalmente garantidas (direitos). E isso graças à alquimia da troca (de palavras, de presentes, de mulheres etc.) como comunicação que supõe e produz o conhecimento e o reconhecimento mútuos. A troca transforma as coisas trocadas em signos de reconhecimento e, mediante o reconhecimento mútuo e o reconhecimento da inclusão no grupo que ela implica, produz o grupo e determina ao mesmo tempo os seus limites, isto é, os limites além dos quais a troca constitutiva, comércio, comensalidade, casamento, não pode ocorrer. Cada membro do grupo encontra-se assim instituído como guardião dos limites do grupo: pelo fato de que a definição de critérios de entrada no grupo está em jogo em cada nova inclusão, um novo membro poderia modificar o grupo mudando os limites da troca legítima por uma forma qualquer de "casamento desigual". É por isso que a reprodução do capital social é tributária, por um lado, de todas as instituições que visam a favorecer as trocas legítimas e a excluir as trocas ilegítimas, produzindo ocasiões (*ralyes*, cruzeiros, caçadas, saraus, recepções etc.), lugares (bairros chiques, escolas seletas, clubes etc.) ou práticas (esportes chiques, jogos de sociedade, cerimônias culturais etc.) que reúnem, de maneira aparentemente fortuita, indivíduos tão homogêneos quanto possível, sob todos os aspectos pertinentes do ponto de vista da existência e da persistência do grupo. Por outro lado, a reprodução do capital social também é tributária do trabalho de sociabilidade, série contínua de trocas onde se afirma e se reafirma incessantemente o reconhecimento e que supõe, além de uma competência específica (conhecimento das relações genealógicas e das ligações reais e arte de utilizá--las etc.) e de uma disposição adquirida para obter e manter essa competência, um dispêndio constante de tempo e esforços (que têm seu equivalente em capital econômico) e também, muito frequentemente, de capital econômico. O rendimento desse trabalho de acumulação e manutenção do capital social é tanto maior quanto mais importante for esse capital, sendo que o limite é representado pelos detentores de um capital social herdado, simbolizado por um sobrenome importante, que não têm que "se relacionar" com todos os seus "conhecidos", que são conhecidos por mais pessoas do que as que conhecem e que, sendo procurados por seu capital social, e tendo valor porque "conhecidos" (cf. "eu o conheci bem"), estão em condição de transformar todas as relações circunstanciais em ligações duráveis.

Enquanto não houver instituições que permitam concentrar nas mãos de um agente singular a totalidade do capital social que funda a existência do grupo (família, nação, mas também associação ou partido) e delegá-lo para exercer, graças a esse capital coletivamente possuído, um poder sem relação com sua contribuição pessoal, cada agente deve participar do capital coletivo, simbolizado pelo nome da família ou da linhagem, mas na proporção direta de sua contribuição, isto é, na medida em que suas ações, suas palavras e sua pessoa honrarem o grupo (Inversamente, enquanto a delegação institucionalizada, que é acompanhada de uma definição explícita das responsabilidades, tende a limitar as consequências de falhas individuais, a delegação difusa, correlata do pertencimento, impõe consequentemente a todos os membros do grupo, sem distinção, a caução do capital coletivamente possuído, sem colocá-los a salvo do descrédito que pode ser acarretado pela conduta de qualquer um deles, o que explica que os "grandes" devam, nesse caso, empenhar-se em defender a honra coletiva na honra dos membros mais desprovidos do seu grupo). Certamente, é o mesmo princípio que produz o grupo instituído com vistas à concentração do capital e a concorrência, no interior desse grupo, pela apropriação do capital social produzido por esta concentração. Para circunscrever a concorrência interna em limites além dos quais ela comprometeria a acumulação do capital que funda o grupo, os grupos devem regular a distribuição, entre seus membros, do direito de se instituir como delegado do grupo (mandatário, plenipotenciário, representante, porta-voz), de engajar o capital social de todo o grupo. Assim, os grupos instituídos delegam seu capital social a todos os seus membros, mas em graus muito desiguais (do simples leigo ao papa ou do militante de base ao secretário-geral), podendo todo o capital coletivo ser *individualizado* num agente singular que o concentra e que, embora tenha todo seu poder oriundo do grupo, pode exercer sobre o grupo (e em certa medida contra o grupo) o poder que o grupo lhe permite concentrar. Os mecanismos de delegação e de *representação* (no duplo sentido do teatro e do direito) que se impõem – sem dúvida, tanto mais rigorosamente quanto mais numeroso for o grupo – como uma das condições da concentração do capital social (entre outras razões porque permitem a numerosos agentes diversos e dispersos agir "como um único homem" e ultrapassar os efeitos da finitude que os liga, através do seu corpo, a um lugar e a um tempo) contêm, assim, o princípio de um desvio do capital que eles fazem existir.

CAPÍTULO IV

Os três estados do capital cultural

Pierre Bourdieu

Tradução: MAGALI DE CASTRO
Revisão técnica: MARIA ALICE NOGUEIRA

Fonte: BOURDIEU, Pierre. "Les trois états du capital culturel", publicado originalmente em *Actes de la recherche en sciences sociales*. Paris, n. 30, novembro de 1979, p. 3-6.

A noção de capital cultural impôs-se, primeiramente, como uma hipótese indispensável para dar conta da desigualdade de desempenho escolar de crianças provenientes das diferentes classes sociais, relacionando o "sucesso escolar", ou seja, os benefícios específicos que as crianças das diferentes classes e frações de classe podem obter no mercado escolar, à distribuição do capital cultural entre as classes e frações de classe. Este ponto de partida implica uma ruptura com os pressupostos inerentes, tanto à visão comum que considera o sucesso ou fracasso escolar como efeito das "aptidões" naturais quanto às teorias do "capital humano"[1].

Os economistas têm o mérito aparente de colocar explicitamente a questão da relação entre as taxas de lucro asseguradas pelo investimento educativo e pelo investimento econômico (e de sua evolução). Entretanto, além de sua medida do rendimento do investimento escolar só levar em conta os investimentos e os benefícios *monetários* ou *diretamente conversíveis em dinheiro*, como as despesas decorrentes dos estudos e o equivalente em dinheiro do tempo dedicado ao estudo, eles também não podem dar conta da parte relativa que os diferentes agentes ou as diferentes classes concedem ao investimento econômico e ao investimento cultural por não considerarem, sistematicamente, a *estrutura* das chances diferenciais de lucro que lhes são destina-

---

1. Ao falar de um conceito em si mesmo, como aqui, em lugar de fazê-lo funcionar, corre-se sempre o risco de ser, ao mesmo tempo, esquemático e formal, isto é, "teórico" no sentido mais comum e mais comumente aceito deste termo.

das pelos diferentes mercados, em função do volume e da estrutura de seu patrimônio (cf., em particular, BECKER G.S., *Human Capital*. Nova York: Columbia University Press, 1964). Além disso, deixando de colocar as estratégias de investimento escolar no conjunto das estratégias educativas e no sistema de estratégias de reprodução, sujeitam-se a deixar escapar, por um paradoxo necessário, o mais oculto e determinante socialmente dos investimentos educativos, a saber, a *transmissão doméstica do capital cultural*. Suas interrogações sobre a relação entre a "aptidão" (*ability*) para os estudos e o investimento nos estudos provam que eles ignoram que a "aptidão" ou o "dom" são também produtos de um investimento em tempo e em capital cultural (p. 63-66). Compreende-se, então, que, em se tratando de avaliar os benefícios do investimento escolar, só lhes resta se interrogar sobre a rentabilidade das despesas com educação para a "sociedade" em seu conjunto (*social rate of return*; p. 121) ou sobre a contribuição que a educação traz à "produtividade nacional" (*the social gain of education as measured by its effects on national productivity*; p. 155). Essa definição tipicamente funcionalista das funções da educação, que ignora a contribuição que o sistema de ensino traz à reprodução da estrutura social, sancionando a transmissão hereditária do capital cultural, encontra-se, de fato, implicada, desde a origem, numa definição do "capital humano" que, apesar de suas conotações "humanistas", não escapa ao economicismo e ignora, dentre outras coisas, que o rendimento escolar da ação escolar depende do capital cultural previamente investido pela família e que o rendimento econômico e social do certificado escolar depende do capital social – também herdado – que pode ser colocado a seu serviço.

O capital cultural pode existir sob três formas: *no estado incorporado*, ou seja, sob a forma de disposições duráveis do organismo; *no estado objetivado*, sob a forma de bens culturais – quadros, livros, dicionários, instrumentos, máquinas, que constituem indícios ou a realização de teorias ou de críticas dessas teorias, de problemáticas etc.; e, enfim, *no estado institucionalizado*, forma de objetivação que é preciso colocar à parte porque, como se observa em relação ao *certificado escolar*, ela confere ao capital cultural – de que é, supostamente, a garantia – propriedades inteiramente originais.

O estado incorporado

A maior parte das propriedades do capital cultural pode inferir-se do fato de que, em seu estado fundamental, está *ligado ao corpo* e *pressupõe sua incorporação*. A acumulação de capital cultural exige uma *incorporação* que, enquanto pressupõe um trabalho de inculcação e de assimilação, *custa tempo* que deve ser investido *pessoalmente* pelo investidor (tal como o bronzeamento, essa incorporação não pode efetuar-se *por procuração*)[2]. Sendo pessoal, o trabalho de aquisição é

---

2. Segue-se que, de todas as medidas do capital cultural, as menos inexatas são aquelas que tomam por padrão de medida o *tempo de aquisição* – com a condição, certamente, de não o reduzir ao *tempo de escolarização* e de levar em conta a primeira educação familiar, dando--lhe um valor positivo (de um tempo ganho, de um avanço) ou negati-

um trabalho do "sujeito" sobre si mesmo (fala-se em "cultivar-se"). O capital cultural é um ter que se tornou ser, uma propriedade que se fez corpo e tornou-se parte integrante da "pessoa", um habitus[3]. Aquele que o possui "pagou com sua própria pessoa" e com aquilo que tem de mais pessoal, seu tempo. Esse capital "pessoal" não pode ser transmitido *instantaneamente* (diferentemente do dinheiro, do título de propriedade ou mesmo do título de nobreza) por doação ou transmissão hereditária, por compra ou troca. Pode ser adquirido, no essencial, de maneira totalmente dissimulada e inconsciente, e permanece marcado por suas condições primitivas de aquisição. Não pode ser acumulado para além das capacidades de apropriação de um agente singular; depau-

---

vo (de um tempo perdido e, *duplamente,* uma vez que será necessário gastar tempo para *corrigir* seus efeitos) segundo a distância em relação às exigências do mercado escolar (Seria necessário dizer, para evitar qualquer mal-entendido, que essa proposição não implica qualquer reconhecimento do valor dos veredictos escolares e limita-se a registrar a relação que se estabelece, nos fatos, entre certo capital cultural e as leis do mercado escolar? Talvez não seja inútil, todavia, recordar que as disposições marcadas com um valor negativo no mercado escolar podem ter um valor altamente positivo em outros mercados – e, em primeiro lugar, claro, nas relações internas à sala de aula).

3. Segue-se que a utilização ou exploração do capital cultural coloca problemas particulares aos detentores do capital econômico ou político, quer se trate de mecenas privados ou, em outro extremo, de empresários que empregam "quadros" dotados de uma competência cultural específica (sem falar dos novos *mecenas do Estado*): como comprar esse capital estreitamente ligado à pessoa sem comprar a pessoa – o que significaria privar-se do próprio efeito de legitimação que pressupõe a dissimulação da dependência? Como concentrar o capital – o que é necessário para certas empresas – sem concentrar os portadores desse capital – o que pode ter todo tipo de consequências negativas?

pera e morre com seu portador (com suas capacidades biológicas, sua memória etc.). Pelo fato de estar ligado, de múltiplas formas, à pessoa em sua singularidade biológica e ser objeto de uma transmissão hereditária que é sempre altamente dissimulada, e até mesmo invisível, ele constitui um desafio para todos aqueles que lhe aplicam a velha e inextirpável distinção dos juristas gregos entre as propriedades herdadas (*ta patrôa*) e as propriedades adquiridas (*epiktèta*), isto é, acrescentadas pelo próprio indivíduo ao seu patrimônio hereditário; de forma que consegue acumular os prestígios da propriedade inata e os méritos da aquisição. Por consequência, ele apresenta um *grau de dissimulação* mais elevado do que o capital econômico e, por esse fato, está mais predisposto a funcionar como capital simbólico, ou seja, desconhecido e reconhecido, exercendo um efeito de (des)conhecimento, por exemplo, no mercado matrimonial ou no mercado de bens culturais, onde o capital econômico não é plenamente reconhecido. A economia das grandes coleções de pintura ou das grandes fundações culturais, assim como a economia da assistência, da generosidade e dos donativos, repousam sobre propriedades do capital cultural, das quais os economistas não conseguem dar conta. Com efeito, o economicismo deixa escapar, por definição, a alquimia propriamente social pela qual o capital econômico se transforma em capital simbólico, capital denegado ou, mais exatamente, não reconhecido. Ela ignora, paradoxalmente, a lógica propriamente simbólica da distinção que assegura, por acréscimo, benefícios materiais e simbólicos aos detentores de um forte capital cultural que retira, de sua posição na estrutura da distribuição do capital cultural, um *valor de raridade* (este valor de raridade tem por princípio, em última análise, o fato de que nem todos os agentes têm meios econômicos e culturais para prolongar os estudos dos filhos além do mínimo necessário à reprodução da força de trabalho menos valorizada em um dado momento histórico).

Mas é, sem dúvida, na própria lógica da transmissão do capital cultural que reside o princípio mais poderoso da eficácia ideológica dessa espécie de capital. Sabe-se, por um lado, que a apropriação do capital cultural objetivado – portanto, o tempo necessário para realizá-la – depende, principalmente, do capital cultural incorporado pelo conjunto da família – por intermédio, entre outras coisas, do efeito Arrow generalizado[4] e de todas as formas de transmissão implícita. Sabe-se, por outro lado, que a acumulação inicial do capital cultural – condição da acumulação rápida e fácil de toda espécie

---

4. O que designo por efeito "Arrow" generalizado, ou seja, o fato de que o conjunto de bens culturais, quadros, monumentos, máquinas, objetos trabalhados e, em particular, todos aqueles que fazem parte do meio ambiente natal, exercem um efeito educativo por sua simples existência, é, sem dúvida, um dos fatores estruturais da explosão escolar, no sentido em que o crescimento da quantidade de capital cultural acumulado no estado objetivado aumenta a ação educativa automaticamente exercida pelo meio ambiente. Se se acrescentar a isto o fato de que o capital cultural incorporado cresce constantemente, vê-se que, em cada geração, cresce o que o sistema escolar pode considerar como aquisição. O fato de que o mesmo investimento educativo terá um rendimento crescente é um dos fatores estruturais da inflação de diplomas (ao lado dos fatores conjunturais que estão ligados a efeitos de reconversão do capital).

de capital cultural útil – só começa *desde a origem*, sem atraso, sem perda de tempo, pelos membros das famílias dotadas de um forte capital cultural; nesse caso, o tempo de acumulação engloba *a totalidade* do tempo de socialização. Segue-se que a transmissão do capital cultural é, sem dúvida, a forma mais dissimulada da transmissão hereditária do capital; por isso, no sistema das estratégias de reprodução, recebe um peso tanto maior quanto mais as formas diretas e visíveis de transmissão tendem a ser mais fortemente censuradas e controladas.

Vê-se, imediatamente, que é por intermédio do tempo necessário à aquisição que se estabelece a ligação entre o capital econômico e o capital cultural. Com efeito, as diferenças no capital cultural possuído pela família implicam diferenças: primeiramente, na precocidade do início do empreendimento de transmissão e de acumulação, tendo por limite a plena utilização da totalidade do tempo biologicamente disponível, ficando o tempo livre máximo a serviço do capital cultural máximo; e depois na capacidade assim definida para satisfazer às exigências propriamente culturais de um empreendimento de aquisição prolongado. Além disso, e correlativamente, o tempo durante o qual determinado indivíduo pode prolongar seu empreendimento de aquisição depende do tempo livre que sua família pode lhe assegurar, ou seja, do tempo liberado da necessidade econômica que é a condição da acumulação inicial (tempo que pode ser avaliado como tempo em que se deixa de ganhar).

O estado objetivado

O capital cultural no estado objetivado detém um certo número de propriedades que se definem apenas em sua relação com o capital cultural em sua forma incorporada. O capital cultural objetivado em suportes materiais, tais como escritos, pinturas, monumentos etc., é transmissível em sua materialidade. Uma coleção de quadros, por exemplo, transmite-se tão bem (senão melhor, porque num grau de eufemização superior) quanto o capital econômico. Mas o que é transmissível é a propriedade jurídica e não (ou não necessariamente) o que constitui a condição da apropriação específica, isto é, a possessão dos instrumentos que permitem desfrutar de um quadro ou utilizar uma máquina e que, limitando-se a ser capital incorporado, são submetidos às mesmas leis de transmissão.

Assim, os bens culturais podem ser objeto de uma apropriação material, que pressupõe o capital econômico, e de uma apropriação simbólica, que pressupõe o capital cultural. Por consequência, o proprietário dos instrumentos de produção deve encontrar meios para se apropriar ou do capital incorporado que é a condição da apropriação específica, ou dos serviços dos detentores desse capital. Para possuir máquinas, basta ter capital econômico; para se apropriar delas e utilizá-las de acordo com sua destinação específica (definida pelo capital científico e tecnológico que se encontra incorporado nelas), é preciso dispor, pessoalmente ou por procuração, de capital incorporado. Esse é, sem dúvida, o fundamento do *status* ambíguo dos "quadros": se acentuamos o fato de que não são os possuidores (no sentido estritamente econômico) dos instrumentos de produção que utilizam e que só tiram proveito de seu capital cultural vendendo os serviços e os produtos que esse capital torna possíveis, colocamo-los do lado dos dominados; se insistimos no fato de que tiram seus benefícios da utilização de uma forma particular de capital, colocamo-los do lado dos dominantes. Tudo parece indicar que, na medida em que cresce o capital cultural incorporado nos instrumentos de produção (e, pela mesma razão, o tempo de incorporação necessário para adquirir os meios que permitam sua apropriação, ou seja, para obedecer à sua intenção objetiva, sua destinação, sua função), a força *coletiva* dos detentores do capital cultural tenderia a crescer se os detentores da espécie dominante de capital não estivessem em condições de pôr em concorrência os detentores de capital cultural (aliás, inclinados à concorrência pelas próprias condições de sua seleção e formação – e, em particular, pela lógica da competição escolar e do concurso).

O capital cultural no estado objetivado apresenta-se com todas as aparências de um universo autônomo e coerente que, apesar de ser o produto da ação histórica, tem suas próprias leis, transcendentes às vontades individuais, e que – como bem mostra o exemplo da língua – permanece irredutível, por isso mesmo, àquilo que cada agente ou mesmo o conjunto dos agentes pode se apropriar (ou seja, ao capital cultural incorporado).

É preciso não esquecer, todavia, que ele só existe e subsiste como capital ativo e atuante, de forma material e simbólica, na condição de ser apropriado pelos agentes e utilizado como arma e objeto das lutas que se travam nos campos da produção cultural (campo artístico, científico etc.) e, para além desses, no campo das classes sociais, onde os agentes obtêm benefícios proporcionais ao domínio que possuem desse capital objetivado, portanto, na medida de seu capital incorporado[5].

O estado institucionalizado

A objetivação do capital cultural sob a forma do diploma é um dos modos de neutralizar certas propriedades devidas ao fato de que, estando incorporado, ele tem os mesmos limites biológicos de seu suporte. Com o diploma, essa certidão de competência cultural que confere ao seu portador um valor convencional, constante e juridicamente garantido no que diz respeito à cultura, a alquimia social produz uma forma de capital cultural que tem uma autonomia relativa em relação ao seu portador e, até mesmo em relação ao capital cultural que ele possui, efetivamente, em um dado momento histórico. Ela *institui* o capital cultural pela magia coletiva, da mesma forma que, segundo Merleau-Ponty, os vivos *instituem* seus mortos através dos ritos do luto.

---

5. Tem-se, na maioria das vezes, reduzido a relação dialética entre o capital cultural objetivado (cuja forma por excelência é a escrita) e o capital cultural incorporado, a uma descrição exaltada da degradação do espírito pela letra, do vivo pelo inerte, da criação pela rotina, da graça pelo pesado.

Basta pensar no concurso que, a partir do *continuum* das diferenças infinitesimais entre as performances, *produz descontinuidades duráveis e brutais*, do tudo ao nada, como aquela que separa o último aprovado do primeiro reprovado, e institui uma diferença de essência entre a *competência* estatutariamente reconhecida e garantida e o simples capital cultural, constantemente intimado a *demonstrar seu valor*. Vê-se claramente, nesse caso, a magia *performática* do *poder de instituir*, poder de fazer ver e de fazer crer, ou, numa só palavra, de fazer *reconhecer*. Não existe fronteira que não seja mágica, isto é, imposta e mantida (às vezes, com risco de vida) pela *crença coletiva*. "Verdade aquém dos Pireneus; erro além". É a mesma *diacrisis* originária que institui o grupo como realidade, ao mesmo tempo, constante (ou seja, transcendente aos indivíduos), homogênea e diferente, pela instituição arbitrária e desconhecida como tal de uma fronteira jurídica, e que institui os valores últimos do grupo, aqueles que têm por princípio a crença do grupo em seu próprio valor e que se definem na oposição aos outros grupos.

Ao conferir ao capital cultural possuído por determinado agente um reconhecimento institucional, o certificado escolar permite, além disso, a comparação entre os diplomados e, até mesmo, sua "permuta" (substituindo-os uns pelos outros na *sucessão*); permite também estabelecer taxas de convertibilidade entre o capital cultural e o capital econômico, garantindo o valor em dinheiro de determinado capital escolar. Produto da conversão de capital econômico em capital cultural, ele estabelece o valor, no plano do capital cultural, do detentor de determinado diploma em relação aos outros detentores de diplomas e, inseparavelmente, o valor em dinheiro pelo qual pode ser trocado no mercado de trabalho – o investimento escolar só tem sentido se um mínimo de reversibilidade da conversão que ele implica for objetivamente garantido. Pelo fato de que os benefícios materiais e simbólicos que o certificado escolar garante, dependem também de sua raridade, pode ocorrer que os investimentos (em tempo e esforços) sejam menos rentáveis do que se previa no momento em que eles foram realizados (com a modificação, *de facto*, da taxa de convertibilidade entre capital escolar e capital econômico). As estratégias de reconversão do capital econômico em capital cultural, que estão entre os fatores conjunturais da explosão escolar e da inflação de diplomas, são comandadas pelas transformações da estrutura das oportunidades de lucro asseguradas pelas diferentes espécies de capital.

CAPÍTULO V

Futuro de classe e causalidade do provável*

Pierre Bourdieu

Tradução: ALBERT STUCKENBRUCK
Revisão técnica: GUILHERME JOÃO DE FREITAS TEIXEIRA

Fonte: BOURDIEU, Pierre. "Avenir de classe et causalité du probable", publicado originalmente em *Revue française de sociologie*, vol. XV, n. 1, janeiro-março de 1974, p. 3-42.

---

* Este capítulo representa o momento de uma pesquisa mais vasta que estou desenvolvendo, há alguns anos, com Luc Boltanski: Aliás, alguns resultados parciais da mesma já têm sido divulgados em outras publicações (cf. BOURDIEU, P.; BOLTANSKI, L. & MALDIDIER, P. "La defensedu corps". *Information sur les Sciences Sociales*, 10 (4), 1971, p. 45-86 e BOURDIEU, P.; BOLTANSKI, L. & SAINT-MARTIN, M. de. "Les stratégies de reconversion". *Information sur les Sciences Sociales*, 12 (5), 1973, p. 61-113). Agradeço a J.-C. Chamboredon e D. Merllié pelas observações e sugestões com que gentilmente contribuíram para este estudo.

A teoria da prática utilizada pelas ciências humanas, quase sempre em estado implícito, quando precisam explicar *a economia das práticas*, isto é, a lógica imanente às ações e o sentido objetivo das obras e instituições, oscila, para além das divergências entre as tradições teóricas, entre o mecanicismo e uma versão geralmente intelectualista do finalismo. Por reconhecer apenas diferentes variantes da *ação racional* ou da *reação mecânica* a uma determinação tal como a imposição do preço mecanicamente formado pelo mercado, deixa-se de compreender a lógica específica de todas as ações que trazem a marca da razão sem serem o produto de uma meta racionalizada ou, ainda mais, de um cálculo racional; que são habitadas por uma espécie de finalidade objetiva sem serem conscientemente organizadas em relação a um fim explicitamente constituído; que são inteligíveis e coerentes sem serem provenientes de uma intenção inteligente e de uma decisão deliberada; que são ajustadas ao futuro sem serem o produto de um projeto ou de um plano[1]. A força da alternativa é tamanha que aqueles que pretendem reagir contra o mecanicismo de certa tradição da economia sem cair no intelectualismo do "cálculo econômico" (ou na "psicologia" *a priori* herdada do utilitarismo e do pragma-

---

1. Ludwig von Mises tem o mérito de oferecer uma franca expressão da dupla teoria da ação que assombra, em estado implícito, a teoria econômica. Considerando qualquer ação consciente e intencional como "ação racional" (expressão que, segundo sua observação, passa a ser um pleonasmo), ele não reconhece nenhum outro modo de ação além da reação reflexa a estímulos (cf. MISES, L. von. *Human Action* – A Treatise on Economics. New Haven: [s.e.], 1949, p. 18-20).

tismo) com o qual ele comumente alterna, só raramente escapam às ingenuidades do subjetivismo com seu aparato personalista de "aspirações" e "projetos"; e que, inversamente, aqueles que pretendem romper com as ingenuidades das teorias subjetivistas da ação recaem, de modo quase inevitável, em um mecanicismo quase tão ingênuo quanto o da teoria que, transpondo para a economia a axiomática da mecânica clássica, trata os agentes econômicos como partículas indiscerníveis submetidas às leis de um equilíbrio quase mecânico. Com efeito, para dar cabo da velha alternativa, não basta voltar a uma forma de mecanicismo mais bem dissimulada, com aqueles estruturalistas que tratam os agentes – convenientemente reduzidos, graças a uma supertradução de Marx, ao papel de "suportes" da estrutura (*Träger*) – como reflexos redundantes das estruturas, ou situar no princípio das práticas um inconsciente definido como *operador mecânico de finalidade*[2].

---

2. Assim, a respeito das tentativas de Durkheim para "explicar a gênese do pensamento simbólico" (em vez de "tomá-lo como dado"), Claude Lévi-Strauss escreve o seguinte: "Os sociólogos e os psicólogos modernos resolvem tais problemas apelando para a atividade inconsciente do espírito; mas, à época em que Durkheim escrevia, a psicologia e a linguística moderna ainda não haviam atingido seus principais resultados. E o que explica a razão pela qual Durkheim se debatia naquilo que via como uma antinomia irredutível (e já era um progresso considerável em relação ao pensamento do final do século XIX tal qual é ilustrado, por exemplo, por Spencer): o caráter cego da história e o finalismo da consciência. Entre os dois encontra-se *evidentemente a finalidade inconsciente do espírito*" (LÉVI--STRAUSS, C. In: GURVITCH, G. & MOORE, W.E. (orgs.). *La Sociologie au XX*[e] *siècle*. Paris: Presses Universitaires de France, 1947, t. II, p. 527, sublinhado por mim). As duas leituras, mecanicista ou finalista, são igualmente prováveis, alternada ou simultaneamente, todas as vezes que a ciência

De fato, na grande maioria de suas ações, o agente econômico é tanto calculador racional, obedecendo exclusivamente à avaliação racional das chances, quanto autômato, determinado mecanicamente pelas leis do mercado. Princípio gerador de *estratégias objetivas*, como sequências de práticas estruturadas que são orientadas por referência a funções objetivas, o *habitus* encerra a solução dos paradoxos do sentido objetivo sem intenção subjetiva, entre outras razões porque – a própria palavra o diz – ele propõe explicitamente a questão de sua própria gênese coletiva e individual. Se cada um dos momentos da série de ações ordenadas e orientadas que constituem as estratégias objetivas pode parecer determinado pela antecipação do futuro e, em particular, de *suas próprias consequências* (o que justifica o emprego do conceito de estratégia), é porque as práticas que o *habitus* engendra e que são comandadas pelas condições passadas da produção de seu princípio gerador já estão previamente adaptadas às condições objetivas todas as vezes em que as condições nas quais o *habitus* funciona tenham permanecido idênticas (ou semelhantes) às condições nas quais ele se constituiu. O ajustamento às condições objetivas é, com efeito, perfeita e imediatamente bem-sucedido e a ilusão da finali-

---

descobre misteriosas regularidades (considere-se, por exemplo, o ciclo – característica das economias agrárias tradicionais – da colheita abundante que "implica" o crescimento da população que "implica" a carência e a volta ao equilíbrio, e, de modo mais geral, a todas as "tendências" demográficas). A ilusão do termostato ou, segundo outra metáfora, da homeostase, não é mais do que uma forma eufemística das ingenuidades finalistas *à la* Bernardin de Saint-Pierre.

dade ou, o que vem a dar no mesmo, do mecanicismo autorregulado, é total *no caso e somente no caso* em que as condições de produção e as condições de efetuação coincidam perfeitamente[3].

A remanência, sob a forma do *habitus*, do efeito dos condicionamentos primários, implica que a correspondência imediata entre as estruturas e os *habitus* (com as representações – a experiência dóxica do mundo social – e as expectativas – o *amor fati* – que eles engendram) não é senão *um caso particular* do sistema dos casos possíveis de relações entre as estruturas objetivas e as disposições. Ela também explica, e bem, os casos em que as disposições funcionam a contratempo (segundo o paradigma de Dom Quixote, tão caro a Marx) e em que as práticas são objetivamente inadaptadas às condições presentes por serem objetivamente ajustadas a condições esgotadas ou abolidas: basta mencionar o caso, particularmente paradoxal, das formações sociais em que se observam uma mudança permanente das *condi*ções objetivas – portanto, uma defasagem permanente entre as condições às quais o *habitus* está ajustado e as condições às quais deve ajustar-se – e, ao mesmo tempo, uma simples translação da estrutura das relações de classe; nesse caso, a histerese dos *habitus* pode levar

---

3. Para convencer da necessidade de ser abandonada a alternativa entre mecanicismo e finalismo, não há melhores exemplos do que a autoeliminação escolar das crianças oriundas das classes populares e, mais ainda, a correspondência entre as chances de ascensão social e as estratégias de fecundidade, caso em que a hipótese do cálculo econômico racional é particularmente insustentável enquanto que as aparências da finalidade se impõem com uma força particular.

a uma defasagem entre as expectativas e as condições objetivas, que induz a impaciência dessas condições objetivas (é o caso, por exemplo, quando os detentores de certificados escolares desvalorizados que, nominalmente, permaneceram idênticos, esperam, pelo fato de sua divulgação, obter as vantagens reais que, na época anterior, estavam vinculadas a esses certificados). E mais: de tudo aquilo que marca as condições primárias que o *habitus* "espera" e "exige", ainda que seja a contratempo, pois ele as supõe como condição de seu funcionamento, nada é mais determinante do que o sistema dos índices pelo qual é evocado o *sentido** da trajetória social da linhagem – o sentido* nulo das formações sociais ou das classes mais "estáveis" é um caso particular de todas as condições que encerram as marcas da ascensão ou do declínio. Em suma, a tendência a perseverar em seu ser, que os grupos devem – entre outras razões – ao fato de que os agentes que os compõem são dotados de disposições duráveis, capazes de sobreviver às condições econômicas e sociais de sua própria produção, pode estar na origem tanto da inadaptação quanto da adaptação, tanto da revolta quanto da resignação.

Era preciso evocar, sem entrar em uma análise sistemática[4], o universo das formas possíveis da rela-

---

* No original, *pente* [N.R.].

4. A forma tomada pela defasagem entre as disposições e as estruturas no caso da translação evocada acima, bem como no caso, particularmente interessante, em que esse processo se encontra subitamente interrompido, será analisada em um artigo em fase de preparação.

ção entre as disposições e as condições para pensar no ajustamento antecipado do *habitus* às condições objetivas como um "caso particular do possível", segundo a expressão de Bachelard, e evitar assim *universalizar* inconscientemente o modelo da relação quase circular de reprodução quase perfeita que não vale completamente senão para os casos em que as condições de produção do *habitus* e as condições de seu funcionamento são idênticas ou homotéticas. Neste caso particular, as disposições constitutivas do *habitus* que estão duravelmente inculcadas pelas condições objetivas e por uma ação pedagógica tendencialmente ajustada a essas condições tendem a engendrar expectativas e práticas que são objetivamente compatíveis com essas condições e previamente adaptadas às suas exigências objetivas; em outras palavras, sendo o produto de uma classe determinada de regularidades objetivas (aquelas que, por exemplo, caracterizam uma condição de classe e que a ciência apreende através das regularidades construídas, tais como as probabilidades objetivas), essas disposições gerais e transponíveis tendem, então, a engendrar todas as práticas "razoáveis" que são possíveis dentro dos limites dessas regularidades, e somente aquelas, excluindo as "loucuras", isto é, as condutas votadas a serem negativamente sancionadas por serem incompatíveis com as exigências objetivas. Em outras palavras, elas tendem a assegurar, fora de todo cálculo racional e de toda estimativa consciente das chances de êxito, a correspondência imediata entre a probabilidade *a priori* ou *ex ante* que está ligada a um evento (com ou sem acompanhamento de experiências subjetivas tais como esperanças, temores etc.) e a probabilidade *a posteriori* ou *ex post* que pode ser estabelecida a partir da experiência passada[5].

Mas isso não corresponde a voltar, por outras vias, à teoria da prática utilizada, ao menos implicitamente, por certos economistas quando postulam, por exemplo, que os investimentos tendem a ajustar-se às taxas de lucro esperado ou realmente obtido no passado? Para tornar manifesta a diferença e, ao mesmo tempo, precisar as análises anteriores, basta considerar a teoria weberia-

---

5. Não é, infelizmente, necessário lançar mão da hipótese da incompreensão intencional para compreender que um sociólogo que se tornou conhecido por seus trabalhos sobre a análise matemática dos fatos sociais não possa compreender a análise das relações dialéticas entre as disposições subjetivas e as probabilidades objetivas a não ser atribuindo aos agentes a intenção de não fazer mentir a estatística: "Objetivamente, isto é, segundo as estatísticas, as chances que um filho de operário tem de entrar na universidade são muito fracas. Esse dado é indiretamente *percebido, num plano subjetivo*, pelo adolescente proveniente, por exemplo, de uma família operária: dentre seus colegas um pouco mais velhos que ele e pertencentes ao mesmo meio, nenhum ou quase nenhum atingiu o nível universitário. O adolescente *comportar--se-á, portanto, de modo a realizar* aquilo que *percebe* como um dado de fato: quando se *pertence* a um meio desfavorecido, não se pode entrar na universidade. A partir dessa hipótese deduz-se que as estatísticas relativas à desigualdade de oportunidades diante do ensino não podem modificar-se no tempo, uma vez que os indivíduos se comportam, no final de contas, *de modo a* manter verdadeiras as estatísticas precedentes" (BOUDON, R. *L'Inégalité des chances*. Paris: Armand Colin, 1973, p. 55, grifo meu). Se não há dificuldade em descobrir a razão pela qual o autor desse sumário um tanto sumário não *pode* apreender a análise proposta senão como "finalista", é preciso ter em mente a pregnância do par epistemológico constituído pelas posições aparentemente antagonistas, de fato complementares, do mecanicismo e do finalismo, para compreender que a mesma análise seja escolarmente catalogada, algumas linhas acima, como "hipótese do mecanismo de repetição".

na das "probabilidades objetivas" que tem o mérito de revelar um dos postulados mais fundamentais – ainda que tácitos – da economia, a saber, a existência de uma "relação de causalidade inteligível" entre as *chances genéricas* ("típicas") "existentes objetivamente em média" e as "expectativas subjetivas"[6]. Falando de "chances médias", isto é, válidas para *qualquer um*, para um agente *indeterminado* e *intercambiável* – um "on"*, como diria Heidegger[7] – e lembrando que a ação racional, orientada "criteriosamente" segundo o que é "objetivamente válido"[8], é aquela que "ter-se-ia desenrolado caso os atores tivessem conhecido todas as circunstâncias e todas as intenções dos participantes"[9], isto é, aquilo que é "válido aos olhos do especialista", único capaz de construir pelo cálculo o sistema das chances objetivas às quais deveria ajustar-se uma ação efetuada com perfeito conhecimento de causa, Max Weber mostra claramente que o modelo puro da ação racional não pode ser considerado como uma descrição antropológica da prática. Mas

---

6. Cf. WEBER, M. *Essais sur la théorie de la science*. Paris: Plon, 1965, p. 348 [Trad. de J. Freund].

* Em francês, pronome pessoal indefinido da terceira pessoa, exercendo sempre a função de sujeito [N.R.].

7. Heidegger liga explicitamente o conceito de "on" ao de "média" em uma página sociologicamente exemplar, de tal modo é visível o aristocratismo primário que aí desponta dissimulado sob as aparências da metafísica (cf. HEIDEGGER, M. *L'Être et le temps*. Paris: Gallimard, 1964, p. 158-160 [Trad. de R. Bohem e A. de Waelhens]).

8. WEBER, M. Op. cit., p. 335-336.

9. WEBER, M. *Économie et société*. T. I. Paris: Plon, 1967, p. 6.

se é por demais evidente que, salvo exceção, os agentes reais estão muito longe de deter a *informação completa* sobre a situação que uma ação racional suporia, como explicar que os modelos econômicos fundados sobre a hipótese da correspondência entre as chances objetivas e as práticas dão conta, com boa exatidão e na maioria dos casos, de práticas que não têm conhecimento dessas chances objetivas por princípio?[10] Contentando-se em postular implicitamente a correspondência entre as chances objetivas e as práticas – por exemplo, entre a taxa de lucro e a propensão a investir – e omitindo

---

10. Encontramos na literatura psicológica alguns exemplos de tentativas para verificar diretamente esse axioma, que a teoria econômica aceita com mais frequência de maneira implícita (cf. BRUNSWIK, E. "Systematic and representative design of psychological experiments". In: NEYMEN, J. (org.). *Proceedings of the Berkeley Symposium on Mathematical Statistics and Probability*. Berkeley: Univ. of California Press, 1949, p. 143-202; PRESTON, M.G. & BARATTA, P. "An experimental study of the action-value of an uncertain income". *American Journal of Psychology* (61), 1948, p. 183-193; ATTNEAVE, F. "Psychological Probability as a Function of Experienced Frequency". *J. of Experimental Psychol.* 46 (2), 1953, p. 81-86). Tratar-se-ia, de fato, de elaborar os procedimentos de uma verdadeira *sociologia experimental*, capaz de medir as variações das disposições adquiridas segundo as condições sociais de aquisição. Poderíamos pensar, por exemplo, em transpor as técnicas empregadas pelos psicólogos (e.g. H. Helson) para estudar como funciona o senso das distâncias, tamanhos ou outras grandezas, e como este se constitui: a análise experimental (em laboratório e em "ambiente natural") de disposições socialmente constituídas, tais como o senso do "bonito" e do "feio" (aplicado a coisas ou pessoas, a objetos "legítimos" – em graus diferentes – ou ilegítimos etc.), do "caro" e do "barato", do "brilhante" e do "sério", do "distinto" e do "vulgar" etc. deveria levar a estabelecer os sistemas de índices (por exemplo, os sotaques) pelos quais se detectam esses *sensos sociais,* e permitir ligar as diferentes formas revestidas por eles em uma formação social determinada às classes correspondentes de condições sociais de produção.

formular a questão das condições de possibilidade – portanto, dos limites teóricos e empíricos – dessa correspondência, deixa-se o campo livre às mais contraditórias teorias explicativas[11].

---

11. Seja, não se questionando sobre as condições econômicas e culturais do cálculo econômico racional, é atribuída aos agentes econômicos – em sua universalidade ou somente ao "empresário" – uma aptidão para perceber e avaliar adequadamente as chances objetivas oferecidas pelos diferentes mercados, aptidão que pressuporia uma informação quase científica ou um "senso" quase divino das ocasiões favoráveis. Seja, no lado totalmente oposto, pensando menos, nesse caso, no mercado do capital do que no mercado do trabalho ou dos produtos de consumo, é atribuído aos mecanismos autorregulados do mercado o poder quase absoluto de reger e regular vontades e preferências que, em última análise, a ciência não precisa conhecer, já que, sob pena de serem eliminados, os agentes não têm outra escolha senão a de se determinarem em função dos preços definidos pelos mecanismos da oferta e da procura (essas duas posições incompatíveis não poderiam coexistir sem o dualismo inerente à ideologia dominante que tem uma postura diferente conforme pense na classe dominante ou nas outras classes: o burguês que é naturalmente espiritualista para si mesmo e materialista para os outros, liberal para si e rigorista para os outros, segue a mesma lógica ao ser intelectualista para si e mecanicista para os outros). Seja, enfim, um esforço feito no sentido de escapar à abstração levando em conta a distribuição dos recursos e das escalas individuais de preferência, os "gostos" ou as "motivações" dos consumidores ou a competência e a informação dos "empresários", mas fazendo abstração das condições econômicas e sociais de produção dessas disposições e da lógica específica do funcionamento delas. É assim que uma tentativa tão original quanto a de Albert Hirschman que, rompendo com o mecanicismo, coloca em evidência as duas estratégias (individuais) que os consumidores podem opor às empresas – *exit*, a defecção (em proveito de um concorrente) e *voice*, o protesto – não escapa totalmente ao intelectualismo, primeiramente, por não situar essas estratégias das situações extraordinárias em relação às estratégias normalmente adaptadas às situações comuns (e, por isso mesmo, fadadas a passarem despercebidas) e, sobretudo, por não descrever as condições econômicas e

"A causalidade do provável"[12]

A abstração inerente a uma teoria econômica que não conhece senão as "respostas" racionais de um agente indeterminado e intercambiável em "ocasiões potenciais" (*responses to potential opportunities*) ou, mais precisamente, a chances médias (como as "taxas médias de lucro" asseguradas pelos diferentes mercados) jamais se revela tão claramente a não ser quando os economistas tratam das economias pré-capitalistas submetidas à dominação econômica e/ou política. Essa espécie de situação experimental em que as condições do acordo entre as estruturas e as disposições não se encontram preenchidas, uma vez que os agentes não são o produto das condições econômicas às quais devem adaptar-se, mostra com toda a evidência que a adaptação às exigências da economia é o efeito tanto de uma conversão da consciência quanto de uma adaptação mecânica às restrições da necessidade econômica: a invenção pressuposta por ela não é acessível senão àqueles que detêm um mínimo de capital econômico e cultural, isto é, um mínimo de poder sobre os mecanismos que devem estar sob seu controle. Através dos mecanismos autorregulados do mercado que revelam a necessidade previsível e calculável do mundo natural, o "cosmos econômico", importado e imposto, exige tacitamente de todos

---

culturais do acesso a cada uma delas (HIRSCHMAN, A.O. *Exit, Voice and Loyalty*. Cambridge, Mass.: Harvard Univ. Press, 1970).

12. BACHELARD, G. *Le Nouvel esprit scientifique*. Paris: Presses Universitaires de France, 1934, p. 117.

os agentes econômicos determinadas disposições e, em particular, disposições no que diz respeito ao tempo, tais como a predisposição e a aptidão para regular suas práticas em função do futuro e dominar os mecanismos econômicos pela previsão e pelo cálculo que estão submetidos ao controle exercido, efetivamente, sobre os mesmos: a propensão prática e, por razão ainda mais forte, a ambição consciente de apropriar-se do futuro pelo cálculo racional, dependem estreitamente das chances – inscritas nas condições econômicas presentes – de conseguir tal apropriação. A competência exigida pela "escolha" das melhores estratégias objetivas (por exemplo, a escolha de uma aplicação financeira, de um estabelecimento escolar ou de uma carreira profissional) é repartida de modo muito desigual, uma vez que varia quase exatamente como o poder do qual depende o êxito dessas estratégias.

A situação-limite dos subproletários, cuja total impotência condena à alternância entre o onirismo e a demissão, torna visível um dos aspectos da relação entre o poder atual e as disposições: as práticas sem economia nem estratégia desses homens sem futuro e, em particular, o abandono fatalista à fecundidade natural, testemunham que, aquém de um certo patamar, não é possível constituir a própria disposição estratégica que implica a referência prática a um futuro, por vezes muito distante, como se a ambição *efetiva* de dominar o futuro fosse, inconscientemente, proporcional ao poder efetivo para dominá-lo. E, longe de representar um desmentido, as ambições *sonhadas* e as esperanças milenaristas manifestadas, por vezes, pelos mais carentes dão ainda testemunho de que, diferentemente dessa "demanda sem efeito", baseada, como diz Marx, na necessidade e no desejo, a "demanda efetiva" encontra seu fundamento e, também, seus limites no *poder*, medidos pelas chances de saciar o desejo e satisfazer a necessidade. As aspirações efetivas, capazes de orientar realmente as práticas, por serem dotadas de uma probabilidade razoável de serem seguidas de efeito, não têm nada em comum com as aspirações sonhadas, desejos "sem efeito, sem ser real, sem objeto", como diz Marx[13], ou com os simples projetos, projeções conscientes e explícitas de possíveis que, igualmente, venham a acontecer ou não e expressamente constituídas como fins da ação destinada a fazê-los advir: no termo do processo, isto é, à medida que se livram de todas as restrições e de todas as limitações, para se situarem, como se diz, no "ideal", esses desejos imaginários tendem, como no caso estudado por Shubkin[14], a reproduzir a estrutura social, mas *em sentido inverso*, sendo as posições mais raras na

---

13. MARX, K. "Ébauche d'une critique de l'économie politique". *Oeuvres, Économie*, II. Paris: Gallimard (*Pleiade*), 1968, p. 117.

14. Shubkin observa que o universo das posições sociais (das "profissões") desejadas apresenta a forma de uma pirâmide, mas que repousaria em seu vértice, no sentido inverso da pirâmide das posições realmente oferecidas, ou seja, o número das posições é tanto maior, quanto menos prestigiosas elas são (SHUBKIN, V. "Le choix d'une profession. Résultats d'une enquête sociologique auprès des jeunes de la région de Novosibirsk". *Revue Française de Sociologie*, 9 (1), 1968, p. 35-50).

realidade as mais frequentes no ideal. Ao contrário, a *vocação efetiva* inclui, enquanto disposição adquirida dentro de certas condições sociais, a referência às suas condições (sociais) de realização de modo que *tende* a ajustar-se às potencialidades objetivas[15].

---

15. Assim, sabe-se, a propensão a abandonar os estudos é tanto mais forte – permanecendo iguais todos os outros fatores (e, em particular, o êxito escolar) – quanto mais fracas forem, para a classe de origem, as chances objetivas de acesso aos níveis mais elevados do sistema de ensino: e os efeitos dessa "causalidade do provável" são observados para além das práticas e até nas representações subjetivas do futuro e na expressão declarada das esperanças. Assim, até mesmo em um nível elevado do *cursus* [N.T.: Percurso efetuado pelo aluno ao longo de sua carreira escolar] e a despeito dos efeitos da superseleção, observa-se que os estudantes são tanto mais modestos em suas ambições escolares (como, aliás, na avaliação de seus resultados) e tanto mais limitados em seus projetos de carreira quanto mais fracas forem as oportunidades escolares oferecidas às categorias de que fazem parte. Da mesma forma, apesar da irrealidade e da irresponsabilidade ligadas ao simples *desejo* verbal e a despeito do efeito de imposição de legitimidade que a entrevista exerce por si, a parte dos pais que julgam "normal" o ingresso de seus filhos na universidade passa de 13% entre os operários para 22% entre os empregados e quadros médios e para 69% entre os quadros superiores; inversamente, a parte daqueles que estimam tal ingresso "muito difícil" ou "impossível" passa de 41% entre os operários para 27% entre os empregados e para 3% entre os quadros superiores e membros das profissões liberais (IFOP. *Enquête auprès des mères de famille de la région parisienne*, setembro de 1968); a parte dos pais que afirmam desejar que os filhos (já inscritos na *sixième* ou na cinquiéme) prossigam seus estudos para além do *baccalauréat* [N.T.: No sistema francês, designa, ao mesmo tempo, os exames e o diploma conferido ao final do 2º ciclo do ensino de 2º grau] passa de 15% entre os operários e 16% entre os agricultores para 31% entre os artesãos e pequenos comerciantes, 33% entre os empregados e quadros médios, 67% entre os quadros superiores, membros das profissões liberais, industriais e grandes comerciantes. Do mesmo modo, a parte dos pais que declaram desejar que os filhos (ainda no primário) façam a sixième em um liceu (e não em um CEG ou CES) passa de 18% entre os agricultores para 54%

As estratégias econômicas não são respostas a uma situação abstrata e *omnibus*, tal como um estado determinado do mercado de trabalho ou uma taxa média de lucro, mas a uma configuração singular de índices positivos ou negativos, inscritos no espaço social, onde se exprime uma *relação específica* entre o patrimônio possuído e os diferentes mercados, isto é, um grau determinado de poder atual e potencial sobre os instrumentos de produção e reprodução. As chances de dominar os instrumentos de produção e reprodução (que o discurso erudito exprime, por exemplo, sob forma de probabilidades de acesso a bens ou instituições) estão unidas, por uma relação dialética, à aptidão e predisposição para dominar esses instrumentos, isto é, perceber as ocasiões de aplicação e lucro, organizar os meios disponíveis etc., em suma, a tudo o que é comumente designado pelo nome de "espírito empresarial". Pelo

---

entre os quadros superiores; por outro lado, 11% dos operários, 17% dos agricultores que têm um filho na *sixième* ou *cinquiéme* afirmam desejar que ele entre na *quatrième* clássica contra 41% dos quadros superiores (SOFRES. *Les François et problèmes de léducation nationale*, junho--agosto de 1973; cf. Apêndice). Mantendo a mesma lógica, ao término de um estudo sobre a representação do futuro entre adolescentes do ensino técnico, no qual é colocado em evidência que "a posição esperada na hierarquia profissional, desde o primeiro emprego, depende geralmente da natureza da formação recebida" (que, por sua vez, está associada à origem social) e que a "natureza dos estudos projetados reflete fielmente aquela dos estudos seguidos atualmente". Antoine Leon escreve: "É espantoso o realismo das respostas fornecidas pelos alunos, por exemplo, acerca dos salários esperados ou do desejo de dar prosseguimento aos estudos após a saída do estabelecimento escolar" (LEON, A. "Relation pédagogique et representation de l'avenir chez des adolescents de l'enseignement technique". *Bulletin de psychologie*, 23 (17-19), 1969-1970, p. 1.069-1.081).

fato de as condições objetivas (por oposição à "situação" abstrata dos economistas e psicólogos) se definirem por uma relação específica entre mecanismos, tais como o mercado de trabalho ou o mercado escolar e o conjunto das propriedades constitutivas do patrimônio de uma classe particular de agentes, as práticas engendradas pelo *habitus* são ajustadas a essas condições objetivas toda vez que este for o produto de condições semelhantes àquelas às quais deve responder, isto é, em todos os casos em que as estruturas e os mecanismos que as reproduzem e/ou a posição dos agentes relativamente a essas estruturas não tenham sofrido alteração importante. Nesse caso, a concordância das expectativas com as probabilidades, das antecipações com as realizações, está no princípio dessa espécie de "realismo", enquanto sentido da realidade e senso das realidades que faz com que, para além dos sonhos e das revoltas, cada um tenda a viver "de acordo com a sua condição", segundo a máxima tomista, e tornar-se inconscientemente cúmplice dos processos que tendem a realizar o provável.

A definição normativa da prática econômica adaptada que a teoria econômica implicitamente assume – e omitindo formular a questão das condições que a tornam possível – tem como efeito e, sem dúvida, como função, dissimular que a adaptação das disposições às condições objetivas tais como foram definidas, pode, no caso das classes cultural e economicamente desfavorecidas, ser o princípio de uma inadaptação à "situação" e de uma resignação a essa inadaptação: são as mesmas disposições que, adaptando os mais desprovidos à condição específica da qual elas são o produto, contribuem para tornar improvável ou impossível a sua adaptação às exigências genéricas do cosmos econômico (por exemplo, no que toca o cálculo ou a previsão) e que os levam a aceitar as sanções negativas que resultam dessa inadaptação, isto é, sua condição desfavorecida. Vê-se o que dissimulam as noções abstratas da teoria econômica que, em virtude de uma *fictio juris*, converte a lei imanente da economia em norma universal da prática econômica conveniente: o *habitus* racional que é condição de uma prática econômica imediata e perfeitamente adaptada é o produto de uma condição econômica particular, aquela que é definida pela posse do capital econômico e cultural necessário para perceber efetivamente as "ocasiões potenciais" formalmente oferecidas a todos, mas realmente acessíveis unicamente aos detentores dos instrumentos necessários à sua apropriação[16].

A competência econômica não é, portanto, uma aptidão universal e uniformemente distribuída: a arte de avaliar e perceber as chances, ver na configuração presente da situação o futuro "apprésenté" (como diz Husserl, para opô-lo ao futuro imaginário do projeto),

---

16. A análise das condições particulares que devem ser preenchidas para que se torne possível o conhecimento erudito, isto é, simplesmente, a economia teórica e a economia profissional, teria também sem dúvida levado, por outras vias, a condenar essa forma paradigmática do erro objetivista que consiste em conferir o valor de uma descrição antropológica do princípio gerador das práticas ao modelo teórico construído pelo especialista para justificar determinadas práticas.

a aptidão para antecipar o futuro por uma espécie de indução prática ou até lançar o possível contra o provável por um risco calculado, são outras tantas disposições que não podem ser adquiridas senão sob certas condições, isto é, dentro de certas condições sociais. Assim como o "espírito empresarial", a informação econômica é efeito do poder sobre a economia: porque a propensão para adquiri-la depende das chances de utilização bem--sucedida e porque as chances de adquiri-la dependem das chances de utilizá-la com sucesso. Uma competência econômica que, como a da dona de casa das classes populares, deve suas características às condições particulares de sua aquisição e de sua utilização, e funciona como um *sistema de defesa* inteiramente orientado para a minimização das despesas, não é mais do que um conjunto heteróclito de meios-conhecimentos capazes de fundamentar estratégias defensivas, passivas e individuais: o domínio prático de sistemas de classificação como "marcas" de produtos, escalas de preços, categorias de qualidade etc., associa-se aí aos preceitos, receitas e racionalizações de uma espécie de *vulgata econômica*, conjunto de meias-verdades selecionadas em função das disposições éticas (*ethos*) que lhes conferem uma coerência prática. Mas o faro para "bons negócios" está tão distante do "senso para negócios" quanto "a arte de fazer economias" do poder de "fazer a economia". Condenado a estratégias a curto prazo e de curto alcance, o consumidor sem recursos não pode colocar os vários vendedores em concorrência a não ser mediante o dispêndio considerável de tempo e trabalho (cálculos, "transtornos", deslocamentos etc.) e nada tem a opor além da fuga (*exit*) ou do protesto impotente (*voice*), às estratégias dos vendedores e, em particular, aos seus esforços para embaralhar sistematicamente os índices que servem de referência aos sistemas de classificação disponíveis (imitações, simulações, falsificações etc.). O pequeno-burguês mantém com o mercado de capitais uma relação totalmente homóloga àquela que a dona de casa das classes populares mantém com o mercado dos produtos de consumo: suas estratégias puramente defensivas armam-se com uma competência da mesma natureza. Exemplo paradigmático de *sabir culturel*, seu discurso econômico deve sua lógica – aquela do brica-braque de noções descontextualizadas e heteróclitas, de palavras malconhecidas até em sua aparência fonética, e de *fórmulas* desligadas de seu princípio – à sua gênese e sua função. Esses fragmentos de conhecimento, recolhidos sem ordem nem método, ao acaso das conversas, leituras ou transações, ou reunidos apressadamente, diante da iminência de uma decisão econômica, serão utilizados para pôr à prova a boa-fé do vendedor ou mostrar que não se admitirá ser "levado na conversa" (como no caso do uso de um termo técnico diante do mecânico) e sobretudo, talvez, para *racionalizar*, posteriormente, uma decisão econômica engendrada, de fato, pelos princípios inconscientes do *ethos* de classe. Essas réplicas anárquicas não poderiam estar mais distantes das estratégias das grandes empresas que possuem os meios para prever as flutuações do mercado e explo-rá-las, senão determiná-las, em virtude do poder que exercem sobre o mercado. Teoricamente todo-poderosos, uma vez que sua defecção simultânea, à maneira de um voto hostil, deveria arruinar o empreendimento do produtor, os consumidores estão, de fato, reduzidos à impotência pela impossibilidade em que se encontram de organizar coletivamente suas estratégias; suas defecções singulares não adquirem eficácia senão pela agregação estatística que se opera independentemente deles e sobre a qual não têm poder algum. As estratégias de protesto (*voice*) ou até de boicote *à la* Nader, não passam de *ações estatísticas* que, resultantes de um simples agregado, conjunto aditivo de agentes passiva e mecanicamente totalizados (como votos de uma eleição), opõem-se às verdadeiras *ações coletivas*, tais como reivindicações, greves, manifestações ou revoluções, levadas a cabo por grupos mobilizados pela e para a realização de uma estratégia comum, com base em uma orquestração prévia das disposições e dos interesses, produzida e garantida por um aparelho permanente e explicitamente regido por mandato.

Todo agente econômico é uma espécie de empresário que procura extrair o melhor rendimento de recursos raros. Mas o sucesso de seus empreendimentos depende, primeiramente, das chances de conservar ou aumentar seu patrimônio, considerando o volume e a estrutura desse patrimônio e, por consequência, dos instrumentos de produção e reprodução que possui ou controla; e, em segundo lugar, de suas disposições econômicas (no sentido mais amplo), isto é, de sua propensão e aptidão para perceber essas chances. Esses dois fatores não são independentes: as disposições em relação ao futuro (cujas disposições econômicas são uma dimensão particular) dependem do futuro objetivo do patrimônio – que, por sua vez, depende das estratégias de investimento das gerações anteriores –, isto é, da posição atual e potencial do agente ou do grupo de agentes considerado na estrutura da distribuição do capital (econômico, cultural e social) entendido como poder sobre os instrumentos de produção e reprodução. Segue-se que os agentes tendem tanto mais a procurar a segurança das "aplicações de que vive de rendimentos", que oferecem lucros com fraca dispersão, portanto menos aleatórios, mas baixos e expostos à desvalorização, quanto menos importante for seu capital; orientam-se, ao contrário, tanto mais para as aplicações de risco, mas lucrativas da especulação, quanto maior for seu capital, capaz de assegurar-lhes os recursos necessários para pagar completamente o preço do risco e garantir seu restabelecimento em caso de fracasso.

Isso se constata claramente no caso das estratégias de investimento escolar[17]. Não dispondo de infor-

---

17. Ainda que não exista (que eu saiba) estudo empírico das relações entre o patrimônio e as estratégias de aplicação propriamente econômica, tudo parece indicar que, como no domínio escolar, os agentes são tanto mais inclinados à audácia da especulação (por oposição à busca da segurança) quanto maior é sua riqueza em capital e, particularmente, em capital cultural. Assim, na falta de um indicador mais adequado, pode observar-se que, muito marcada pela posse de ações (os quadros superiores, que representam 5% dos casais, detêm 46% do

mações suficientemente atualizadas para conhecer a tempo as "apostas" a serem feitas, nem de um capital econômico suficientemente importante para suportar a espera incerta dos ganhos financeiros, nem tampouco de um capital social suficientemente grande para encontrar uma saída alternativa em caso de fracasso, as famílias das classes populares e médias (ao menos, nas frações não assalariadas) têm todas as chances de fazerem maus investimentos escolares. Em um domínio no qual, como em outros, a rentabilidade das aplicações depende consideravelmente do momento em que estes são efetuados, os mais desprovidos não são capazes de descobrir os ramos de ensino mais cotados – estabelecimentos, seções, opções, especialidades etc. – senão *com atraso*, quando já estariam desvalorizados se, porventura, tal desvalorização não veio a acontecer pelo simples fato de se terem tornado acessíveis aos menos favore-

---

montante das ações), a diferença entre os quadros superiores e as outras classes sociais é muito fraca em relação às aplicações de "pai de família", tais como obrigações ou depósitos em caderneta de poupança; mais precisamente, a posse de uma "carteira" de ações, que cresce muito em função da renda (aliás, sabe-se que esta mantém uma forte correlação estatística com o nível de instrução), depende também do nível de instrução considerado em si mesmo já que, em todos os níveis de renda, o número de detentores do *baccalauréat* ou de um diploma de ensino superior que possuem ações é mais elevado em relação aos titulares de outros certificados escolares (cf. L'HARDY, Ph. "Les disparités du patrimoine". *Économie et statistique* (42), fevereiro de 1973, p. 3-23 e, especialmente, quadros da p. 12). A relação que se observa entre as estratégias econômicas e o capital cultural suscita a questão da integração do *ethos* e da competência erudita ou, se preferirmos, da relação entre o domínio prático e o domínio simbólico dessa prática, cujos instrumentos são fornecidos pela educação (essa relação será estudada no caso dos gastos relativos à estética).

cidos[18]. Vê-se, além disso, o que separa as informações abstratas que um *bachelier** originário das classes populares ou médias pode obter de um órgão especializado de orientação sobre as posições raras e a *familiaridade* proporcionada a um jovem da classe dirigente pelo convívio direto com parentes que ocupam essas posições, permitindo-lhe adotar estratégias "racionais" sem ter que pensá-las enquanto tais sob a forma de um projeto explícito de vida ou de uma reconversão calculada ou cínica (o que constitui uma vantagem decisiva sempre que a "sinceridade" e a "ingenuidade" da "vocação" ou da "conversão" fazem parte das condições tácitas de ocupação da posição, como no caso das profissões artísticas). Ademais, o capital social associado ao pertencimento à classe dominante ("relações"), que permite maximizar o rendimento econômico e simbólico dos certificados escolares no mercado de trabalho, permite também minimizar as perdas em caso de fracasso:

---

18. Essa defasagem também pode levar a estratégias inadaptadas, por serem efetuadas a contratempo; é assim que, ao verificarem o bloqueio da respectiva carreira por não possuírem o *baccalauréat*, os empregados prolongam, com frequência, o seu investimento até que os filhos alcancem esse diploma – e somente até aí; exatamente no momento em que o diploma de *bachelier* [N.T.: Pessoa que concluiu com sucesso seus estudos secundários e, portanto, tomou-se portadora do *baccalauréat*] deixou de desempenhar as funções negativas e positivas de outrora, quando separava a "pequena porta" – via inferior de acesso "pela posição social" – reservada aos "primários" (detentores do CEP) da "grande porta", aberta somente aos titulares de um diploma nobre.

* Pessoa que concluiu com sucesso seus estudos secundários e tornou-se, portanto, portadora do "baccalauréat" (ou, na forma abreviada, "bac") [N.R.].

assim, as diferentes frações, em função da estrutura de seu capital, encontrarão suas estratégias compensatórias de reprodução na transmissão do capital econômico (compra de fundos de comércio etc.), como os empresários da indústria ou do comércio e até os membros das profissões liberais, enquanto que as frações relativamente pouco providas de capital econômico, mas ricas em capital cultural ou social, procurarão preferencialmente as profissões artísticas ou de representação ou, hoje em dia, as carreiras-refúgio das burocracias pública e privada da pesquisa ou da produção cultural de massa. A *segurança* proporcionada pela certeza íntima de poder contar com uma série de "redes de proteção" está na origem de todas as *audácias*, inclusive intelectuais, vetadas aos pequeno-burgueses em decorrência de sua insegurança ansiosa por segurança. Não é por acaso que, em todas as encruzilhadas do *cursus* escolar (e em todas as reviravoltas da carreira intelectual) apresenta-se a "escolha" entre as estratégias daquele que "vive de rendimentos", empenhado na maximização da segurança que garante o que já adquiriu, e as estratégias do especulador que visa maximizar o lucro: os ramos de ensino e as carreiras de maior risco, portanto, normalmente, as de maior prestígio, têm sempre uma espécie de par menos glorioso, relegado àqueles que não possuem suficiente capital (econômico, cultural e social) para assumirem os riscos da perda total ao pretenderem ganhar tudo; tais riscos nunca são assumidos a não ser quando se tem a certeza de nunca perder tudo ao tentar ganhar tudo. É, sem dúvida, no espaço delimitado pelos termos dessas alternativas que se constitui o sentimento do sucesso ou do fracasso, sendo que cada trajetória particular recebe o seu valor vivido de sua posição no *sistema hierarquizado das trajetórias alternativas* que foram rejeitadas ou abandonadas: assim, por exemplo, é no interior do sistema de trajetórias, *aparentemente confundidas na origem*, cujo cume é representado pelo pintor e pelo filósofo de vanguarda, que se definem as mais fundamentais propriedades de profissões como as de professor de desenho ou de filosofia, determinadas objetiva e subjetivamente por sua relação negativa com o conjunto das trajetórias abandonadas: a amplitude do desvio necessário para passar a uma trajetória mais baixa mede, então, a importância do trabalho de desinvestimento que deve ser empreendido para "voar mais baixo", como se diz comumente, isto é, para superar os efeitos do superinvestimento favorecido pela indiferenciação inicial das trajetórias[19]. Recolocada na ordem das

---

19. A instituição escolar favorece essa confusão ao reunir indivíduos destinados a carreiras muito divergentes (as Belas-Artes, por exemplo, ou a Faculdade de Letras) e ao servir-se da dispersão das carreiras prometidas para obter investimentos quase todos desproporcionados à contrapartida que eles receberão de fato. Se for acrescentado outro fator de discordância entre as aspirações e as chances objetivas, a saber, que, em uma conjuntura de translação das chances de acesso, o sistema de ensino situa os indivíduos submetidos à sua ação em uma condição provisória (a de quase estudante ou estudante) a qual, arrancando-os à produção e, mais ou menos completamente (internato), ao seu meio familiar, é propícia a desviá-los subjetivamente de seu destino objetivo e encerra a promessa implícita de um futuro muito distante da condição à qual, objetivamente, a maior parte dentre eles é votada, pode-se avançar a hipótese de que a probabilidade de o investimento escolar não render o lucro espe-

sucessões, a alternativa do risco e da segurança, daquele que "vive de rendimentos" e do especulador, traduz-se na oposição entre a forma por excelência revestida pela apropriação monopolística na ordem dos bens simbólicos, a saber, *a prioridade temporal* (cuja exclusividade distintiva proporcionada, em domínios diferentes, pelo vanguardismo e pelo esnobismo, constitui um caso particular) e a posse despossuída à revelia, aquela que se apropria apenas de um bem desvalorizado, não pelo tempo, mas por sua difusão, ou melhor, por sua divulgação, que se opera no tempo.

O mundo econômico e social, cargos a conquistar, estudos a fazer, bens a consumir, propriedades a

---

rado, i.e., a probabilidade de um *superinvestimento,* simultaneamente, econômico e psicológico, e da frustração correlativa, cresce na medida em que: 1) os lucros prometidos pelo ramo de ensino ou carreira considerada (escola, faculdade, disciplina) são mais *dispersos* e, sendo mais difícil a antecipação exata dos lucros escolares do investimento de capital cultural e dos lucros econômicos e simbólicos dos diplomas, tem todas as chances de ser ainda maior a defasagem entre aspirações que tendem a ser reguladas pelo lucro máximo e os resultados reais; 2) a raridade dos certificados escolares no mercado de trabalho (onde são necessariamente investidos muito *tempo depois*) diminuiu mais em relação ao que ela era nesse mercado no momento em que os portadores desses diplomas iniciavam seus estudos (ou recebiam seus diplomas) ou, mais exatamente, em relação à representação que os investidores, i.e., os indivíduos escolarizados e suas famílias, tinham da raridade dos diplomas esperados e dos lucros correlativos em função das disposições inculcadas por um estado anterior do mercado; 3) os investidores são menos ricos em qualquer espécie de capital que não o cultural, portanto, obrigados a esperar tudo dos investimentos escolares (mesmo se seu capital cultural é relativamente fraco) e pouco preparados para extrair o melhor rendimento econômico e simbólico de seus certificados escolares (e.g., frações assalariadas das classes médias).

comprar, mulheres a esposar etc., jamais reveste, a não ser na experiência imaginária que pressupõe a neutralização do senso das realidades, a forma de um universo de possíveis igualmente compossíveis para todo sujeito possível. Apresenta-se como campo imediatamente estruturado segundo a oposição entre o que já está apropriado por outros, de direito ou de fato – portanto, impossível, alienado – e o que, previamente possuído, pertence ao universo normal do que é evidente. Ter o poder é possuir em potência o uso exclusivo ou priviliegiado de bens ou serviços formalmente disponíveis a todos: o poder dá o monopólio de certos possíveis, formalmente inscritos no futuro de todo agente[20]. A herança, e não só a econômica, é um conjunto de *direitos de preempção sobre o futuro*, sobre as posições sociais passíveis de serem ocupadas e, por conseguinte, sobre as maneiras possíveis de ser homem. É assim que deve ser lida a distribuição, entre as classes, das chances de acesso às diferentes ordens do sistema de ensino, pro-

---

20. A sociologia da experiência temporal, isto é, a análise das condições econômicas e sociais que tornam possíveis as diferentes formas da experiência temporal, desde a imprevidência forçada do subproletário até à previsão generalizada do empresário, constitui uma das dimensões fundamentais da sociologia econômica. As estruturas temporais e, em particular, as disposições frente ao futuro que são insensivelmente inculcadas pela "surda pressão das relações econômicas", como diz Marx, isto é, pelo sistema das sanções econômicas e simbólicas associadas a uma posição determinada dentro das estruturas econômicas, são uma das mediações pelas quais as estruturas objetivas conseguem estruturar toda a experiência, a começar pela experiência econômica, sem enveredar pelas vias de uma determinação mecânica ou de uma tomada de consciência adequada.

jeção dos poderes diferenciais sobre esse sistema e, por conseguinte, sobre os lucros materiais e simbólicos proporcionados pelos diplomas que ele outorga, em suma, sobre os diferentes privilégios que ele transmite, com a colaboração insensivelmente extorquida das classes despossuídas que tendem a estabelecer uma proporção entre seus investimentos escolares e os lucros prometidos, portanto, antecipar os veredictos do sistema[21]. Os

---

21. Também em política, o domínio dos instrumentos tende a comandar a propensão a dominá-los: caso se saiba que, nesse domínio, a competência é sempre, no sentido jurídico do termo, poder reconhecido, compreende-se que a abstenção – desespero dos cientistas políticos – não é senão o efeito da exclusão. Tudo parece indicar que as chances de ter acesso a uma opinião sobre uma instituição, manifestação elementar da pretensão de assegurar-se seu domínio, seja para conservá-la, seja para transformá-la, depende fundamentalmente do poder efetivamente exercido sobre essa instituição. De todas as informações fornecidas pela análise secundária de um conjunto de perguntas concernentes ao ensino, propostas no decurso dos últimos anos por diferentes institutos franceses de sondagem, a mais importante, sem dúvida, se encerra nas variações das não respostas em função, por um lado, das características sociais e escolares das pessoas interrogadas (categoria socioprofissíonal, nível de instrução etc.) e, por outro lado, das características das perguntas formuladas. A análise da estrutura de uma amostra espontânea de entrevistados em uma sondagem sobre a crise do sistema de ensino administrada pelo conjunto dos órgãos da imprensa francesa mostra, de maneira ainda mais evidente, que a *opinião mobilizada* (na lógica da petição política) a respeito da educação coincide, mais ou menos, com a população dos usuários presentes ou futuros, diretos ou indiretos, do ensino superior. Pelo fato de o interesse devotado por um grupo ou classe ao funcionamento do sistema de ensino depender do grau em que esse sistema serve aos seus interesses, os membros das classes cujas chances de acesso ao sistema de ensino são as mais fracas têm também as mais fracas chances de ter acesso a uma opinião explícita e sistemática sobre o sistema de ensino (cuja pro-

direitos que o direito dá não são senão a forma explícita, garantida, legítima, de todo esse conjunto de *chances apropriadas*, de possíveis monopolizados por onde as relações de força presentes se projetam sobre o futuro, comandando, em retorno, as disposições presentes. O poder, como apropriação antecipada, como futuro apropriado, é o que mantém as relações entre os agentes para além da criação contínua das interações ocasionais. Poderíamos opor, se aqui fosse o caso, determinadas formações sociais em que somente as relações duráveis são as relações de dependência pessoal que não podem ser mantidas no decurso do tempo, para além das pessoas, senão ao preço de um trabalho incessante, a outras formações em que o domínio dos mecanismos (tais como o mercado de trabalho ou o mercado escolar) que, por seu funcionamento próprio, tendem a assegurar a reprodução das relações de dominação, confere um direito de preempção sobre os possíveis que dispensa do trabalho incessante que é necessário, em outros contextos, para se apropriar duravelmente do futuro dos outros.

---

dução pressupõe, em todo caso, um alto nível de instrução) e, quando logram tal acesso, não têm senão chances muito reduzidas de perceber as funções objetivas desse sistema. Em suma, a probabilidade de um agente isolado ter acesso – fora de qualquer procedimento de procuração e delegação – a uma opinião explícita e coerente sobre o sistema de ensino e participar de uma ação estatística destinada a influenciar seu funcionamento depende do grau em que ele depende desse sistema para sua reprodução, e do grau em que está *interessado* – objetivamente, logo, subjetivamente – em seu funcionamento.

O sentido* e a inclinação**

Enquanto necessidade feita virtude, o *ethos* de classe é a propensão ao provável pela qual se realiza a causalidade do futuro objetivo em todos os casos de correspondência entre as disposições e as chances (ou as posições atuais e potenciais na estrutura da distribuição do capital econômico e cultural); assim, seria vão tentar isolar estatisticamente o efeito das disposições éticas, perfeitamente redundantes, neste caso, das condições das quais são o produto e que elas tendem a reproduzir. Em suma, os efeitos do *habitus* jamais se encontram tão bem-escondidos a não ser quando aparecem como o efeito direto das estruturas (ou de uma posição determinada nessas estruturas, tal como pode ser referenciada através dos indicadores do capital econômico ou do capital cultural) porque são produzidos por agentes que são a estrutura "feita homem". Todavia, há casos em que os efeitos desse *ethos* sempre em ação deixam-se perceber diretamente porque o capital efetivamente possuído *no instante considerado* – ou o futuro objetivo por ele assegurado – não basta para explicar completamente determinadas práticas ou, o que dá no mesmo, disposições que ele necessariamente engendra enquanto saldo das aquisições anteriores que encerra em potência o seu futuro e, por conseguinte, a propensão a fazê-lo advir.

---

* No original, pente [N.R.].

** No original, *penchant* [N.R.].

É assim que as práticas da fração ascendente da pequena burguesia (e, de modo mais geral, das classes e indivíduos em ascensão) não se deixam compreender completamente a partir do conhecimento das chances sincronicamente medidas ou, em outras palavras, distinguem-se sistematicamente do que deveriam ser teoricamente se dependessem apenas do capital econômico e/ou do capital cultural.

Isso é observado particularmente bem no caso da fecundidade que, sendo importante para as baixas rendas, passa por um mínimo que corresponde *grosso modo* às rendas médias, para crescer novamente com as rendas elevadas. Se isso acontece desse modo é porque o custo relativo do filho, baixo para as famílias com renda mais baixa que, não podendo vislumbrar para os filhos um futuro diferente de seu próprio presente, fazem investimentos educativos extremamente reduzidos, e baixo também para as famílias dotadas de renda elevada, já que a renda cresce paralelamente aos investimentos, passa por um máximo que corresponde às rendas médias, isto é, às classes médias forçadas, pela ambição da ascensão social, a fazerem investimentos educativos relativamente desproporcionados aos seus recursos[22]. Esse custo relativo é definido pela relação entre os recursos de que a família dispõe e os investimentos monetários ou não que deve consentir

---

22. BOURDIEU, P. & DARBEL, A. "La fin d'un malthusianisme?" In: DARRAS. *Le Partage des bénéfices*. Paris: Éd. de Minuit, 1966, p. 136-154.

para reproduzir, através de sua descendência, a sua posição – dinamicamente definida – na estrutura social, isto é, para realizar o futuro que lhe está destinado, dando aos filhos os meios para realizar as ambições efetivas que forma para eles. Assim se explica a forma da relação que se observa entre as estratégias de fecundidade das diferentes classes ou frações de classe e as chances de ascensão social objetivamente oferecidas a seus membros (Quadro I). As classes populares, cujas chances de acesso à classe dirigente em duas gerações são praticamente nulas, têm taxas de fecundidade muito elevadas que decrescem ligeiramente quando aumentam as chances de ascensão intergerações. Assim que as probabilidades de acesso à classe dirigente (ou, o que dá no mesmo, aos instrumentos capazes de assegurá-lo, como o sistema das instituições de ensino superior) atingem um certo patamar, as taxas de fecundidade mostram uma sensível baixa entre os contramestres e empregados de escritório, fração em transição entre a classe popular e a classe média[23]; a essa fatia intermediária pertencem ainda

---

23. As categorias dos empregados de escritório e comerciários não estão bem definidas. Assim, na categoria dos empregados de escritório, ao lado de bancários ou comerciários, é possível encontrar encarregados de armazém ou ferroviários. A categoria dos comerciários é, sem dúvida, ainda mais heterogênea, já que aí se encontram ajudantes de açougue (enquanto que os ajudantes de salsicharia e padaria são classificados como operários qualificados), ao lado de representantes de vendas ou gerentes de loja com várias sucursais. Pode-se ver uma confirmação da hipótese proposta no fato de que a taxa de fecundi-

os artesãos[24], fração também de transição, porém em declínio. Nas classes médias propriamente ditas, cujas chances de ascensão são incomparavelmente mais elevadas (e muito mais dispersas do que as rendas), as taxas de fecundidade mantêm-se em uma diferença mínima (oscilando entre 1,67 e 1,71); com as classes superiores, a taxa de fecundidade torna a subir fortemente, dando testemunho de que a reprodução biológica não desempenha a mesma função no sistema das estratégias de reprodução dessas categorias que só precisam *manter* sua posição.

---

dade dos empregados de escritório do setor público (entre os quais é maior a parte dos trabalhadores braçais) é de 2.04 contra apenas 1,83 para os empregados de escritório do setor privado que são quase todos assalariados não manuais.

24. O estudo de G. Calot e J.-C. Deville apresenta a taxa de fecundidade dos artesãos e comerciantes conjuntamente (ou seja, 1,92). Mas é possível estabelecer, por meio de outros dados, que a taxa de fecundidade dos artesãos é nitidamente superior à dos pequenos comerciantes; com efeito, na distribuição por categorias socioprofissionais do número de filhos com idade inferior a 16 anos por casal (segundo o recenseamento de 1968) que mostra globalmente a mesma estrutura da distribuição das taxas de fecundidade apresentada no Quadro I, os artesãos ocupam uma posição muito mais próxima dos operários do que os pequenos comerciantes; o número médio de filhos com idade inferior a 16 anos por casal é de 1,35 para os operários, 1,01 para os artesãos, 0,88 para os empregados e 0,78 para os pequenos comerciantes.

Quadro I – Taxa de fecundidade e chances de acesso à classe dirigente das diferentes classes e frações de classe

Profissões	Chances de acesso às classes superiores*	Taxa de fecundidade**
Assalariados agrícolas	1,8	3,00
Peões	2,3	2,77
Agricultores	2,9	2,83
Operários sem qualificação	3,7	2,42
Operários qualificados	4,3	2,10
Contramestres	9,6	1,94
Artesãos	10,6	***
Empregados de escritório	10,9	1,87
Empregados de comércio	12,0	1,68
Pequenos comerciantes	15,6	***
Quadros médios	19,2	1,71
Técnicos	20,4	1,67
Professores primários	32,5	1,68
Industriais	35,0	2,09
Grandes comerciantes	35,6	
Engenheiros	38,7	
Quadros superiores	42,0	2,00
Professores	52,7	
Profissões liberais	54,5	2,06

* I.N.S.E.E. [Institut national de la statistique et des études économiques], *Enquête formation et qualification professionnelle 1970.* Probabilidades de acesso às classes superiores para os homens, segundo a profissão do pai.

** Número médio de filhos por família completa, *em* G. CALOT, J.-C. DEVILLE. "Nuptialité et fécondité selon le milieu socio-culturel", em *Économie et statistique*, (27), outubro de 1971, p. 28.

*** Cf. nota de rodapé 24.

Os pequeno-burgueses ascendentes são propriamente definidos pelo fato de se determinarem em função de chances objetivas que não teriam se não tivessem a *pretensão* de obtê-las e se não acrescentassem, por conseguinte, aos seus recursos em capital econômico e cultural, *recursos morais*. Como essa força adicional não pode exercer-se a não ser *negativamente*, como poder de limitação e de restrição, é compreensível que não se possa medir seus efeitos senão sob forma de "grandezas negativas", como teria dito Kant, quer se trate de "economias" como redução de despesas, ou de limitação dos nascimentos como restrição da fecundidade natural, isto é, em todos os casos de *moral* ou, o que dá no mesmo, de economia, a "mais moral das ciências morais".

Se, nesse caso, as disposições não são totalmente definidas pela relação, em um momento dado do tempo, entre o capital possuído e o estado do mercado, isto é, pelas chances objetivamente associadas à posse de um capital determinado; se, em outras palavras, certas categorias de agentes podem superestimar suas chances e assim realmente aumentá-las, é porque as disposições tendem a reproduzir não a posição da qual são o produto, captada em um momento dado do tempo, mas o *sentido*, no ponto considerado, da trajetória individual e coletiva. Mais precisamente, as disposições frente ao futuro e, por consequência, as estratégias de reprodução, dependem não só da posição sincronicamente definida da classe e do indivíduo na classe, mas do sentido da trajetória coletiva do grupo do qual faz parte o indivíduo ou o grupo (e.g. fração de classe, linhagem) e, secundariamente, do sentido da trajetória particular a um indivíduo ou a um grupo englobado em relação à trajetória do grupo englobante.

Ainda que seja possível, sob a condição de se colocar em um nível um tanto grosseiro de agregação estatística, opor um *ethos* pequeno-burguês da abstinência e poupança ao *ethos* burguês da *naturalidade*, não se pode deixar de considerar que essa disposição reveste um número de modalidades específicas, e até singulares, igual ao das maneiras de ascender a uma posição média dentro da estrutura social, de manter-se nessa posição ou atravessá-la; os membros da mesma classe podem ter disposições frente ao futuro, portanto disposições morais, radicalmente diferentes segundo façam parte de uma fração globalmente em ascensão ou em declínio; e secundariamente, conforme se encontrem eles mesmos – primeiramente, enquanto membros de uma linhagem e, em seguida, enquanto indivíduos – em movimento ascendente ou descendente. É assim que, se os pequeno-burgueses em seu conjunto tendem a mostrar-se mais rigoristas sempre que questões morais estão em jogo, todo um conjunto de índices opõe o rigorismo *repressivo* das frações em regressão (em particular, os pequenos artesãos e comerciantes em declínio) e o *rigorismo ascético* das frações em ascensão (ambos distintos do *conservadorismo* ético que se encontra na grande burguesia tradicional). Pelo fato de que, tanto na produção quanto na avaliação das práticas, ela não conhece e não reconhece, em última análise, nenhum outro critério além da contribuição que essas práticas podem trazer à ascensão social, a pequena burguesia ascendente que se mostra habitualmente muito mais *ri-*

gorista do que as outras classes (em particular, em tudo o que diz respeito à educação dos filhos, seu trabalho, saídas, leituras, sexualidade etc.) pode, sem nenhuma contradição, mostrar-se muito menos rigorosa do que a moral dominante e do que as frações da classe dominante mais vinculadas a essa moral, sempre que as práticas condenadas (como o aborto e o acesso dos menores aos meios contraceptivos) são postos a serviço da ascensão[25]. Esse rigorismo ascético, quase sempre associado a um progressismo prudente em política, difere radicalmente, em sua modalidade e no número de seus efeitos, do rigorismo repressivo, mais frequente nas frações em declínio; com efeito, tendo por princípio o ressentimento ligado à regressão social, tal rigorismo parece não ter outra finalidade senão a de proporcionar àqueles que só têm um passado a satisfação de condenarem simbolicamente aqueles que têm um futuro,

---

25. Conforme mostra a comparação da pequena burguesia de promoção (empregados de escritório, quadros médios etc.) e da pequena burguesia das profissões de apresentação e representação (tais como os empregados das grandes empresas comerciais, os decoradores, as recepcionistas, os animadores etc.), as disposições frente ao futuro e, por conseguinte, o conjunto das práticas e opiniões dependem também, secundariamente, da antiguidade e amplidão do movimento de ascensão social e de sua orientação no espaço social: os membros da nova pequena burguesia, vendedores de bens simbólicos que se elevam para posições "de futuro" ainda maldefinidas, malsituadas dentro da estrutura social e a quem, como se diz, "todas as esperanças", ainda que um pouco irrealistas, são permitidas, têm disposições muito menos ascéticas do que os membros da pequena burguesia de promoção que se orientam, quase sempre por um esforço de autodidata, para posições há muito definidas, claramente situadas em uma hierarquia etc.

isto é, essencialmente, os jovens[26]. E pode-se ver o melhor índice dessa distinção no fato de que os membros das frações ascendentes passam do ascetismo otimista ao pessimismo repressivo, à medida que avançam em idade e ficam desencantados frente ao futuro que justificava seus sacrifícios[27]. "O presente, diz La Bruyère,

---

26. Assim, descobre-se, por exemplo, que os artesãos e comerciantes manifestam uma suspeição próxima da hostilidade em relação aos artistas (20% dentre eles declaram que o "artista moderno é alguém que zomba do público" contra 13% dos quadros superiores e operários, 9% dos quadros médios e 6% dos agricultores; ou ainda 28% dentre eles aprovam a ideia de que a "pintura é uma questão puramente comercial" contra 20% dos quadros médios, operários e agricultores, e 15% dos quadros superiores), que eles são os mais propensos a dizer que os professores não sabem fazer-se respeitar (ou seja, 62% contra 55% entre os quadros médios e empregados, 54% entre os operários, 48% entre os agricultores e 45% entre os quadros superiores), que são os mais inclinados a imputar o fracasso dos filhos nos estudos ao fato de que "não estudam o suficiente" (ou seja, 57% contra 47% entre os quadros médios e empregados, 46% entre os operários e agricultores, 40% entre os quadros superiores) ou julgar que a disciplina não é severa o bastante nos estabelecimentos escolares (ou seja, 45% contra 38% entre os operários, 36% entre os quadros médios e empregados, 31% entre os agricultores e 30% entre os quadros superiores) (Fontes: SOFRES. *Les Français et l'art moderne*, 24-29 de abril de 1972; e SOFRES. *Les Français et les problèmes de l'éducation nationale* – Étude auprès des parents. T. II, junho-agosto de 1973).

27. A hipótese proposta acima parece encontrar um *começo* de verificação no fato de que se observa, no âmago da fração dos quadros médios e empregados, diferenças entre as faixas etárias que são mais marcantes do que no âmago das outras classes ou frações de classe, sempre que as perguntas feitas oferecem às disposições repressivas uma oportunidade de expressão (por exemplo, a parte dos membros dessa categoria que rejeitam a ideia de que os professores não são severos o bastante passa de 36,2% para 29,0% e 26,4% quando se passa das pessoas com idade inferior a 35 anos para as pessoas na faixa etária dos 35 a 50 anos e com mais de 50 anos, respectivamente: da mesma forma,

é para os ricos; o futuro para os virtuosos e os hábeis". Toda a existência do pequeno-burguês ascendente é antecipação de um futuro que, na maioria das vezes, não poderá viver senão por procuração, por intermédio dos filhos, para os quais "transfere, como se diz, suas ambições". Espécie de projeção imaginária de sua trajetória passada, o futuro "que sonha para o filho" e no qual se projeta desesperadamente devora o seu presente. Por estar condenado às estratégias de várias gerações, que se impõem toda vez que o prazo de acesso ao bem cobiçado excede os limites de uma vida humana, ele é o homem do prazer e do presente adiados que serão vividos mais tarde "quando houver tempo", "quando tudo estiver pago", "quando terminar os estudos", "quando as crianças estiverem crescidas" ou "quando estiver aposentado". Isto é, com muita frequência, quando já for tarde demais, quando, tendo investido sua vida, já não houver tempo para recuperar seus fundos e for preciso, como se diz, "voar mais baixo", ou melhor, *abrir mão em relação a suas pretensões*". Não há reparação para um presente perdido. Principalmente quando acaba aparecendo (por exemplo, com a ruptura da relação de identificação com os filhos) a desproporção entre as satisfações e os sacrifícios que, retrospectivamente, subtrai o sentido a um passado inteiramente definido por sua

---

a fração desse grupo que considera que os professores fazem política demais passa de 44,6% para 47,6% e 60,4% relativamente às mesmas faixas etárias (cf. IFOP. *Attitude à l'égard des enseignants*, março de 1970, análise secundária realizada pelo *Centre de sociologie européenne*).

tensão em relação ao futuro. A esses parcimoniosos que deram tudo sem contar, a esses avaros de si que, por cúmulo de generosidade egoísta ou de egoísmo generoso, sacrificaram-se totalmente ao *alter ego* que esperavam ser – seja a curto prazo, em primeira pessoa, elevando-se na hierarquia social, seja a prazo mais longo, por intermédio de um substituto moldado à sua imagem, esse filho pelo qual "fizeram tudo" e que "lhes deve tudo" – nada resta senão o ressentimento que sempre os acompanhou, em estado de virtualidade, sob a forma do medo de serem otários de um mundo social que lhes cobra tanto. Para obter a desforra, basta-lhes tomar posição em seu terreno predileto, o da moral, transformar *sua* necessidade em virtude, erigir sua moral particular, tão perfeitamente conforme à ideia comum da moral, como moral universal. É que eles não têm somente a moral de seu interesse, como todo o mundo, mas interesse pela moral: para esses denunciadores dos privilegiados, a moralidade é o único diploma que dá direito a todos os privilégios. A indignação moral engendra posicionamentos políticos fundamentalmente ambíguos: o anarquismo humanista e um pouco choramingas, que pode prolongar-se para além da adolescência em alguns velhos boêmios românticos, reorienta-se muito facilmente, com a idade, para o niilismo de coloração fascista, enclausurado no remoer e ruminar dos escândalos e complôs[28].

---

28. O que se descreve aqui é uma forma, dentre outras, da evolução das disposições políticas, aquela que leva os empregados e quadros médios

Essa evocação das *variantes sistemáticas* do estilo ascético de vida que caracteriza propriamente as classes médias basta para mostrar que as estratégias objetivamente orientadas para a manutenção ou melhora da posição ocupada na estrutura social constituem um sistema que só pode ser apreendido e entendido enquanto tal pelo retorno ao seu princípio gerador e unificador, o *ethos* de classe, por intermédio do qual toda a visão do mundo econômico e social, toda a relação com

---

a adotarem, com o avanço da idade, posições regressivas e repressivas mais próximas das posições dos pequenos comerciantes e, sobretudo, dos pequenos artesãos em declínio, do que das posições dos membros mais jovens de sua própria classe, mais rigoristas do que repressivos. É preciso, evidentemente, evitar estabelecer uma relação trans-histórica entre o envelhecimento biológico e a evolução em direção ao conservadorismo. As mudanças de disposição e posição políticas não mantêm uma relação aparente com a idade senão por intermédio das mudanças de posição social que se operam no tempo; o número de formas de evolução das opiniões políticas é igual ao das formas de envelhecimento social, isto é, de trajetórias sociais. A ideologia conservadora que considera a relação entre a evolução em direção ao conservadorismo e o envelhecimento (implicitamente associado a um progresso em sabedoria e razão) como lei antropológica e encontra nessa relação a melhor justificativa para a sua representação pessimista e desiludida das ideologias e ideólogos revolucionários ("a juventude deve ser bem aproveitada") tem em seu favor todas as aparências: considerando que, para simplificar, as inumeráveis formas de envelhecimento social que são oferecidas a adolescentes pequeno-burgueses ou burgueses (os únicos considerados pela ideologia) podem ser distribuídas em duas grandes classes que correspondem, *grosso modo*, ao sucesso social ou ao fracasso, e, por outro lado, que essas duas classes de trajetórias levam, por vias diferentes, a disposições conservadoras (certamente, muito diferentes em sua *modalidade),* vê-se que basta ignorar as variedades da ideologia e os princípios sociais de variação da relação entre o *envelhecimento ideológico* e o *envelhecimento social* para transformar uma relação estatística sociologicamente inteligível em lei natural.

o outro e com o próprio corpo, enfim, tudo o que faz o estilo próprio do grupo afirma-se em cada uma de suas práticas, quer seja a mais natural em aparência, a menos controlada pela consciência, pela razão ou até pela moral. Com efeito, as estratégias de fecundidade dos pequeno-burgueses ascendentes, assim como suas estratégias escolares, só revelam seu sentido e função ao serem recolocadas no sistema das estratégias de reprodução características de uma classe que não consegue realizar com sucesso o seu empreendimento de *formação de capital* senão sob a condição de restringir o seu consumo e concentrar todos os seus recursos em um pequeno número de descendentes, encarregados de prolongar a trajetória ascendente do grupo. Os pequeno-burgueses que, tendo conseguido livrar-se do proletariado – seu passado – almejam ter acesso à burguesia – seu futuro – precisam, para realizar o acúmulo inicial necessário a essa ascensão, retirar de algum lugar os recursos indispensáveis para suprir a ausência de capital, essa energia da vida social. Seu *habitus* é o *sentido* de sua trajetória social, individual ou coletiva, que se tornou *inclinação* pela qual essa trajetória ascendente tende a prolongar-se e realizar-se: espécie de *nisus perseverandi* em que o trajeto passado se conserva sob a forma de uma disposição frente ao futuro, em que o *já não* prolonga-se num *ainda não*, delimita as ambições "razoáveis" e, por conseguinte, o preço que é necessário pagar para realizar essa pretensão realista. A pequena burguesia ascendente refaz, indefinidamente, a história das origens do capitalismo: para tanto, só pode contar, à semelhança dos puritanos, com seu ascetismo. Nas trocas sociais em que outros podem apresentar garantias reais – dinheiro, cultura ou relações – ela não pode oferecer senão garantias morais; pobre (relativamente) em capital econômico, cultural e social, não pode "justificar suas pretensões", como se diz, e, por conseguinte, ter chances de realizá-las, a não ser sob a condição de pagar com sacrifícios, privações, renúncias, em suma, com virtude.

Se é verdade que as frações mais ricas em capital econômico, a saber, os pequenos e médios comerciantes, artesãos ou proprietários de terras, orientam-se de preferência (ao menos até uma data recente) para a poupança, enquanto as frações mais ricas em capital cultural (os quadros médios e os empregados) recorrem principalmente à escola, ambas têm em comum o fato de investirem, em suas estratégias econômicas e escolares, determinadas disposições ascéticas que caracterizam a clientela ideal do banco e da escola: boa vontade cultural e espírito econômico, seriedade e afinco no trabalho – outras tantas garantias que o pequeno-burguês oferece a essas instituições, embora fique inteiramente à mercê delas (ao contrário do detentor de um *verdadeiro* capital, econômico ou cultural), já que é unicamente por seu intermédio que pode obter os lucros de um patrimônio fundamentalmente negativo[29].

---

29. O cliente ideal do banco, tal como se configura através dos discursos dos dirigentes e, sobretudo, através dos procedimentos burocráticos implementados para selecionar os beneficiários de empréstimos (cf. BOURDIEU, P.; BOLTANSKI, L. & CHAMBOREDON, J.-C. *La Banque et sa*

A pretensão também pode ser escrita como pré-tensão: sentido ascensional convertido em inclinação para per-

clientèle – Eléments pour une sociologie du crédit. Paris: Centre de sociologie européenne, 1963), não difere tanto do cliente ideal da escola, o "bom aluno", tal como é definido objetivamente pelas operações de seleção e pelas apreciações dos professores: o "bom cliente" é trabalhador e honesto; sua "contribuição pessoal" é fraca; pede um crédito relativamente baixo, mas a longo prazo; não oferece garantias reais, mas apenas garantias pessoais, sendo que na primeira fila se encontram suas virtudes; conhece suficientemente o sistema para ser o objeto de uma exploração racional, mas não o bastante para defender, racionalmente, seus interesses e tirar o máximo proveito das vantagens oferecidas. Ao cliente ideal, quadro médio, de preferência funcionário público, informado o bastante para compreender as exigências burocráticas, mas não muito, isto é, ao ponto de ser capaz de opor uma resistência organizada, previsível o bastante para ser suficientemente previdente, mas sem ter recursos suficientes para poder dispensar um crédito, a este cliente opõem-se, por um lado, o "cliente chato", com perfil de quadro superior possuidor de elevado capital cultural (ex.: professor de direito), que "pode esperar", pois não está dominado pelo medo de perder a chance ou pressionado pela urgência de encontrar um teto, que fornece uma contribuição pessoal importante, não tem necessidade de um prazo de reembolso muito longo, oferece garantias reais e dispõe dos meios intelectuais para usufruir nas melhores condições dessas vantagens; e, por outro lado, o "cliente de pouco interesse", com o perfil de membro das classes populares, que é pressionado pela urgência, não tem contribuição pessoal, deseja um crédito longo, não oferece garantias reais e poucas garantias pessoais e encontra-se aquém do patamar da racionalidade econômica. Este último é recusado; quanto ao primeiro, teria sido recusado, de bom grado, porque tira o máximo proveito das vantagens econômicas oferecidas pelo banco e, em particular, da "personalização". "O crédito, dizia Marx, é o juízo que a economia política faz da moralidade de um homem". Donde decorre a ambiguidade profunda da personalização do crédito: quando o banco se interessa pela pessoa, interessa-se pelas garantias de solvibilidade associadas à pessoa, tal como é definida pela economia política, isto é, pelo seu valor monetário, pela poupança potencial que representa, levando em consideração sua idade, profissão, estado de saúde e moralidade; mas, servindo-se de certa habilidade, o banco pode parecer interessar-se pela pessoa completa, com seus entornos, propriedades, projetos e até ansiedades, no que têm de mais "pessoal".

petuar a ascensão passada, da qual essa inclinação é o produto, ele tem como contrapartida o espírito econômico e toda a pequenez associada às virtudes pequeno-burguesas. Se é verdade que a pré-tensão força o pequeno-burguês a entrar na *concorrência* ou *concurso* das pretensões antagonistas e o impele a viver sempre *abaixo dos seus meios*, ao preço de uma *tensão* permanente, sempre pronta a explodir em agressividade (em vez de agressão), ela é também o que lhe dá a força necessária para extrair de si mesmo, por todas as formas da autoexploração – em particular, ascetismo e malthusianismo – os meios econômicos e culturais indispensáveis à ascensão.

É na ordem da sociabilidade e das satisfações correlativas que o pequeno-burguês realiza os sacrifícios mais importantes, senão os mais manifestos. Certo de que não deve sua posição a nada além de seu mérito, está convicto de que só se deve contar consigo próprio para obter a salvação: cada um por si, cada um para si. A preocupação em concentrar esforços e reduzir os custos leva a romper os laços – até os familiares – que venham a opor-se à ascensão individual: não há tempo, nem meios, nem tampouco gosto para manter relações com os outros membros da família que não souberam "se virar"[30]. A pobreza tem seus círculos viciosos e os deve-

---

30. Os conflitos e os custos que são a contrapartida da ascensão social são particularmente elevados nas sociedades em que as tradições de solidariedade impõem o peso de uma carga esmagadora sobre os indivíduos em ascensão. Assim, foi possível observar, em uma pesquisa sobre a economia doméstica feita na Argélia em 1960, que a fase de

res de solidariedade que contribuem para acorrentar os menos desprovidos (relativamente) aos mais carentes fazem da miséria um eterno recomeço. A "decolagem" pressupõe sempre uma *ruptura*, sendo que a rejeição dos antigos companheiros de infortúnio não representa senão um de seus aspectos. O que é exigido do trânsfuga é uma derrubada da escala dos valores, uma conversão de toda a atitude. Assim, optar pela família restrita ou pelo filho único, em vez da família numerosa – cujas causas negativas, tal como o domínio insuficiente das técnicas anticoncepcionais, não constituem uma explicação suficiente – é renunciar à concepção popular das relações familiares e das funções da unidade doméstica; é abandonar, além das satisfações da grande família integrada, solidária de todo um modo de sociabilidade tradicional, com suas trocas, festas, conflitos, etc., as garantias proporcionadas por uma descendência numerosa, única proteção mais ou menos segura, principalmente para as mães, contra as incertezas da velhice, em um universo assombrado pela instabilidade doméstica e pela insegurança econômica e social. Essa conversão da atitude frente ao grupo familiar é inseparável de uma conversão das disposições frente ao futuro: dotar-se de uma descendência numerosa é tomar precauções palpáveis contra o futuro, por uma estratégia que é, de certa maneira, o equivalente funcional da constituição de reservas; é erguer contra ele, com antecedência, proteções;

---

decolagem, em que se encontra a pequena burguesia, corresponde a um encurtamento da rede de solidariedades e a um retraimento na unidade elementar, o casal.

não é esforçar-se para submetê-lo pelo cálculo, dominá--lo por uma estratégia de investimento que organiza a prática presente em função dos lucros esperados ou dos custos previsíveis. As relações de família ou de amizade não podem mais ser para o pequeno-burguês o que são para o proletário, uma garantia contra a infelicidade e a calamidade, contra a solidão e a miséria, uma rede de amparos e proteções da qual será possível obter, conforme a necessidade, uma ajuda, um empréstimo ou um emprego. Elas não são ainda o que, fora desse contexto, denomina-se "relações", isto é, um capital social indispensável à obtenção do melhor rendimento do capital econômico e cultural[31]. São apenas entraves que, custe o que custar, deverão ser destruídos porque a gratidão, a ajuda mútua, a solidariedade e as satisfações materiais e simbólicas que elas proporcionam, a curto ou longo prazo, fazem parte dos luxos proibidos[32].

Limitando a própria família a um número reduzido de filhos, quando não ao filho único, no qual se

---

31. A integração da família é cada vez mais "funcional", se é possível dizer assim, à medida que o indivíduo vai alcançando posições mais elevadas dentro da hierarquia social, já que ela permite acumular o capital do conjunto de seus membros (cf. a esse respeito BOURDIEU, P.; BOLTANSKI, L. & SAINT MARTIN, M. de. Op. cit.).

32. Está longe de ser fácil conseguir a conciliação entre a ambição da ascensão individual e a participação na defesa dos interesses coletivos da classe; o motivo é que, sem serem absolutamente excludentes, há razões práticas e também o fato de se inspirarem em duas visões totalmente opostas do mundo social. As empresas de reciclagem ou de promoção interna (concursos internos etc.) não seriam tão positivamente sancionadas se, além do aperfeiçoamento técnico, garantissem a adesão à instituição e à ordem social da qual fazem parte.

concentram todas as esperanças e esforços, o pequeno-burguês não faz mais do que obedecer ao sistema de exigências que está implicado em sua ambição: na impossibilidade de aumentar a renda, precisa reduzir a despesa, isto é, o número de consumidores[33]. Mas, procedendo assim, acaba por se conformar, além disso, tacitamente, à representação dominante da fecundidade legítima, isto é, subordinada aos imperativos da reprodução social: a limitação dos nascimentos é uma forma (sem dúvida, a forma elementar) de *numerus clausus*. O pequeno-burguês é um proletário que se faz pequeno para tornar-se burguês. Renunciando à prolificidade do proletário, que se reproduz, tal e qual e em grande número, o pequeno-burguês "escolhe" a reprodução restrita e seletiva, frequentemente limitada a um produto único, concebido e moldado em função das expectativas rigorosamente seletivas da classe importadora.

---

33. As categorias situadas no topo da classe operária (operários qualificados e profissionais) obtêm uma renda global média por casal equivalente a 14212F (e somente 12 696 F para o conjunto dos operários) contra 14 344 F para os empregados (BANDERIER, G. "Les revenus des ménages en 1965". *Les Collections de l'Insee*, M 7, dezembro de 1970, p. 29). Segundo a pesquisa sobre as condições de vida dos casais, realizada pelo Insee em 1971, os operários têm um consumo anual médio por casal sensivelmente igual ao dos empregados (22 851,53 F contra 24 052,88 F). Se for levado em conta o número de pessoas por casal (3,64 para os operários contra 2,86 para os empregados), as diferenças crescem, já que o consumo anual médio por pessoa atinge 8 410,09 F para os empregados contra 6 277,89 F para os operários: o consumo anual médio por unidade de consumo seria de 8 721,95 F para os operários contra 11 135.50 F para os empregados (BIGATA, G. "Les conditions de vie des ménages en 1971". *Les Collections de l'Insee*, M 21, fevereiro de 1973).

Retrai-se em uma família estreitamente unida, mas limitada e um pouco opressiva. Não é por acaso que o adjetivo pequeno ou algum de seus sinônimos, sempre mais ou menos pejorativos, pode ser associado a tudo o que diz, pensa, faz, tem ou é o pequeno-burguês, inclusive à sua moral que, no entanto, é o seu ponto forte: estrita e rigorosa, ela tem qualquer coisa de limitado e forçado, de tenso e suscetível, de tacanho e rígido por força do formalismo e do escrúpulo. Pequenas preocupações, pequenas necessidades, o pequeno-burguês é um burguês que vive de forma mesquinha. Sua própria *hexis** corporal, na qual se exprime toda a sua relação objetiva com o mundo social, é a de um homem que deve fazer-se pequeno para passar pela porta estreita que dá acesso à burguesia: por obrigar-se a ser estrito e sóbrio, discreto e severo, em sua maneira não só de vestir, mas também de falar – essa linguagem hipercorreta pelo excesso de vigilância e prudência –, em seus gestos e em toda a sua postura, falta-lhe sempre um pouco de envergadura, amplidão, largueza e liberalidade[34].

---

* Conjunto de propriedades associadas ao uso do corpo em que se exterioriza a posição de classe de uma pessoa [N.R.].

34. Se é verdade, como se tentou mostrar, que é na realidade e não na mente do sociólogo que o pequeno-burguês é um burguês em miniatura, vê-se tudo o que seria perdido se fosse abandonado o conceito de pequeno-burguês, em nome de uma definição objetivista da objetividade. Aqui, como alhures, os conceitos nativos concentram, sob uma forma especialmente evocadora, o máximo de propriedades sociologicamente pertinentes. Além disso, a redução objetivante, por mais brutal que seja, nada tem a ver com o desprezo de classe – que repercute em tantos escritos consagrados aos pequeno-burgueses, sacos de pancada tradicionais da profecia estetizante e alvo predileto do anátema

A taxinomia ética dominante, aplicação do sistema de classificação social da classe dominante ao campo da moral, resume-se em um sistema de qualidades e qualificativos que se organizam em torno da oposição entre as *maneiras* positivamente sancionadas ou "distintas" (isto é, as maneiras de dominantes) e as maneiras negativamente sancionadas. Enquanto vestígios quase indeléveis de dois *modos de aquisição* que tendem a perpetuar-se no que foi adquirido – ao menos, no termo do processo, sob a forma da incerteza e da inquietude quanto à boa maneira favorecida por um modo de aquisição ilegítimo – e que constituem, por isso, o acompanhamento simbólico de todas as práticas, esses dois *estilos* estão predispostos a oferecer um critério último, sem apelação, ao juízo de distinção social. A esse princípio de divisão vem somar-se outro: a qualidade – apreciada do ponto de vista da classe dominante – da relação que os detentores das maneiras negativamente qualificadas (sotaque, *hexis* corporal etc.) mantêm com

---

político (pense-se em Marx falando de Proudhon...) – porque relaciona as propriedades do *habitus*, quase sempre identificadas pelo racismo de classe, como a "pretensão" ou a "estreiteza", às condições objetivas de que são o produto: aqueles que podem presentear-se com virtudes menos intratáveis e apresentar um semblante menos "ingrato", esquecem-se de que as propriedades condenadas por eles são a contrapartida inevitável dos mecanismos que asseguram a ascensão individual, isto é, a extração seletiva dos indivíduos conformistas; como se os "vícios" e as "virtudes" dos pequeno-burgueses (que – será preciso lembrar esse aspecto? – não se definem como tais senão em relação a uma moral dominante) devessem, unicamente em seu caso, ser imputados aos agentes e não às estruturas, sob pretexto de que as estruturas lhes deram a liberdade para "escolher" a sua alienação.

as qualidades que a taxinomia dominante lhes atribui.

Concretamente, a oposição fundamental entre a *naturalidade*, qualidade dominante, e o *constrangimento*, qualidade dominada, duplica-se de uma oposição secundária entre a *pretensão*, como constrangimento (nos dois sentidos) recusado (por uma "exagerada autoestima que leva a ambições, objetivos exagerados", de acordo com o dicionário *Robert*) e a *modéstia*, como constrangimento aceito (por uma louvável "moderação na apreciação de seu próprio mérito"). É assim que as qualidades dominadas recebem sempre duas expressões: uma, francamente negativa, situa-se na série da pretensão (que deve ser reprimida); a outra, *eufemística*, atribui às qualidades dominadas o respeito que elas atraem para si ao se aceitarem como tais. Ou seja, alguns desses qualificativos que, em virtude de sua polissemia, podem entrar em relações de oposição complexas com diferentes adjetivos da outra série, sendo que cada um sublinha um dos aspectos da oposição fundamental entre o *grande* (ou o *largo*) e o *pequeno*, a partir da qual se engendram todas as oposições particulares[35].

---

35. Deve-se evitar tratar esta taxinomia, promovida pela linguagem comum, à maneira dos semiólogos e outros etnometodólogos, isto é, como um sistema reificado de relações lógicas de oposição e de complementaridade. Destinada a funcionar na prática, a serviço de funções práticas, obedece a uma *lógica prática*. Assim, o "povo" que os "burgueses" (isto é, de fato as frações dominantes da classe dominante) engendram ao pensarem nele por oposição à pequena burguesia não é o "povo" que produzem ao pensá-lo como oposto ao operário das cidades; nem tampouco o "povo" engendrado pela imaginação populista (mais divulgada nas frações dominadas da classe dominante), por oposição tanto ao "burguês" quanto ao "pequeno-burguês", isto é, o

(BURGUÊS):	(PEQUENO--BURGUÊS):	(POVO):
"distinto"	"pretensioso"	"modesto"
folgado, amplo	limitado, tacanho,	*gauche*, pesadão,
(mente, gestos	constrangido,	embaraçado,
etc.), generoso,	pequeno,	tímido,
nobre, rico, largo	mesquinho,	desajeitado,
(de ideias etc.),	pão-duro,	"encabulado",
liberal, livre,	parcimonioso,	pobre,
flexível, natural,	estrito, formalista,	"modesto",
tranquilo,	severo, rígido,	"bonachão",
desenvolto,	tenso, forçado,	"natural", franco
seguro, aberto,	escrupuloso,	(na maneira de
vasto etc.	preciso etc.	falar), sólido.

Essas duas classes de *habitus* que, por sua vez, podem ser subdivididas indefinidamente – pense-se, por exemplo, na "naturalidade forçada" do pequeno-burguês *parvenu* – em função de variáveis secundárias que, de cada vez, designam particularidades das condições de produção dos *habitus*, remetem, em última análise, para dois modos de aquisição, isto é, para dois sistemas de sanções materiais e simbólicas associadas a duas classes de condições de existência consideradas em sua eficácia educativa. A naturalidade (assim como o "constrangimento", seu antônimo) designa, ao mesmo tempo, uma maneira de ser e um tipo particular de condições materiais de existência, mais precisamente, uma dispo-

---

autêntico "proletário", robusto, simples, franco, sólido e generoso, separado apenas por algumas inversões de sinal do bom operário modesto e *gauche* da imaginação conservadora.

sição distinta e as condições de existência das quais ela é o produto e que, por seu intermédio, são continuamente lembradas: o princípio e o efeito dessa disposição distinta e distintiva não é outro senão a experiência do mundo e de si como necessária, como *coincidência realizada do ser e do dever-ser*, que fundamenta e autoriza todas as formas íntimas ou exteriorizadas da confiança em si, segurança, desenvoltura, aparência agradável, facilidade, flexibilidade, liberdade, elegância ou, em uma palavra, *naturalidade*.

Tudo predispõe o pequeno-burguês a entrar na luta da pretensão e da distinção, essa forma da luta cotidiana das classes, da qual sai necessariamente vencido, e sem recursos, uma vez que, ao engajar-se nela, reconheceu a legitimidade do jogo e o valor do cacife. Essa competição é um caso particular de todas as relações de *concorrência*, nas quais a classe privilegiada esforça-se para reprimir as pretensões (nobiliárias, escolares ou outras) daquela que se lhe segue imediatamente, entre outras coisas tratando suas ambições e aspirações como uma espécie de delírio subjetivo, baseado em uma autoestima por demais elevada, e procurando fazer com que passem por pretensiosas, isto é, presunçosas, desproporcionadas, excessivas, arrogantes, ridículas ou, no mínimo, prematuras. É assim que ela afirma a sua distinção em relação à classe inferior, opondo ao seu juridicismo o monopólio dos títulos (nobiliárquicos, escolares ou outros) sobre os quais repousam seus próprios privilégios. Por seu lado, a classe inferior exige ou reivindica o acesso aos privilégios, até então reservados à classe superior; em outras palavras, converte em pretensões legítimas (daí, sua propensão ao *juridicismo*) sua pré--tensão, isto é, sua vontade de conseguir adiantado, antes da hora, *a crédito*, as vantagens que, ao menos em uma situação de concorrência, portanto de translação permanente, há de obter de qualquer modo. Isso quer dizer que não se deve ver como um desmentido às análises anteriores o fato de que a pequena burguesia ascética, tradicionalmente votada à poupança, acabe por se voltar, no âmbito da sociedade de concorrência, para o crédito: é, ainda, a pretensão à burguesia, princípio de todas as suas virtudes negativas, que leva a pequena burguesia a buscar esses meios de viver acima de seus meios, ao preço de uma tensão e de uma contenção permanentes, e que assim a sujeita a uma nova forma de ascetismo, própria a desempenhar por outros meios, mais bem ajustados às novas estruturas econômicas, as funções antigas.

Estruturas patrimoniais e estratégias de reprodução

Assim, deixando de fora o caso excepcional em que se encontram preenchidas as condições (econômicas e outras) necessárias para tornar possível a ação racional na qual o agente toma suas decisões em função de um cálculo dos lucros passíveis de serem assegurados pelos diferentes mercados, as práticas de uma classe determinada de agentes dependem não apenas da estrutura das chances teóricas médias de lucro, mas das chances especificamente ligadas a essa classe, isto é, da relação, em um momento dado do tempo, entre essa estrutura objetiva (cientificamente calculável) e a estrutura da distribuição das diferentes espécies de capital (capital econômico, capital cultural, capital social) entendidas, sob o prisma ora considerado, como instrumentos de apropriação dessas chances. A antecipação prática, mais ou menos adequada, que está no princípio dessa "causalidade do provável" deve-se ao *habitus*, matriz geradora de respostas previamente adaptadas (mediante uma improvisação permanente) a todas as condições objetivas idênticas ou homólogas às condições de sua produção: guiando-se por índices que está predisposto a perceber e decifrar, e que, de certo modo, só existem para ele, o *habitus* engendra, nesse caso, práticas que se antecipam ao futuro objetivo. Seria sem dúvida vão, nessas condições, procurar um encadeamento linear de causas no emaranhado de relações significativas que leva a uma prática objetivamente ajustada ao provável. É assim que, ao ser apreendido segundo os esquemas de apreciação que se encontram nas categorias de alunos e pais mais diretamente submetidas à autoridade escolar, o êxito escolar (por sua vez, determinado – ao menos, em parte – pela detecção dos índices que servem sempre de base à cooptação, tais como as boas intenções relativamente à instituição) funciona como um estímulo reativante que redobra a propensão a investir na escola e reforça o efeito de consagração exercido pela sanção escolar, portanto, a adesão à autoridade da instituição escolar. Tudo se passa como se o futuro objetivo, que está em potência no presente, não pudesse advir senão com a colaboração ou até a cumplicidade de uma prática que, por sua vez, é comandada por esse futuro objetivo; como se, em outras palavras, o fato de ter chances positivas ou negativas de ser, ter ou fazer qualquer coisa predispusesse, predestinando, a agir de modo a que essas chances se realizem. Com efeito, a causalidade do provável é o resultado dessa espécie de dialética entre o *habitus*, cujas antecipações práticas repousam sobre toda a experiência anterior, e as significações prováveis, isto é, o dado que ele toma como uma apercepção seletiva e uma apreciação oblíqua dos índices do futuro para cujo advento deve contribuir (coisas "a serem feitas", "a serem ditas" etc.): as práticas são o resultado desse encontro entre um agente predisposto e prevenido, e um *mundo presumido*, isto é, pressentido e prejulgado, o único que lhe é dado conhecer.

A presença do passado, nessa espécie de falsa antecipação do futuro, não se vê, paradoxalmente, senão quando a causalidade do provável é desmentida e quando a defasagem entre as chances objetivas e as práticas (com as aspirações que estas implicam ou que as acompanham) obriga a invocar o ímpeto de uma trajetória passada e a *histerese* das disposições antigas[36]. No caso,

---

36. Nesse caso, as antecipações do *habitus* são ainda mais realistas, na medida em que a trajetória passada que aí se exprime, isto é, a história do agente e de seu grupo, prolonga-se mais completamente em sua trajetória futura: quando o futuro se encontra como que implicado no passado – no caso, por exemplo, do filho de professor primário, ele próprio filho de camponês, que será professor – as disposições produzidas pela posição passada, ela própria em devir, acompanham, precedendo-o, o devir da posição.

por exemplo, da pequena burguesia ascendente, o *habitus* não mais funciona como um operador prático da causalidade do provável, mas tem em mira uma espécie de ponto imaginário, desligado do futuro virtualmente inscrito no presente sob a forma dos instrumentos de apropriação do futuro atualmente possuídos. Assim, a propensão das famílias e crianças escolarizadas a investir dinheiro, esforços e esperanças no sistema escolar, tende a *reproduzir* (nos dois sentidos) a relação objetiva entre a classe de agentes em questão e a instituição escolar que se exprime concretamente através de índices práticos, tal como a presença no universo familiar (família restrita ou extensa, "relações" de vizinhança ou de trabalho) dos secundaristas ou universitários, dos *bacheliers* ou *licenciés*[37]. E as sanções positivas ou negativas da instituição escolar não podem fazer mais do que trazer um reforço secundário às certezas práticas da estatística espontânea que leva a sentir como natural e normal ou como improvável, inesperado ou impossível o acesso a esses diplomas ou instituições. Mas, precisamente, como se vê no caso do filho de professor primário, cuja boa vontade escolar incita a prolongar em

---

37. A propensão a investir no sistema de ensino depende também, em parte, da forma da distribuição do capital cultural entre as classes: o efeito de demonstração e a ação de aliciamento (concorrência) exercidos pelas práticas dominantes (as práticas de escolarização da classe dominante) não podem exercer-se no caso em que a distribuição das probabilidades objetivas de acesso é por demais brutalmente dissimétrica; os efeitos "desmoralizantes" de uma fraca probabilidade de acesso são, então, reforçados pelo efeito de exclusão que é exercido por uma ação quase monopolística e que leva os excluídos a encararem a apropriação do bem ou da prática considerada como uma *propriedade* inerente ao *out-group*.

direção à escola normal superior a trajetória paterna, é o sentido da trajetória da linhagem de duas ou três gerações e, mais especificamente, a história de sua relação objetiva com a instituição escolar que, tacitamente vivida ou explicitamente comunicada através dos julgamentos, conselhos ou preceitos, comanda, a cada momento, a relação prática com essa instituição. Assim, o *habitus* representa a inércia do grupo, depositada em cada organismo sob a forma de esquemas de percepção, apreciação e ação que tendem, com mais firmeza do que todas as normas explícitas (aliás, geralmente congruentes com essas disposições), a assegurar a conformidade das práticas para além das gerações. O *habitus*, isto é, o organismo do qual o grupo se apropriou e que é apropriado ao grupo, funciona como o suporte material da memória coletiva: instrumento de um grupo, tende a reproduzir nos sucessores o que foi adquirido pelos predecessores, ou, simplesmente, os predecessores nos sucessores. A hereditariedade social dos caracteres adquiridos, assegurada por ele, oferece ao grupo um dos meios mais eficazes para perpetuar-se enquanto grupo e transcender os limites da finitude biológica no sentido de salvaguardar sua maneira distintiva de existir. Essa espécie de tendência do grupo para perseverar em seu ser não tem sujeito propriamente dito, ainda que possa encarnar-se, a cada momento, em um ou outro de seus membros; opera em um nível muito mais profundo que as "tradições familiares", cuja permanência pressupõe uma fidelidade conscientemente mantida e um certo número de guardiães – por isso, elas implicam uma rigidez estranha às estratégias do *habitus* que, frente a situações novas, é capaz de inventar novas maneiras de desempenhar as funções antigas (por exemplo, o recurso a instrumentos de reprodução, como a escola, desconhecidos ou recusados pela tradição); mais profundo, também, do que as estratégias conscientes pelas quais os agentes entendem agir expressamente sobre o seu futuro e moldá-lo conforme a imagem do passado, como as disposições testamentárias ou até as normas explícitas, simples *chamadas à ordem*, isto é, ao provável, cuja eficácia é redobrada por sua intervenção.

As estratégias e as práticas fenomenalmente muito diferentes produzidas pelos agentes e que, por intermédio destes, foram apropriadas pelos grupos, desempenham sempre, em parte, funções de reprodução: quaisquer que sejam as funções que seus autores ou o grupo em conjunto lhes atribuam oficialmente, são objetivamente orientadas para a conservação ou o aumento do patrimônio e, correlativamente, para a manutenção ou melhoria da posição do grupo dentro da estrutura social. Para imputar as estratégias de reprodução ao cálculo racional ou à intenção estratégica, seria preciso não englobar nesse conceito senão as estratégias explicitamente constituídas com o objetivo de cumprir essa função, isto é, as estratégias propriamente sucessoriais, e aceitar tacitamente a definição oficial das estratégias de reprodução reconhecidas como *legítimas* em um dado momento[38]. De fato, o *habitus*, como relação herdada

---

38. A cada momento, a delimitação daquilo que é, legitimamente transmissível e, inseparavelmente, das maneiras legítimas de conservá-lo e

de uma herança, é a raiz comum de práticas que não podem auferir sua coerência de um projeto consciente, ainda que a consciência explícita das chances e implicações possa conferir uma sistematicidade explícita, em certos pontos, à sistematicidade objetiva das "escolhas" práticas do *habitus*[39]: nada seria mais perigoso do

transmiti-lo, é o objeto de uma luta velada ou declarada entre as classes. A medida que a força dos dominados aumenta nessa luta, a crítica subversiva, que procura atingir a classe dirigente no princípio de sua perpetuação, tende a restringir a esfera daquilo que é legitimamente transmissível pela revelação do caráter arbitrário do modo de transmissão estabelecido e pela crítica das ideologias que visam justificá-lo (por exemplo, a ideologia do "nascimento"); esse reforço da vigilância crítica e dos controles institucionais da transmissão é um dos fatores que contribuem para levar à transformação das estratégias de reprodução: as estratégias eficazes e de baixo custo, mas declaradas, como a transmissão do poder e dos privilégios pela sucessão em linha direta, cedem progressivamente o lugar a outras que asseguram uma transmissão dissimulada que pode ser desconhecida enquanto tal, portanto, perfeitamente reconhecida e legítima, mas ao preço de um desgaste maior e de um custo de dissimulação mais elevado (como o investimento escolar).

39. A extensão do campo das estratégias objetivas de reprodução, que são explicitamente constituídas como estratégias sucessoriais e cujos princípios são explicitamente formulados e juridicamente garantidos, cresce como o patrimônio a ser transmitido. Um estudo do *conjunto* de práticas que visam assegurar a transmissão do patrimônio entre as gerações com o mínimo possível de degradação tenderia, sem dúvida, a mostrar – caso isso fosse possível com os métodos tradicionais de pesquisa – que a racionalização das estratégias propriamente sucessoriais, desde a compra de quadros até as diferentes formas de fraude fiscal, é tanto mais frequente quanto mais importante é o patrimônio. E a mesma proposição também seria válida, *mutatis mutandis*, para a transmissão do capital cultural, cada vez mais explicitamente considerada como tal e racionalmente organizada, à medida que o capital cultural possuído é mais vultuoso, quando não em valor absoluto, ao menos em valor relativo. Pode-se até avançar a hipótese de que o *"senso da*

que tentar explicar estratégias explicitamente orientadas para a manutenção ou o aumento do patrimônio e, *a fortiori*, a salvaguarda de sua integridade para além das gerações, sem levar em conta estratégias que não se confessam jamais como tais – por exemplo, aquelas que regem as práticas de fecundidade, a "escolha" do cônjuge ou de um estabelecimento escolar.

Essas estratégias devem sua *coerência prática* ao fato de que, objetivamente orientadas para o desempenho da mesma função, são o produto de um só e mesmo princípio gerador que funciona como princípio unificador. Enquanto estruturas estruturadas (*opus operatum*) que a mesma estrutura estruturante (*modus operandi*) produz sem cessar, ao preço de *retraduções* impostas pela lógica própria aos diferentes *campos*, todas as práticas do mesmo agente são objetivamente harmonizadas entre si, fora de qualquer busca intencional da coerência, e objetivamente orquestradas, fora de qualquer acordo consciente, com as de todos os membros da mes-

---

realidade", o senso daquilo que "não nos é permitido", tem tanto mais chances de permanecer em estado de *senso prático*, isto é, aquém da explicitação, quanto mais baixa é nossa posição na hierarquia social: por esse motivo, ele exerce sobre as práticas um domínio que possui a opacidade e também a rigidez do indiscutido, do óbvio, de uma *doxa* que funciona como destino tácito. Se a relação com as condições objetivas tende a tomar-se cada vez mais livre, fácil, desligada à medida que o indivíduo se eleva na hierarquia social, isso não quer dizer que as práticas se tornem cada vez mais *irrealistas*. É, de fato, porque o diletantismo, a desenvoltura, o desinteresse, quando estão circunscritos ao limite do razoável, fazem parte das liberdades concedidas, e até recomendadas, pela definição objetiva da situação. É, também, porque a relação quase racionalizada com as condições objetivas autorizadas pela explicitação e pela análise oferece outros meios de adaptação.

ma classe[40]. Sendo o **produto da aplicação das estruturas** objetivas do **cosmos econômico** e social sobre um organismo que sua lógica **própria** leva a funcionar de modo sistemático, o *habitus* engendra continuamente metáforas práticas, isto é, **numa outra linguagem,** transferências (das quais a **transferência de hábitos motores** não é senão um **exemplo particular),** ou, melhor, *transposições sistemáticas* **impostas pelas** condições particulares de sua **implementação; nesse caso,** o mesmo *ethos* ascético que, segundo **as expectativas,** deveria exprimir-se sempre na **poupança, pode** manifestar-se, em um contexto **determinado, por uma** forma particular de utilizar o crédito. As **práticas do mesmo agente** e, mais amplamente, as **práticas de todos** os agentes da mesma classe devem a **afinidade de estilo,** que faz com que cada uma seja uma metáfora **de qualquer uma** das outras, ao fato de que são o **produto das transferências** incessantes, de um **campo para outro, dos** mesmos esquemas de percepção, **pensamento** e **ação:** paradigma familiar desse operador **analógico que é** o *habitus,* a disposição adquirida que denominamos "escrita", isto é, uma forma singular de traçar **caracteres,** produz sempre a mesma "escrita", isto é, **traços gráficos** que, a despeito

---

40. O *habitus* é um construto **irredutível às manifestações** fora das quais não possa ser apreendido; isso **não significa** que, segundo a alternativa do realismo e do nominalismo, **seja preciso** ver aí um simples nome, mais ou menos arbitrário e **mais ou menos** arbitrariamente aplicado a um conjunto de relações **estatísticas (Encontrar-se-á** uma exposição mais sistemática das propriedades do *habitus* e, em particular, da *inventividade circunscrita* que o caracteriza. In: BOURDIEU, P. *Esquisse dune théorie de la pratique.* Paris/Genève: Droz, 1972, p. 174-189).

das diferenças de tamanho, matéria e cor ligadas ao suporte – folha de papel ou quadro-negro – ou ao instrumento – caneta-tinteiro ou bastonete de giz; a despeito, portanto, das diferenças entre os conjuntos motores mobilizados, apresentam uma afinidade de estilo, um ar de família imediatamente perceptíveis.

Construir um objeto tal como o sistema de estratégias de reprodução, sequências objetivamente ordenadas e orientadas de práticas que todo grupo deve produzir para reproduzir-se enquanto grupo[41], é encontrar o meio para pensar em sua unidade os fenômenos objetivamente ligados que as diferentes ciências do homem apreendem de forma desordenada e em estado de separação[42]. Restaurando na ciência das práticas a unidade

41. Se as estratégias de reprodução não podem aparecer, a bem dizer, senão nas classes ou frações de classe que estão logicamente (quando não praticamente) expostas à desclassificação por terem algo a perder, em particular, por ocasião da transmissão do capital entre as gerações, pode-se encontrar, nas franjas inferiores da pequena burguesia ou até nas camadas superiores da classe operária, estratégias pelas quais esses grupos visam reproduzir aquilo que os separa da condição das classes votadas à simples reprodução de sua existência (proletariado e subproletariado): assim se explica o aparecimento da propensão a investir no sistema de ensino, no seio das camadas superiores do proletariado preocupadas em poupar aos filhos a recaída no subproletariado (composto, principalmente, de estrangeiros).

42. Tal construção tem por condição a destruição das divisões tradicionais do objeto científico que não passam de divisões organizacionais da ciência social que, por sua vez, são calcadas a partir das divisões institucionais da prática social, mas constituídas em domínios de objetividade separados, regidos por leis independentes, sendo que as da sociologia da educação nada têm a ver com as da sociologia econômica e, por motivo ainda mais forte, com as da economia. Além disso, somente uma sociologia comparativa dos sistemas de estratégias de reprodução historica-

que se estabelece na prática pode-se, assim, pensar sob esse conceito o conjunto das estratégias negativas de reprodução que visam evitar o esfacelamento do patrimônio, correlativo à multiplicação excessiva dos herdeiros: ou seja, em primeiro lugar, as *estratégias de fecundidade* (ou, mais exatamente, de limitação da fecundidade), estratégias a longo prazo – já que depende delas o futuro da linhagem e do seu patrimônio – que visam limitar o número de filhos e, por conseguinte, o trabalho de reprodução social, reduzindo o número dos pretendentes ao patrimônio; em segundo lugar, as estratégias indiretas de limitação da fecundidade, como o casamento tardio ou o celibato, que tem a dupla vantagem de impedir a reprodução biológica e excluir (ao menos, de fato) da herança (é a função da orientação de certos filhos para o sacerdócio, nas famílias aristocráticas ou burguesas sob o Antigo Regime, ou do celibato dos filhos mais novos em certas tradições camponesas)[43].

---

mente observados permitiria estabelecer empiricamente o universo dos usos possíveis dos diferentes instrumentos institucionais ou oficiosos de que a classe dirigente pode dispor, nas diferentes épocas, para assegurar sua própria reprodução e as leis de funcionamento dos mecanismos históricos pelos quais ela tende a perpetuar sua própria dominação. O fato de descrever sistematicamente, isto é, enquanto sistema, o conjunto das estratégias de reprodução características de uma época não seria regredir à idiografia da história dos acontecimentos ou história anedótica, mas sim encontrar o meio para escapar à alternativa entre idiografia e tipologia, compromisso bastardo entre a construção e a descrição, na qual ficam confinados tantos trabalhos históricos, quando não se esquivam, por meio do uso positivista dos métodos quantitativos, das minúcias – agora proscritas – da idiografia e das audácias – pouco compatíveis com a imagem cientificista da ciência – da verdadeira construção teórica.

43. Sobre as funções sociais do celibato dos filhos mais novos na tradição bearnesa, cf. BOURDIEU, P. "Les stratégies matrimoniales dans le

A estas acrescentam-se todas as estratégias positivas, como as *estratégias sucessoriais*, cujos vestígios codificados no costume ou no direito não representam senão o aspecto mais visível, estratégias abertamente orientadas para sua real função – transmitir o patrimônio, com o mínimo possível de degradação, de uma geração a outra – que devem, entre outras coisas, recuperar os fracassos das estratégias de fecundidade, como um número excessivo de filhos, ou os inevitáveis acidentes da reprodução biológica (como um número excessivo de meninas). Mas é preciso também levar em conta, inseparavelmente, as *estratégias educativas*, conscientes e inconscientes – das quais as estratégias escolares das famílias e crianças escolarizadas são um aspecto particular –, investimentos a prazo muito longo que não são necessariamente percebidos como tais e que não se reduzem, como pensa a economia do "capital humano", à sua dimensão estritamente econômica, ou até monetária, já que visam primordialmente produzir agentes sociais capazes e dignos de receberem a herança do grupo, isto é, de serem herdados pelo grupo; as *estratégias* que podem ser denominadas *profiláticas*, destinadas a manter o patrimônio biológico do grupo, assegurando aos seus membros os cuidados contínuos ou descontínuos com o objetivo de preservar a saúde ou afastar a doen-

---

système des stratégies de reproduction". *Annales 27*, (4-5) julho/outubro de 1972, p. 1.105-1.107. Sobre as funções do celibato dos padres sob o Antigo Regime, cf. BESNARD, F.Y. *Souvenir d'un nonagénaire*. Paris, 1880, I, p. 1-2, apud BARBER, E.G. *The Bourgeoisie in 18th Century in France*. Princeton: Princeton University Press, 1967, p. 126.

ça; as *estratégias propriamente econômicas*, de curto ou longo prazo, como as operações de crédito, poupança e investimento, destinadas a assegurar a reprodução do patrimônio econômico; as *estratégias de investimento social*, consciente ou inconscientemente orientadas para a instauração e manutenção de relações sociais diretamente mobilizáveis e utilizáveis, a curto ou longo prazo, isto é, para a transformação, operada pela alquimia da troca de dinheiro, trabalho, tempo etc. por *obrigações* duráveis, subjetivamente sentidas (sentimentos de reconhecimento, de respeito etc.) ou institucionalmente garantidas (direitos); as *estratégias matrimoniais*, caso particular das precedentes, que devem assegurar a reprodução biológica do grupo sem ameaçar sua reprodução social pelo casamento desigual e prover, pela aliança com um grupo ao menos equivalente sob todas as relações socialmente pertinentes, a manutenção do capital de relações sociais; por fim, as *estratégias ideológicas* que visam legitimar os privilégios, naturalizando-os. Reduzindo as estratégias de reprodução aos seus produtos, considerados separadamente e como fato consumado, condenamo-nos, seja a converter o sistema das práticas de um agente ou de uma classe de agentes numa rapsódia de dados, regidos por igual número de leis positivistas, seja a "articular instâncias", isto é, articular indefinidamente discursos sobre instâncias. De fato, sendo o produto do mesmo princípio, todas essas estratégias são *objetivamente orquestradas*, o que tende a excluir as incompatibilidades entre práticas necessariamente interdependentes – já que cada uma deve contar praticamente com as consequências da outra[44] – e favorecer as *suplências funcionais*, como dizem os biólogos. Qualquer tentativa feita no sentido de colocar em evidência o sistema completo das relações entre as estratégias que cada uma das classes de uma formação social determinada põe em ação, em diferentes campos de práticas, esbarra não só na ausência de estatísticas sistematicamente construídas, mas também no fato de que a agregação estatística tende a embaralhar as relações que se estabelecem praticamente, na existência de cada agente singular ou de cada unidade social elementar, entre todas as práticas sucessivas; nesse caso, cada nova estratégia encontra seu ponto de partida e seus limites

---

44. Pelo fato de se aplicarem a pontos diferentes do ciclo de vida como processo irreversível, as diferentes estratégias de reprodução são também *cronologicamente articuladas*, na medida em que, a cada momento, cada uma deve contar com os resultados alcançados por aquelas que as precederam ou que têm uma perspectiva temporal mais curta: é assim que, por exemplo, na tradição bearnesa as estratégias matrimoniais dependiam muito estreitamente das estratégias de fecundidade da família (por intermédio do número dos pretendentes ao patrimônio e do respectivo sexo, isto é, do número de filhos a serem dotados com uma herança ou compensação); das estratégias educativas, cujo êxito era a condição para a implementação das estratégias que visavam descartar da herança os filhos mais novos e as filhas (estas pelo casamento apropriado e os outros pelo celibato ou pela emigração); das estratégias propriamente econômicas que visavam, entre outras coisas, a manutenção ou aumento do capital de terras, etc. Essa interdependência estendia-se por várias gerações, sendo que uma família podia ser obrigada, durante muito tempo, a impor-se pesados sacrifícios para compensar as despesas (por vezes, em terras) necessárias para "dotar", com terras ou dinheiro, uma família demasiado numerosa, ou restabelecer a posição material – e, sobretudo, simbólica – do grupo, após um casamento desigual.

no produto das estratégias anteriores[45]. Pode-se, todavia, como se utilizássemos sucessivos focos de projetor, iluminar, pouco a pouco, diferentes setores da rede das relações que conferem, à prática de uma classe, a coerência e adaptação às condições de existência que lhe são próprias.

Assim, as estatísticas da entrada na *sixième*, segundo a classe social e o número de filhos na família, permitem, por exemplo, perceber a relação que se estabelece, mais ou menos diretamente, entre as estratégias de fecundidade e as estratégias educativas[46]: lê-se aí que as chances de entrar na *sixième* para as crianças pertencentes às famílias das classes médias (artesãos e comerciantes, quadros médios e empregados) que se distinguem do resto de sua classe por uma acentuada fecundidade (quatro filhos ou mais), não são mais elevadas que as dos filhos de operários pertencentes a uma família de dois ou três filhos; vê-se aí também que as chances de ingressar em um liceu (o que pressupõe um

---

45. Assim é para o *estilo de vida*, isto é, para o conjunto sistemático dos traços distintivos que caracterizam todas as práticas e obras de um agente singular ou de uma classe de agentes (classe ou fração de classe), como para o *estilo das obras de arte de uma época*: e a história da vida de um indivíduo ou de um grupo, onde se vê o mesmo *modus operandi* encontrar numerosos de seus pontos de apoio e de seus desencadeadores em seus próprios produtos (tratar-se-ia dos *fracassados*, geradores de contradições e questões), fornece, sem dúvida, a melhor imagem da autoconstituição de um sistema de obras unidas por um conjunto de relações significantes.

46. Cf. GIRARD, A. & BASTIDE, H. "La stratification sociale de la démocratisation de l'enseignement". In: *"Population" et l'enseignement*. Paris: Presses Universitaires de France, 1970.

grau mais elevado de ambição escolar) são ainda mais estreitamente ligadas ao tamanho da família (sobretudo, entre os empregados e os artesãos ou comerciantes). Contra a explicação aparente que faria do número de filhos (e dos custos correlativos) a causa da queda da taxa de escolarização, a limitação da fecundidade e a ambição escolar devem ser vistas como duas manifestações da mesma disposição à ascese para a ascensão.

Como as estratégias escolares precisam contar com os resultados das estratégias de fecundidade que, de antemão, são condicionadas pelas exigências do investimento escolar, as estratégias matrimoniais não são, com toda a certeza, independentes das estratégias escolares e, de modo mais geral, do conjunto das estratégias de reprodução. Basta pensar na transformação das estratégias utilizadas, tradicionalmente, pela classe dominante para casar as filhas que é também, assim como a transformação concomitante das estratégias de fecundidade (contribuindo, sem dúvida, para explicá-la), correlativa a uma transformação das relações objetivas entre a classe dirigente e o sistema de ensino. Com os progressos do acesso das moças ao ensino superior, os mecanismos de auto-orientação ("vocação") e de seleção que produzem grupos escolares (faculdade ou escola, disciplina, etc.) socialmente muito homogêneos mostraram tendência para assegurar a endogamia de classe (ou de fração) pelo menos, tão eficazmente – mas segundo um modo inteiramente diferente – quanto o intervencionismo das famílias e, em particular, seus esforços para organizar as ocasiões diretamente controladas de encontro (bailes, festas-surpresa, gincanas etc.). Esse efeito inesperado da escolarização contribuiu muito, sem dúvida, para encorajar as famílias a abandonar a política dirigista (em todo caso, bem difícil de impor) em proveito da não intervenção, ao mesmo tempo que era completamente redefinido o sistema dos critérios que determinavam o valor das moças no mercado matrimonial, quer se tratasse do capital econômico (dote) ou do capital de honorabilidade (virgindade, conduta etc.)[47]. E cabe considerar se não se deve ver o efeito de um outro processo de suplência funcional no crescimento da fecundidade da classe dominante e até das frações dominantes dessa classe, cuja reprodução repousava, principalmente, sobre a transmissão do capital econômico: contrariamente ao que se observa quando a reprodução é assegurada pela transmissão direta do patrimônio econômico a um dos descendentes (em detrimento dos interesses dos indivíduos que são excluídos do estatuto de herdeiros legítimos pela sua posição – filhos mais novos –, sexo ou outro índice socialmente reconhecido), nada, senão o custo dos estudos, impede de assegurar o "estabelecimento" da totalidade dos descendentes (ainda que o capital cultural transmissível por cabeça diminua, sem dúvida, com o número de filhos, pelo fato de que, ao contrário

---

47. O mesmo fenômeno foi observado nos Estados Unidos, onde "a endogamia social", que é correlativa ao "desenvolvimento da educação de massa" associado a um crescimento da seleção escolar, tende a compensar os efeitos do "aumento da liberdade concedida aos jovens na escolha do cônjuge", correlativa ao "declínio dos laços familiares tradicionais" (cf. ECKLAND, B.K. "New Mating Boundaries in Education". *Social Biology*, 17 (4), dezembro de 1970, p. 269-277).

do capital cultural, **teoricamente divisível** ao infinito, o tempo de adulto, **disponível para** a transmissão, é finito), quando a **reprodução pode ser** assegurada, ao menos parcialmente, **pela transmissão** do capital cultural e pela utilização do **sistema de ensino**. Nessas condições, compreende-se que **os burgueses** possam, hoje, dispensar o recurso à **restrição dos** nascimentos que lhes era imposto outrora (**atualmente, é** o que está acontecendo com os **pequeno-burgueses**) como uma das condições fundamentais da **reprodução social**.

Para tornar **perceptível a** necessidade de pensar como tal o sistema **das estratégias** de reprodução, não há, com toda a **certeza, melhor** exemplo que o do investimento educativo, **votado a** ser objeto de apreensões parciais e **abstratas pela divisão** do trabalho entre as disciplinas. Os **economistas têm** o mérito aparente de formular explicitamente **a** questão da relação – e de sua evolução no tempo – **entre as** taxas de lucro asseguradas pelo investimento **educativo** e pelo investimento econômico. Mas, **além do fato** de que sua medida do rendimento do investimento escolar não leva em conta senão os **investimentos e os** lucros monetários ou diretamente **conversíveis em dinheiro**, como os gastos acarretados pelos **estudos e** o equivalente em dinheiro do tempo consagrado **ao estudo**, eles não conseguem explicar as partes **relativas que** os diferentes agentes ou as diferentes **classes concedem** ao investimento econômico e ao investimento cultural, pois não levam em conta, sistematicamente, a *estrutura* das chances diferenciais de lucro que **lhes são** prometidas pelos diferentes mercados em função do volume e da estrutura de seu patrimônio[48]. E mais ainda, ao omitir de remanejar as estratégias de investimento escolar para o âmbito das estratégias educativas e do sistema das estratégias de reprodução, condenam-se a deixar escapar, por um paradoxo necessário, o mais bem oculto e socialmente mais importante dos investimentos educativos, a saber, a transmissão doméstica do capital cultural: as interrogações ingênuas sobre a relação entre a "aptidão" (*ability*) para os estudos e o investimento nos estudos dão testemunho da ignorância de que "a aptidão" ou o "dom" é também o produto de um investimento em tempo e em capital cultural[49]. É compreensível que, em se tratando de avaliar os lucros do investimento escolar, não se vá além da consideração das rendas monetárias individuais senão para indagar – numa lógica tipicamente funcionalista – sobre a rentabilidade das despesas com educação para a "sociedade" em seu conjunto (*social rate of return*)[50] ou sobre a contribuição que a educação traz à "produtividade nacional" (*the social gain of education as measured by its effects on national productivity*)[51]. Essa definição das funções da educação, que ignora a contribuição que o sistema de ensino traz à reprodução da estrutura social ao sancionar a transmissão hereditá-

---

48. Cf., em particular, BECKER, G.S. *Human Capital*. Nova York: Columbia University Press, 1964.

49. Ibid., p. 63-66.

50. Ibid., p. 121.

51. Ibid., p. 155.

ria do capital cultural, encontra-se, de fato, implicada, desde a origem, numa definição do "capital humano" que, não obstante suas conotações "humanistas", não escapa ao economismo e ignora, entre outras coisas, que o rendimento escolar da ação escolar depende do capital cultural previamente investido pela família e que o rendimento econômico e social do certificado escolar depende do capital social, também herdado, que pode ser posto a seu serviço.

Mas, inversamente, o estudo interno do sistema de ensino e das estratégias nele engendradas poderia ter desviado da construção do sistema completo das relações, no interior do qual se definem as estratégias escolares, caso não tivesse sido observado que a propensão a investir em trabalho e aplicação escolar não depende, exclusivamente, do volume do capital cultural possuído[52]: as frações das classes médias mais ricas em capital cultural (e.g. os professores primários) têm uma propensão a investir no mercado escolar (isto é, uma boa vontade cultural como espírito empresarial escolar) incomparavelmente mais forte que as frações dominantes da classe dominante, embora estas não sejam menos ricas em capital cultural[53]. Diferentemente dos filhos de professores primários que tendem a concentrar todos os

---

52. Cf. BOURDIEU, P. "Reproduction culturelle et reproduction sociale". *Information sur les sciences sociales*, 10 (2), 1971, p. 45-79.

53. A independência relativa da disposição em relação apenas ao capital cultural e às chances teóricas que este asseguraria na falta de investimento adicional de "virtude", deve-se também, como vimos, ao fato de que ela tende a reproduzir a trajetória familiar.

investimentos no mercado escolar, os filhos de patrões da indústria e do comércio que, tendo outros meios e outras vias de êxito, não dependem, no mesmo grau, da sanção escolar, investem menos interesse e trabalho nos estudos e não obtêm o mesmo rendimento escolar (o mesmo êxito) de seu capital cultural. Isto quer dizer que a propensão ao investimento escolar, um dos fatores do êxito escolar (com o capital cultural), depende não somente do êxito atual ou esperado (*i.e.*, das chances de êxito prometidas à categoria em seu conjunto, considerando seu capital cultural), mas também do grau em que a reprodução da posição dessa classe de agentes depende – no passado, assim como no futuro – do capital escolar como forma socialmente certificada e garantida do capital cultural. O "interesse" que um agente ou uma classe de agentes dedica aos "estudos" depende de seu êxito escolar e do grau em que o êxito escolar é, em seu caso particular, condição necessária e suficiente para o êxito social. A propensão a investir no sistema escolar – que, com o capital cultural do qual ela depende parcialmente, comanda o êxito escolar – depende, por sua vez, do grau em que o êxito social é dependente do êxito escolar[54]. Assim, considerando que, por um lado,

---

54. Não cabe aqui descrever o universo completo das mediações práticas pelas quais se estabelece, em cada caso, a relação entre o volume e a estrutura do patrimônio, e as estratégias de investimento. Pode observar-se apenas que, no caso do investimento escolar, o êxito escolar que, por sua vez, depende do capital cultural possuído e da propensão a investir na escola (que é dependente do volume do capital cultural e de seu peso na estrutura patrimonial), exerce por si um efeito de reforço sobre a propensão a investir, constituída a partir dos índices

um grupo depende tanto menos completamente do capital escolar, para sua reprodução, quanto mais rico é seu capital econômico, e que, por outro, o rendimento econômico e social do capital escolar depende do capital econômico e social que pode ser posto a seu serviço, as estratégias escolares (e, de modo mais geral, o conjunto das estratégias educativas, inclusive as domésticas) dependem não só do capital cultural possuído – um dos fatores determinantes do êxito escolar e, por conseguinte, da propensão ao investimento escolar – mas do peso relativo do capital cultural na estrutura do patrimônio e, portanto, não podem ser isoladas do conjunto das estratégias conscientes ou inconscientes pelas quais os grupos tentam manter ou melhorar sua posição na estrutura social.

Para explicar integralmente as estratégias de reprodução, é preciso, portanto, levar em conta não apenas as chances globais de reprodução (tais como podem ser percebidas, por exemplo, através das chances de ascensão social, como foi feito no caso das estratégias de fecundidade), mas também o *sistema das chances diferenciais* de lucro que os *diferentes mercados* (mercado de trabalho, mercado escolar etc.) oferecem aos pos-

---

práticos da relação objetiva com a instituição escolar (assim, por exemplo, o grau em que a família, por intermédio de seu chefe – o pai – ou, em menor grau, de outro de seus membros, deve sua posição à escola ou à instrução). Quanto ao efeito próprio da estrutura do patrimônio, ele resulta também, sem dúvida, do fato de que esse efeito de consagração é tanto mais eficaz quanto mais sua influência se exerce sobre classes de agentes relativamente desprovidos de capital econômico, portanto, de interesses concorrentes.

suidores de um patrimônio com determinado volume e composição. É assim que, por exemplo, um capital cultural fraco em valor absoluto pode exercer uma influência determinante sobre as práticas quando – por exemplo, entre os empregados – tem um peso relativo muito forte na estrutura do patrimônio. Em outras palavras, essas estratégias dependem da relação que se estabelece em um momento determinado entre, por um lado, o patrimônio dos diferentes agentes e classes de agentes considerado em seu volume global, assim como em sua *composição* (isto é, levando em conta os pesos respectivos do capital econômico, do capital cultural e do capital social) e, por outro, os diferentes instrumentos de reprodução disponíveis, quer sejam oficiais ou oficiosos ou até clandestinos: é, com efeito, essa relação que define as chances de rendimento diferencial que os diferentes instrumentos de reprodução podem oferecer aos investimentos de cada classe ou fração de classe. Mais precisamente, a estrutura do sistema das estratégias de reprodução característica de uma unidade doméstica ou de uma classe social, seu *modo de reprodução*, como combinação particular das estratégias de reprodução às quais recorre efetivamente para manter ou aumentar seu patrimônio e posição na estrutura, depende do valor relativo do lucro que as diferentes espécies de investimentos podem assegurar-lhe, considerando seu poder efetivo sobre os diferentes mecanismos institucionalizados (tais como o mercado econômico, o mercado matrimonial ou o mercado escolar) que podem funcionar como instrumentos de reprodução: a estrutura da distribuição do poder sobre os instrumentos de reprodução é, num estado determinado da definição dominante daquilo que é legitimamente transmissível e das maneiras legítimas de transmiti-los, o fator determinante do rendimento diferencial que os diferentes instrumentos de reprodução estão aptos a oferecer aos investimentos das diferentes classes ou frações de classe e, por conseguinte, o fator determinante da reprodutibilidade do patrimônio e da posição social dessas classes ou frações, portanto, da estrutura das propensões diferenciais a investir sobre os diferentes mercados.

Isso quer dizer que não seria possível explicar integralmente estratégias consciente ou inconscientemente orientadas para a reprodução do patrimônio, senão sob condição de possuir um conhecimento (sincrônico e diacrônico) do patrimônio econômico, cultural e social de cada fração de classe. Em todo caso, pode-se observar que as diferentes frações da classe dirigente, que se distinguem pela estrutura patrimonial, isto é, pelo perfil da distribuição das diferentes espécies (e subespécies) do capital que possuem e, correlativamente, pela estrutura de sua renda, orientam-se para estratégias de reprodução que apresentam estruturas inversas, seja porque – esse era o caso, até uma época recente, na França – as frações dominadas e as frações dominantes atribuem pesos inversos respectivamente aos investimentos econômicos e aos investimentos culturais e escolares, seja porque – como é o caso em nossos dias – elas se distinguem, ao menos, tanto pelas subespécies de capital escolar que tendem a assegurar por investimentos escolares consideravelmente ampliados (sobretudo nas frações dominantes) quanto pelo peso relativo que atribuem aos investimentos econômicos e aos investimentos escolares[55].

Segue-se que qualquer mudança da relação entre o patrimônio (considerado em seu volume e composição) e o sistema dos instrumentos de reprodução, com

---

55. Espera-se, de um conjunto de pesquisas, atualmente em andamento, sobre as classes sociais na França e, mais particularmente, sobre a classe dirigente, que permitam precisar essas análises. As pesquisas sobre a transformação da estrutura do campo das instituições de ensino superior – *grandes écoles* [N.T.: Caracterizam-se por serem independentes do sistema universitário, recrutarem por concurso e se destinarem a formar as elites intelectuais e dirigentes da nação] e faculdades – que é correlativa à transformação do modo de apropriação dos lucros do capital econômico (tais como foram analisadas em artigo já publicado, cf. BOURDIEU, P.; BOLTANSKI, L. & SAINT-MARTIN, M. de. Op. cit.) hão de fornecer dados no sentido de tornar mais minuciosa a análise das estratégias escolares das diferentes frações da classe dirigente e das transformações por que passam em razão das mudanças sobrevindas no campo econômico. As pesquisas que visam recolocar os gostos e consumo culturais das diferentes frações da classe dirigente no sistema das práticas constitutivo do *estilo de vida* característico de cada uma delas desejariam apreender em seu funcionamento prático o princípio gerador dos diferentes sistemas de estratégias. Ao término dessas sistematizações parciais será possível construir o sistema das relações entre as estruturas patrimoniais das diferentes classes e frações de classe (com as transformações pelas quais são afetadas) e as estratégias de aplicação e transmissão do capital econômico, cultural e social (o que implica levar em conta, além das diferentes formas de aplicação utilizadas pela economia, formas menos reconhecidas de investimentos que não podem ser percebidas – enquanto se espera uma pesquisa *ad hoc* – a não ser por intermédio de indicadores dispersos, tais como as taxas de contratos de casamento, de dotes, de testamentos, de compra de quadros, de estadias no estrangeiro, de participação em associações etc.).

a transformação correlativa do sistema das chances de lucro, tende a levar a uma *reestruturação* do sistema das estratégias de investimento; os detentores de capital não podem manter sua posição na estrutura social (ou na estrutura de um campo determinado, como o artístico ou o científico), senão ao preço de *reconversões* das espécies de capital que detêm em outras espécies, mais rentáveis e/ou mais legítimas no estado considerado dos instrumentos de reprodução: essas reconversões, objetivamente impostas pela necessidade de evitar a desvalorização do patrimônio, podem ser subjetivamente vividas como mudanças de gosto ou de vocação, isto é, como *conversões*[56]. Em formações sociais em que o estado da relação de força entre as classes faz com que a classe dirigente deva constantemente mudar para conservar sua estrutura, as frações dominantes dessa classe tendem necessariamente a dividir-se, sobretudo nos períodos de transformação rápida e de crise do modo de reprodução em vigor, segundo os "graus" (e as formas) de reconversão de suas estratégias práticas e ideológicas de reprodução, portanto, segundo o grau em que estão adaptadas à nova situação. Surgindo quando o modo de reprodução estabelecido já não funciona normal-

---

56. Tal é o principio de fenômenos sociais de escala e natureza muito diferentes, como a reconversão de uma aristocracia fundiária em burocracia de estado ou, no extremo oposto, a reconversão de uma parte ou da totalidade de uma disciplina científica em outra ou de um gênero literário ou artístico em outro (nesse caso, a distância entre a verdade objetiva e a verdade subjetiva atinge seu ponto máximo, e assim *deve* ser, uma vez que a reconversão não pode ter êxito, isto é, produzir seu efeito simbólico, se não for vivida e percebida como conversão).

mente e não é mais possível contentar-se em deixar agir os mecanismos de reprodução, as ideologias conservadoras, que têm por função, seja legitimar o modo de reprodução antigo, exprimindo aquilo que dispensava palavras enquanto as coisas se passavam normalmente, transformando, assim, a *doxa* em *ortodoxia*, seja racionalizar – no duplo sentido do termo – a reconversão, apressando a tomada de consciência das transformações e a elaboração das estratégias adaptadas, e legitimando essas novas estratégias aos olhos dos "integristas", tendem a apresentar, invariavelmente, nos mais diversos contextos, três *variantes*[57]: o conservadorismo de vanguarda daqueles que, tendo realizado a reconversão de suas estratégias de reprodução, não hesitam em participar da contestação das bases antigas da dominação de sua classe; o conservadorismo reacionário da retaguarda de classe que é levada a buscar em uma ideologia retrógrada uma compensação para a sua regressão econômica e social (é o caso, nas vésperas da Revolução Francesa, da "plebe nobiliária", como diz Mathiez, cuja recusa da perda dos privilégios condena a

---

57. O caso da aristocracia prussiana, de seus ideólogos e de suas ideologias da terra e do sangue, que começam a desenvolver-se quando as bases tradicionais do poder da classe são ameaçadas, constitui, sem dúvida, a melhor ilustração dessas análises (cf. ROSENBERG, H. *Bureaucracy and Aristocracy* – The Prussiam Experience, 1660-1815. Cambridge: Harvard University Press, 1958, especialmente p. 24; GILLIS, J.R. *The Prussian Bureaucracy in Crisis, 1840-1860* – Origins of an Administrative Ethos. Standford: Standford University Press, 1971; e principalmente, BERDAHL, R. "The Stände and the Origins of Conservatism in Prussia". *Eighteenth Century Studies*, 6 (3), Spring 1973, p. 298-321).

uma miséria arrogante)[58]; por fim, o conservadorismo esclarecido daqueles que, ocupando uma posição intermediária (é o caso, por exemplo, das burocracias de Estado) esforçam-se por conciliar os extremos e esclarecer os membros de sua classe cuja cegueira reacionária ou "revolucionária" ameaça os interesses da classe em seu conjunto[59]. Essas formas e graus de reconversão, assim como as estratégias ideológicas que lhes são correlatas, correspondem, evidentemente, a condições econômicas e sociais diferentes, sendo que a propensão e a aptidão à reconversão dependem do volume e composição do patrimônio possuído: os agentes ou os grupos mais ricos (relativamente) de uma espécie de capital outra que não aquela que servia de base ao poder antigo serão os mais propensos e mais aptos a empreender uma reconversão; ao contrário, as frações mais estritamente ligadas à espécie de capital ameaçada (e.g. os aristocratas do interior sem fortuna nem cultura, nas vésperas da Revolução Francesa, ou, num universo totalmente diferente, os professores de línguas antigas mais estreitamente vinculadas aos exercí-

---

58. MATHIEZ, A. *La Révolution Française*. Tomo I. Paris: A. Colin, 1951, p. 7-8.

59. Em outra ocasião tentaremos descrever a forma assumida pelo conservadorismo esclarecido na França atual, relacionando a estrutura dessa ideologia com a estrutura do campo de produção e circulação no qual ela se constitui e funciona (entre outras coisas, com os "espaços neutros", como as comissões do plano ou os colóquios, onde se encontraram as diferentes frações) e com as funções de *negociação* das estratégias de reconversão das diferentes frações que ela desempenha.

cios de *agrégation**) serão condenados ao conservadorismo do desespero[60].

As reconversões representam outros tantos *deslocamentos* em um espaço social que nada tem em comum com o espaço, ao mesmo tempo, abstrato e realista dos estudos de "mobilidade social". O mesmo realismo que leva a descrever como "mobilidade ascendente" os efeitos da translação da estrutura das relações de classe (por exemplo, com a passagem intergerações de professor primário a professor de CEG) leva a ignorar que a reprodução da estrutura social pode, dentro de certas condições, exigir uma "hereditariedade profissional" muito fraca (ou, se preferirmos, uma "rigidez" muito fraca): esse é o caso sem-

---

* É o concurso destinado a recrutar professores para o liceu e para algumas faculdades [N.R.].

60. Somente um estudo comparativo das estratégias de reconversão poderia, evidentemente, permitir a construção completa do sistema de fatores que facilitam ou interditam, em cada caso, as reconversões, segundo sua amplitude (desde a simples passagem a uma condição vizinha até o salto para outro universo), seu momento (desde as partidas em início de fase – as mais arriscadas, mas também, sem dúvida, as mais rentáveis – até as adesões dos reconvertidos da undécima hora), as mudanças secundárias que elas implicam (desde a reconversão no próprio lugar, por exemplo, até a reconversão que implica a emigração) etc. Seria preciso dispor de análises que restituíssem a configuração revestida, em diferentes momentos, pela classe dirigente construída como *campo de posições*, isto é, as relações objetivas entre as posições dos agentes e grupos que atingiram graus diferentes de reconversão, inovadores, reacionários e inovadores moderados, e que relacionassem a estrutura do campo das tomadas de posição ideológicas à estrutura desse campo de posições.

pre que os agentes não conseguem manter sua *posição* dentro da estrutura social senão ao preço de uma reconversão de seu capital, isto é, de uma mudança de *condição* (por exemplo, com a passagem da condição de pequeno proprietário rural à condição de pequeno funcionário público, ou de pequeno artesão a empregado de comércio). Em suma, a teoria das classes sociais e de suas transformações remete a uma teoria dos campos, isto é, a uma *topologia social* capaz de fazer a distinção entre os *deslocamentos no interior do espaço próprio de um campo*, associados ao acúmulo (positivo ou negativo) da espécie de capital que constitui o objeto específico da concorrência que o define como tal, e os *deslocamentos entre campos*, associados à reconversão do capital de uma espécie determinada em outra espécie, com aceitação em um outro campo, sendo que ambas as classes de deslocamentos dependem, em seu significado e valor, das relações objetivas entre os diferentes campos, portanto, das taxas de conversão das diferentes espécies de capital, e das mudanças pelas quais estas são afetadas no decurso do tempo, ao término das lutas entre as classes e as frações de classe.

APÊNDICE
A correspondência entre as chances e as aspirações escolares

	Chances objetivas de acesso		Pedem o Liceu na 1ª série (3)	Acesso dos filhos à universidade (4)					Estabelecimento almejado (quando do ingresso na 1ª série) (5)				Seção almejada (quando do ingresso na 3ª série) (5)				Nível almejado (5)			
	no ensino superior (65-66) (1)	ao liceu na 3ª série (2)		Normal	Possível, mas bem difícil	Possível, mas muito difícil	Impossível	Sem resposta	CEG	CES	Liceu	Sem resposta	Prática e aprendizado	Moderno	Clássico	Sem resposta	CAP	REPC	"Baccalaureat" com título técnico	Diploma de ensino superior
Agricultores:																				
assal. agrícolas	2,7	6,8	13						33	23	18	26	29	30	17	24	27	18	30	16
expl. agrícolas	8,0	7,7	15						33	23	18	26	29	30	17	24	27	18	30	16
Operários	3,4	9,5	15	13	20	26	15	26,7	14	37	21	28	31	35	11	23	22	21	33	15
Patrões ind. e com.	23,2	19,9	33	44	32	9	3	12	14	32	34	20	17	36	27	20	13	15	33	31
Funcionários	16,2	23,7	34	22	34	20	7	17	8	31	40	21	10	49	18	23	9	12	31	31
Profis. niv. médio	35,4	34,0	55	22	34	20	7	17	8	31	40	21	10	49	18	23	9	12	11	33
Profis. de nível superior e profis. libs.	58,7	43,9	75	69	22	2	1	6	2	30	54	14	2	46	41	11	2	6		67

1. BOURDIEU, P. & PASSERON, J.-C. *La Reproduction*, Paris: Éd. de Minuit, 1970, p. 260.

2. Cálculo efetuado no *Centre de Sociologie européenne*. – Fontes: INSEE e Ministère de l'Éducation Nationale.

3. INED. *Population et l'enseignement*. Paris: Presses Universitaires de France, 1970, p. 249.

4. IFOP. *Enquête auprès des familles de la région parisienne* (n = 393), setembro de 1968.

5. SOFRES, *Les Français et les problèmes de l'éducation nationale*, junho-agosto de 1973. Nessa pesquisa, os industriais e os grandes comerciantes são considerados conjuntamente com os quadros superiores e os membros das profissões liberais.

CAPÍTULO VI

O diploma e o cargo: relações entre o sistema de produção e o sistema de reprodução

Pierre Bourdieu
Luc Boltanski

Tradução: MAGALI DE CASTRO
Revisão técnica: GUILHERME JOÃO DE FREITAS TEIXEIRA

Fonte: BOURDIEU, Pierre & BOLTANSKI, Luc. "Le titre et le poste: rapports entre le système de production et le système de reproduction", publicado originalmente em *Actes de la recherche en sciences sociales*. Paris, n. 2, março de 1975, p. 95-107.

1. As leis de transformação do campo de produção dos produtores e do campo de produção econômica e as defasagens estruturais daí resultantes

Todas as pesquisas de mobilidade, todas as comparações históricas consideram como fora de questão o que deveria constituir o objeto central da interrogação, ou seja, a permanência da relação entre as palavras e as coisas, entre os diplomas e os cargos, entre o nominal e o real: qual sentido haverá em identificar o professor primário de 1880 com o professor primário de 1930 e com o professor primário de 1974? O filho de um professor primário será realmente filho de um professor primário no sentido em que ele próprio é professor primário? Não será que a identidade nominal oculta a disparidade real? Mas isso não é tudo: na luta entre as classes, os dominantes podem pagar com satisfações reais ou nominais (que, do ponto de vista sociológico, não são menos reais). Isso quer dizer que, se a identidade nominal pode encobrir a diferença real, certas diferenças nominais podem servir para manter identidades reais: é a lógica dos que "desempenham o papel de". Mas é ainda simples demais: não é impunemente que se paga com falsas promessas. Ter o nome é sentir-se com o direito de exigir as coisas que, normalmente, estão associadas a tais palavras, isto é, às práticas (por exemplo, o efeito de "estudantização" exercido pela escolarização nos CEG) e aos correspondentes benefícios materiais e simbólicos (são as reivindicações salariais etc.)[1].

---

1. Esta nota de trabalho, balanço e programa inicialmente previstos para uso interno, tem por função abrir à discussão, sob uma forma pro-

As teorias da mobilidade reduzem à mobilidade individual, por um lado, o que é o produto da mudança do aparelho de produção dos agentes (sistema de ensino – SE) e, por outro, o que depende da transformação da estrutura dos postos de trabalho, isto é, da transformação do aparelho econômico. O materialismo sumário que, reconhecendo apenas o determinismo tecnológico, faria das mudanças da máquina o princípio das mudanças de profissão dos agentes que estão a seu serviço, esquece que os aparelhos como o SE, que produzem os agentes para a produção, têm uma autonomia relativa que está na origem de efeitos de histerese (e.g. o SE produz literatos, enquanto o aparelho de produção exigiria cientistas).

A explicação pelo determinismo tecnológico é, sem dúvida, tanto menos verdadeira na medida em que nos dirigimos para setores da produção nos quais a importância do capital cultural investido é maior (portanto, mais verdadeira para os operários sem qualificação da construção do que para os técnicos em eletrônica). É necessário escapar aos dois tipos de redução: é o jogo entre as mudanças do aparelho de produção e as mudanças do sistema de ensino que está na origem das defasagens entre os *habitus* e as estruturas. Essas defasagens devem, portanto, ser compreendidas em referência

---

visória e rápida, as hipóteses sobre as quais repousa um conjunto de pesquisas em andamento. Os documentos estão aí para contrabalançar os efeitos de uma formulação, muitas vezes, elítica; impedir as leituras "puramente teóricas" desses produtos da pesquisa e do trabalho de campo; e facilitar a reaplicação dos conceitos, designando os objetos do senso comum e os domínios de objetividade sobre os quais incide a análise. Encontrar-se-á, nos próximos números, outros resumos de trabalhos realizados no quadro desse programa.

ao estado e à história da relação entre o sistema de ensino e o sistema de produção.

É preciso, então, analisar a relação entre as leis de transformação do campo de produção econômica e as leis de transformação do campo de produção dos produtores, ou seja, a escola e a família, sendo que a escola tende a ocupar um lugar cada vez mais importante na medida em que o aparelho econômico se desenvolve e ganha uma complexidade cada vez maior. Nos modos de produção mais antigos, nos quais era menor a quantidade de capital cultural que estava incorporado às máquinas e aos agentes, as mudanças do modo de produção comandavam mais rápida e mais diretamente a mudança das relações de produção. Em um estado do modo de produção em que é muito grande o capital cultural incorporado nas máquinas e nos produtores que fazem funcionar as máquinas, o sistema de ensino torna-se a instância dominante de produção dos agentes. Ora, por exercer não só funções de reprodução da força qualificada de trabalho (que chamaremos, para simplificar, função de reprodução técnica), mas também funções de reprodução da posição dos agentes e de seu grupo na estrutura social (função de reprodução social), posição que é relativamente independente da capacidade propriamente técnica, o sistema de ensino depende *menos diretamente das exigências do sistema de produção do que das exigências da reprodução do grupo familiar.* Além disso, a lógica específica do sistema de ensino, tal como foi descrita nos trabalhos anteriores, faz com que ele tenda a se organizar em função dos imperativos de sua própria reprodução, o que o predispõe a exercer a função de reprodução social, em vez da função de reprodução técnica. Vê-se que a análise das leis internas do sistema de ensino como campo relativamente autônomo é a condição prévia de toda análise das relações entre o sistema de ensino e o aparelho econômico e, em particular, da tensão estrutural que resulta do fato de que o sistema de ensino e o aparelho econômico obedecem a lógicas diferentes e têm, por esse motivo, durações estruturais muito desiguais: é na lógica do SE que reside o princípio da defasagem estrutural entre o SE e o aparelho econômico que dá o fundamento objetivo aos jogos estratégicos dos agentes.

Os interesses dos compradores de força de trabalho levam-nos a reduzir ao mínimo a autonomia do SE, colocando-o, assim como a família, sob a dependência direta da economia; nesse caso, a autonomia manifesta-se sob a forma de defasagem temporal entre a rapidez da evolução do SE e a rapidez da evolução do aparelho econômico (daí, por exemplo, a vontade do patronato de encurtar os estudos). Com o crescimento do papel do SE na reprodução, esta escapa não só às famílias, mas também às empresas. O que leva o SE a escapar às famílias faz com que, da mesma forma, ele escape à economia. Com o SE, uma instância socialmente potente chega a funcionar de maneira relativamente independente em relação à economia. Aparelho de produção de produtores competentes, o SE é também um aparelho jurídico que garante a competência: a massa dos agentes, cujo valor no mercado de trabalho depende da garantia escolar, tende a constituir uma força social cada vez mais importante.

É preciso distinguir a economia, cuja dinâmica própria está no princípio das mudanças do sistema dos cargos e o sistema de ensino que é o produtor principal das capacidades técnicas dos produtores e dos diplomas de que são portadores. Cada um dos dois sistemas obedece à sua lógica própria: em relação ao sistema econômico, o SE tem uma autonomia relativa e um tempo de evolução próprio; diferentemente dos outros sistemas, o SE tem uma autonomia relativa forte em relação à economia, portanto, uma *duração estrutural* particularmente defasada em relação a ela. Uma economia capitalista pode ter um SE parcialmente medieval. Segue-se que o jogo entre os dois sistemas, que se manifesta através do jogo entre *diploma* e *cargo*, talvez não tenha precedentes.

A característica pertinente do sistema de ensino no que diz respeito à relação que mantém com o aparelho econômico reside não no fato de que produz produtores dotados de uma certa competência técnica (da qual não tem o monopólio), mas no fato de que dota seus produtos, providos ou não de uma competência técnica, tecnicamente mensurável, de *diplomas* dotados de um valor universal e relativamente intemporal. Assim, introduz o princípio de uma autonomia dos agentes econômicos dotados de diplomas em relação ao jogo livre da necessidade econômica (assim se explica a hostilidade dos agentes dominantes do campo econômico em relação ao SE, mecanismo coletivo de proteção, e sua preferência pelos diplomas "da casa" – engenheiro "da casa"*).

---

* No original, *ingénieur maison* [N.R.].

O *diploma* "universaliza" o trabalhador porque, análogo nesse aspecto à *moeda*, transforma-o num "trabalhador livre" no sentido de Marx, mas cuja competência e todos os direitos correlativos são garantidos em todos os mercados (por oposição ao produto "da casa" que está acorrentado a um mercado porque todas as suas propriedades lhe vêm do cargo que ocupa). Garante uma competência de direito que pode corresponder ou não a uma competência de fato (*juridicismo* inerente ao certificado escolar). O tempo do diploma não é o da competência: a obsolescência das capacidades (equivalente ao desgaste das máquinas) é dissimulado-negado pela intemporalidade do diploma. Eis aí um fator suplementar de *defasagem temporal*. As propriedades pessoais, como o diploma, são adquiridas de uma só vez e acompanham o indivíduo durante toda a sua vida. Resulta daí a possibilidade de uma defasagem entre as competências garantidas pelo diploma e as características dos cargos, cuja mudança, dependente da economia, é mais rápida.

Textos de ilustração
antes da institucionalização

Le Figaro, 2 de fevereiro de 1973

18.000 protéticos dentários à espera de um estatuto profissional

O 3º Congresso Internacional da Prótese Dentária, que se efetua neste momento na *Maison de la chimie*, em Paris, forneceu à profissão a ocasião de expor suas dificuldades no decorrer da conferência de imprensa, concedida ontem.

Nossa profissão – declararam, em resumo, os representantes dos protéticos – ainda não tem um estatuto. Nenhuma qualificação particular – portanto, nenhuma garantia – é exigida a quem pretenda instalar um laboratório de prótese. Para se tornar protético, é preciso, após o BEPC, obter, em três anos de aprendizagem, um CAP; em seguida, com outros dois anos, um *brevet* profissional que pode ser seguido por um ano de especialização. Mas, considerando a

falta de regulamentação, este ramo de ensino não tem nada de obrigatório. Além disso, não comporta nenhuma "passarela" para o ensino superior e, em particular, para os estudos dentários. Na França, dezoito mil protéticos estão à espera dessa regulamentação. A administração, dizem eles, há vários anos que vem fazendo "ouvidos de mercador" a tal reivindicação: ora, a falta de estatuto profissional só pode contribuir para tratamentos dentários de má qualidade.

1. M. Grimbert, presidente da Federação Internacional dos Protéticos Dentários; M. Vevaud, presidente nacional dos protéticos dentários franceses.

após a institucionalização

a garantia escolar e a institucionalização da profissão

(descrição do cargo)

(criação do diploma)

(codificação das relações de fato entre o diploma e o cargo)

(regulamentação das condições de exercício)

(sistema de sanções)

Diploma de Estado de audioprotético
Lei nº 67-4 de 3 de janeiro de 1967

(Presidente da República. Primeiro-ministro, ministros da Educação Nacional, Questões Sociais, Ex-combatentes e Vítimas de guerra)

Regulamentação da profissão de audioprotético.

Tendo sido adotada pela Assembleia Nacional e pelo Senado, o Presidente da República promulga a lei, cujo teor é o seguinte:

Artigo único. – E acrescentado ao Código da Saúde Pública, livro IV, um título V, assim redigido:

"Titulo V: *Profissão de audioprotético*

"Art. L 510-1. – São consideradas como exercendo a profissão de audioprotético todas as pessoas que procedem à instalação de aparelhos em deficientes auditivos.

"Essa operação compreende a escolha, a adaptação, a colocação, o controle da eficácia imediata e permanente da prótese auditiva e a educação protética do deficiente auditivo com aparelho.

"A colocação de cada aparelho de prótese auditiva é submetida à prescrição médica prévia e obrigatória para o porte de um aparelho, após exame otológico e audiométrico tonal e vocal.

"Art. L 510-2. – E criado o diploma de Estado de audioprotético, concedido após estudos preparatórios e provas, cujo programa é fixado por decreto submetido ao parecer do ministro das Questões Sociais, do ministro da Educação Nacional e do ministro dos Ex-combatentes e Vítimas de Guerra.

"Ninguém poderá exercer a profissão de audioprotético se não for titular desse diploma e do diploma de Estado de doutor em medicina.

"Art. L 510-3. – I. A título transitório e por derrogação às disposições do artigo L 510-2 acima, estão habilitadas a continuar o exercício da profissão de audioprotético:

"1º As pessoas munidas de um certificado de estudos técnicos de acústica aplicada aos aparelhos de prótese auditiva, concedido pelas faculdades de medicina, de farmácia ou faculdades mistas de medicina e de farmácia:

"2º Sob reserva de serem autorizadas por uma comissão nacional de qualificação, que será instituída por decreto do ministro das Questões Sociais, submetido ao parecer do ministro da Educação Nacional e do ministro dos Ex-combatentes e Vítimas de Guerra, as pessoas que comprovarem ter procedido, regularmente, à instalação de aparelhos em deficientes auditivos durante, pelo menos, cinco anos antes da promulgação da lei nº 67-4 de 3 de janeiro de 1967:

"3º Sob reserva de passarem nas provas de um exame profissional probatório.

***

"Art. L 510-4. – A atividade profissional de audioprotético só poderá ser exercida em um local reservado para tal fim e equipado de acordo com as condições fixadas por decreto, a fim de permitir a prática da audioprótese definida na segunda alínea do artigo L 510-1.

"Art. L 510-5. – É proibido o aluguel, as vendas itinerantes, as vendas ditas de demonstração, as vendas a domicílio e por correspondência de aparelhos de prótese auditiva.

***

"Art. L 510-8. – A suspensão temporária ou absoluta do exercício da profissão de audioprotético poderão ser pronunciadas pelos tribunais, acessoriamente a qualquer pena, seja criminal, seja correcional, com exceção, neste último caso, das penas que comportem apenas multa".

A presente lei será executada como lei de Estado.

(Journal Officiel de 4 de janeiro de 1967 e Bulletin Officiel de l'Éducation Nationale nº 3 de 19 de janeiro de 1967)

2. O mercado de trabalho e as transações entre detentores de diplomas e detentores de cargos

Para compreender como se estabelecem, na prática, as relações entre o sistema de ensino e o aparelho econômico e como se manifesta, de forma prática, a autonomia relativa do SE, é preciso tomar por objeto *o efeito próprio da garantia escolar sobre o mercado de trabalho* (definido como sistema das relações objetivas que comandam as transações que se operam, na prática, entre agentes detentores de diplomas garantidos pelo SE e agentes – ou instituições – detentores de cargos). A "articulação" das instâncias não passa de uma palavra fácil de articular enquanto não tiver sido possível compreender a lógica específica das inumeráveis confrontações, todas diferentes, mas todas igualmente necessárias, em referência à posição relativa dos agentes envolvidos nas relações de força que se estabelecem, em um dado momento, entre os detentores de determinado diploma e os detentores de um cargo. Nessas transações, os vendedores de força de trabalho têm uma força tanto maior quanto mais importante for seu capital escolar como capital cultural incorporado que recebeu a sanção escolar e, por esse motivo, está juridicamente garantido. O que têm para oferecer no mercado de trabalho (e, mais amplamente, sua identidade social) pode se reduzir inteiramente à capacidade implicada no fato de ocupar um cargo (engenheiro "da casa") ou, ao contrário, ao diploma que possuem e que, eventualmente, não contém qualquer informação concernente à capacidade para ocupar determinado cargo (por exemplo, *agrégé** ou membro do Conselho de Estado), sendo que numerosos agentes (sobretudo, nas classes médias) têm propriedades que são devidas, em parte, ao diploma e, em parte, ao cargo. O valor que recebem no mercado de trabalho depende tão mais estritamente de seu capital escolar quanto mais rigorosamente codificada for a relação entre o diploma e o cargo. Ao contrário, quanto mais fluidas e incertas forem a definição do diploma e a do cargo, portanto, sua relação, como no caso das novas profissões (profissões de representação etc.), mais espaço sobra para as estratégias de blefe; mais possibilidades terão, por exemplo, os detentores de capital social (relações, *hexis*** corporal etc.), de obter um rendimento elevado de seu capital escolar.

Profissões de representação e rentabilização do capital social

> École des cadres jeunes filles
>
> ## RECEPCIONISTA
>
> Ser recepcionista é, ainda hoje, uma das profissões sonhadas pelas moças. A recepcionista em serviço é a representante de toda a grande família, e as demais são julgadas por referência a ela. É, então, muito importante que tenha uma apresentação irrepreensível.
>
> – Maquiagem discreta, sem esquecer que o uniforme vermelho do Aeroporto...

> ### LÉCOLE PARISIENNE DES HOTESSES
> ### [A ESCOLA PARISIENSE DAS RECEPCIONISTAS]
>
> prepara para uma nova profissão destinada a um futuro promissor para jovens distintas, inteligentes, apreciadoras das relações sociais. Um número cada vez maior de empregos diversificados serão oferecidos na **Recepção, Organização, Exposições, Relações Exteriores** e em todos os domínios: **comércio, indústria, turismo, administração, transportes aéreos.**

---

* Pessoa que obteve êxito no concurso de "agrégation", tornando-se, portanto, portadora do título de "agrégé" e titular do posto de professor de liceu ou de faculdade [N.R.].

** Conjunto de propriedades associadas ao uso do corpo em que se exterioriza a posição de classe de uma pessoa [N.R.].

Assim, fica demonstrado, de passagem, mas na prática, a inanidade da oposição escolar entre a análise das estruturas – aqui, a análise ainda formal e vazia das relações entre o sistema de ensino e o aparelho econômico – e a análise parcial e cega das estratégias – aqui, a análise dos jogos e dos duplos jogos possibilitada pelo jogo objetivo da relação entre o diploma e o cargo: é, sob a condição de construir, por uma análise das estruturas objetivas, o lugar onde se engendram praticamente as estratégias, que se pode escapar da irrealidade da articulação teoreticista das instâncias e, ao mesmo tempo, da abstração hiperempirista das descrições interacionistas que, sob a aparência de voltar às próprias coisas, colocam entre parênteses as condições estruturais, portanto, o verdadeiro sentido, das estratégias analisadas. Desde que o problema da relação entre o diploma e o cargo é apresentado, assim, como manifestação, no plano da experiência prática, da relação entre o "tempo" de transformação da técnica, da economia e da escola, acaba-se por ver se reintroduzir a *política* (caso contrário, abandonada) sob a forma de *estratégias individuais* que os agentes utilizam para se defenderem contra a exploração ou para exercê-la – nas lutas de classe cotidianas – com o intuito de obterem o rendimento máximo de seus diplomas ou tirarem o maior proveito de seus cargos; ou ainda, sob a forma de *estratégias coletivas*, utilizadas pelos sindicatos que visam estabelecer, pelo conflito ou pela negociação, uma relação garantida entre o diploma e o cargo – ora, tal relação é, a cada momento, o objeto de uma *luta*, na medida em que os vendedores de trabalho tentam "valorizar seus diplomas", enquanto os compradores procuram obter, pelo menor preço, as capacidades que, presume-se, são garantidas por esses diplomas (Essa luta é um dos princípios da inflação econômica). *É, em grande parte, por desempenhar um papel determinante nessa luta, que o SE constitui um objeto de luta política*: luta que pode tomar a forma, aqui também, de estratégia individual – por exemplo, com as estratégias de reconversão que estão na origem dos processos de inflação dos certificados escolares (cf. I.L. BOURDIEU, P. BOLTANSKI, L. & SAINT MARTIN, M. de "Les stratégies de reconversion". *Information sur les sciences sociales*, 12 (5), 1973, p. 61-113); ou de estratégias coletivas (organizadas pelos sindicatos de professores ou pais de alunos e sobretudo, talvez, nesse campo, por grupos de pressão menos visíveis). Os mestres da economia têm interesse em *suprimir o diploma e seu fundamento, ou seja, a autonomia do SE*; interessa-lhes a confusão completa entre o diploma e o cargo. Desejam ter as capacidades técnicas produzidas pelo instrumento de produção de produtores (o SE), sem pagar a contrapartida, ou seja, as garantias que confere a existência de um SE relativamente autônomo (*i.e.*, o diploma). O SE não produz competência (por exemplo, as capacidades do engenheiro) sem produzir o efeito de garantia universalizante-eternizante da competência (o diploma de engenheiro). Os mestres da economia não se interessam pelo diploma que dá aos agentes uma certa liberdade em relação ao sistema econômico. Quanto maior for a autonomia da instância produtora de diplomas em relação à economia, menor será a dependência do diploma que ela assegura em relação à economia. Daí, o sonho patronal de uma escola confundida com a empresa, de uma escola "da casa"* (cf. Colóquio de Orléans sobre a "formação permanente", 13-14 de novembro de 1970 e documentos anexos). Por seu lado, os produtores de diplomas estão interessados em defender a autonomia e o valor do diploma. Esse interesse é compartilhado pelos seus portadores, tanto mais que seu valor econômico e social depende sobretudo do diploma. O poder conferido por um diploma não é pessoal, mas coletivo, uma vez que não se pode contestar o poder legítimo (os direitos) conferido por um diploma ao seu portador, sem contestar, ao mesmo tempo, o poder de todos os portadores de diplomas e a autoridade do SE que lhe dá garantia. No entanto, seria falso ver uma antinomia no fato de que o diploma é tanto mais precioso (caro) quanto mais raro é, embora tenha, ao mesmo tempo, menos defensores. De fato, a força de um diploma não se mede pela força de subversão (portanto, unicamente pelo número) de seus detentores, mas pelo capital social de que são providos e que acumulam em decorrência da distinção que os constitui objetivamente como grupo e pode servir também de base para agrupamentos intencionais

---

* No original, *école-maison* [N.R.].

(associações de antigos alunos, clubes, etc.). Assim, os alunos das *grandes écoles** são o exemplo por excelência do pequeno grupo que deve sua força à importância do capital social possuído por seus membros, precisamente, graças ao seu número reduzido – portanto, de sua raridade – e também da solidariedade que os une e permite que acumulem simbolicamente e, muitas vezes, na prática, o capital que detêm individualmente.

A ordem escolar em 1985, segundo a *empresa:* a utopia de uma universidade submissa

As *Grandes Écoles* continuam sendo a nata do ensino superior. No entanto, têm evoluído muito. Estão orientadas mais diretamente para a preparação das carreiras industriais.

A universidade voltou à sua vocação inicial: a formação de mestres. Todo aquele que pretende dedicar-se, essencialmente, ao ensino e à pesquisa, procura o ensino superior de longa duração ministrado nas faculdades.

A verdadeira vocação da universidade

As faculdades exercem um papel importante, pois é imensa a necessidade de professores. Ao lado dos professores do ensino público, é necessário formar todos os quadros da "educação permanente". Trata-se de uma tarefa imensa. Mais de um quarto da população ativa – 1%, em 1968 – segue, efetivamente, cursos de promoção, reciclagem e formação profissional em centros especiais, os cursos noturnos das escolas e faculdades, ou simplesmente nas empresas. Isso revela a dimensão das necessidades. A grande maioria dos professores, formadores e informadores é recrutada fora do ensino; muitos são quadros das empresas. Mas é preciso formar e aperfeiçoar os conhecimentos desses mestres ocasionais. Eis o papel das faculdades.

Liberadas da pesada tarefa de formar a grande massa dos quadros da economia, as universidades voltaram à sua verdadeira missão: um espaço de cultura, encontro, pesquisa e desenvolvimento dos conhecimentos fundamentais da sociedade.

A grande massa dos estudantes orienta-se para o ensino superior de curta duração, cuja missão é formar os técnicos ou os quadros especializados da indústria e do comércio. Um grande número de institutos, escolas, estabelecimentos públicos ou puramente privados, prepara os jovens para as mais diversas carreiras. As estruturas pedagógicas são concebidas para permitir que os jovens adquiram, em dois anos, um volume de experiência e conhecimentos que os coloque em condições de se adaptarem, rapidamente, à sua futura profissão. Isso significa, em particular, que a ênfase é colocada na formação profissional e não nos cursos teóricos. Seus programas e especialidades são concebidos em estreita ligação com as necessidades das indústrias e da economia da região na qual estão implantados. Uma grande parte do corpo docente é, aliás, recrutada entre os quadros das empresas regionais, o que favorece a rápida inserção dos estudantes na vida dos negócios.

As próprias empresas passaram a se interessar pela vida desses estabelecimentos, aos quais está estreitamente ligado, agora, seu destino. Algumas grandes sociedades têm suas próprias escolas. Outras participam indiretamente do financiamento de estabelecimentos especializados.

Em geral, é preciso pagar para estudar aí. Mas, ao lado das bolsas do Estado, as próprias empresas adquiriram o hábito de financiar os estudos dos jovens que virão a fazer parte de seu pessoal – o que já se tornou uma prática corrente nos Estados Unidos.

Entreprise – 742 – 29 de novembro de 1969

---

* Instituições de ensino superior, independentes do sistema universitário, que recrutam por concurso e se destinam a formar as elites intelectuais e dirigentes da nação [N.R.].

A educação permanente e o sonho patronal de uma escola "da casa"

M. CEYRAC*

A escola não prepara os jovens para compreenderem a sociedade

---

Um "cara a cara" entre os diretores de CET e os representantes do CNPF

***

Um tanto intimidados pela personalidade de seus dois interlocutores, os diretores e diretoras de CET deram a impressão de não ter ousado revelar o fundo de seu pensamento aos dirigentes do patronato que, todavia, aceitaram de bom grado este "– cara a cara" inabitual e não negligenciaram nenhuma das questões que lhes foram formuladas, por escrito, pelos participantes.

***

Eis a explicação dos dirigentes do CNPF – "Alguns BEP, declarou M. Corpet, *estão adaptados às necessidades das profissões: são os que correspondem a verdadeiras ocupações porque resultam da reunião de CAP que, por sua vez, correspondiam somente a subocupações. Esses são, em nossa opinião, bons BEP. Mas outros, que não correspondem a uma verdadeira ocupação – (por exemplo, um BEP de mecânico não fornece torneiros, calibradores ou fresadores) – exigem um período de adaptação ao posto de trabalho na empresa"* – à pergunta de um diretor de CET que pretendia saber o que os dirigentes do CNPF pensavam, nesse caso, da criação de um ano suplementar, após o BEP. No âmbito dos CET, os representantes do patronato responderam: *"Não somos favoráveis a tal sugestão".*

Aliás, de maneira geral, M. Huvelin e M. Corpet deram a entender claramente ao auditório que eram hostis ao prolongamento inconsiderado dos estudos. Para eles, é *"lamentável que, após concluírem o CET, 30% dos titulares dos BEP entrem para os liceus técnicos".* *"Nós achamos, ao contrário, que isso é bom",* replicou um diretor de CET, *"pois dá a possibilidade aos jovens que se revelam nos nossos estabelecimentos de enfrentarem, em seguida, os baccalauréats ou brevets de técnico, o que representa uma promoção".*

Os dirigentes do patronato não discordam, mas acham tanto mais lamentável essa taxa de "formação acelerada" na medida em que novas possibilidades de promoção serão oferecidas aos trabalhadores (jovens ou não) em serviço nas empresas, na sequência dos importantes acordos assinados, em 9 de julho passado, entre o patronato e os sindicatos de trabalhadores, sobre a formação e aperfeiçoamento profissionais. Re-

cordemos que, em virtude desses acordos, todo trabalhador terá a possibilidade de solicitar uma "licença formação" que poderá prolongar-se até um ano, em tempo integral.

"Portanto, declara M. Huvelin, os jovens sabem que, em vez de procurarem os liceus técnicos, poderão obter, em sua empresa, possibilidades de formação que, aliás, a prática profissional tornará mais fértil e mais útil."

***

Os patrões estão de acordo: *"Nós não queremos, absolutamente, declarou M. Huvelin, assumir as responsabilidades dos professores, mas somente ajudá-los. Somos simplesmente demandantes".* *"Potencialmente, precisou M. Corpet, trata-se da extraordinária rede escolar e universitária. Mas é evidente que se esses estabelecimentos não se colocarem em posição de dispensar, efetivamente, formações complementares e, em particular, adaptar sua pedagogia sob a pressão das necessidades, serão utilizados outros meios."*

Quem decidirá a respeito da qualidade das diferentes instituições especializadas no desempenho dessa tarefa de formação? Sobre esse ponto, a resposta dos dirigentes do CNPF foi muito clara: *"Os organismos que dependem da educação nacional deverão, como os outros, ser submetidos a uma aprovação; não serão reconhecidos ipso facto".* Nesse caso, os estabelecimentos receberão uma autorização concedida por "comissões nacionais profissionais" instaladas pelas organizações patronais e pelos sindicatos de trabalhadores, na sequência do acordo, assinado em fevereiro de 1969, sobre a segurança do emprego.

A aprovação será, então, concedida por uma comissão que, naturalmente, não comportará qualquer representante da educação nacional ou dos professores.

***

Le Monde de l'éducation, janeiro de 1975, n. 2

---

* Na época, presidente do Conseil national du patronat français (CNPF) [N.R.].

Os membros das frações dirigentes da classe dominante que, sobretudo por intermédio das *grandes écoles*, utilizam a titulação em suas próprias estratégias de reprodução, não podem contestar abertamente a legitimidade do certificado escolar e, assim, privar os vendedores de força de trabalho da proteção assegurada pelo diploma sem se privarem de um instrumento muito eficaz de legitimação do acesso às posições dominantes e de dissimulação dos modos diretos de transmissão do patrimônio. Resta-lhes agir sobre o sistema das instâncias distribuidoras de diplomas e tentar controlar indiretamente a colação de graus, favorecendo as instituições de ensino vinculadas à economia por ligações pessoais (corpo docente etc.) ou institucionais (Conselho de Administração, subvenções etc.), em detrimento das instâncias relativamente autônomas (universidades) – em relação a estas, vale lembrar que elas têm por "missão" a "formação de professores e de mestres" e não a instrução e a "seleção de homens" destinados à produção. A contradição patronal – conservar as vantagens que a titulação oferece à reprodução da classe dominante sem deixar de controlar o acesso das outras classes aos poderes conferidos pelo diploma – encontra sua solução no desenvolvimento das instituições de ensino privado, das empresas de formação, recuperação e reciclagem incrementadas pela aparição da "formação permanente" e talvez, mais geralmente, na instauração de um sistema de ensino tripartido: *grandes écoles* para a reprodução da classe dominante; escolas técnicas, controladas pela economia, para a reprodução da força qualificada de trabalho; universidade para a reprodução da universidade. Assim, o conluio objetivo das estratégias das frações dirigentes da classe dominante com as estratégias dos vendedores de serviços escolares (cujo número tende a aumentar ao mesmo tempo que o volume dos detentores de diplomas) contribui para explicar que a universalização do valor atribuído ao diploma e o monopólio correlativo das posições mais cobiçadas pelos detentores de diplomas possa coincidir com um depauperamento do monopólio universitário da colação de graus: o crescimento do número de diplomados (que tende a favorecer a exclusão dos não diplomados e a obsolescência dos mecanismos mais antigos de promoção e, secundariamente, a desvalorização de cada diploma particular que é correlativa à translação do sistema dos diplomas), a universalização do reconhecimento atribuído ao diploma e a unificação, ao menos sob esse aspecto, do mercado de trabalho, engendraram sua contrapartida: a diversificação do mercado escolar e o desenvolvimento de um aparelho escolar mais diretamente ajustado ao sistema econômico, capaz de fazer concorrência ao monopólio do sistema de ensino do setor público. As instituições de ensino com fraca autonomia, criadas, financiadas ou controladas pelas empresas são elementos determinantes da luta entre as classes e frações de classe que estão interessadas em defender o valor do diploma (frações superiores das classes populares, operários qualificados, contramestres etc., novas frações das classes médias, técnicos, quadros médios do comércio ou dos serviços médico-sociais etc.) e as frações dirigentes da classe dominante que consideram o controle do valor do diploma e dos mecanismos de acesso a ele um dos instrumentos apropriado para controlar o valor da força qualificada de trabalho, fixá-la, contê-la ou, em outros casos, desvalorizá-la, "excluindo-a" ou "desqualificando-a".

Inpe

Instituto Nacional para a Promoção na Empresa
Organismo privado de ensino à distância

Caro Senhor,

Discuti, esta manhã, seu caso com a Senhorita............... nossa Conselheira de Orientação.

Perguntei-lhe por que motivo o senhor ainda não se encontrava entre os candidatos inscritos e se teria alguma dificuldade particular, familiar, financeira ou outra. Ela disse-me que, no momento, o senhor estava refletindo no assunto.

Eu o felicito: tenho observado, frequentemente, que os melhores resultados nos exames são obtidos pelos alunos que só se inscrevem após longa reflexão; aliás, mais tarde, vamos encontrá-los em situações brilhantes. É normal; aqueles que refletem antes de tomar uma decisão importante são pessoas a quem se pode confiar, mais tarde, responsabilidades importantes.

No entanto, a experiência nos tem revelado igualmente que não era preciso.

HEP
ÉCOLE DES HAUTES ÉTUDES POLYRELATIONNELLES
[ESCOLA DE ESTUDOS POLIRRELACIONAIS AVANÇADOS]
Sociedade civil sem fins lucrativos

HEP (HEC – École des Hautes Études Commerciales)

Distinção social e distinção linguística

A quase homonímia da sigla mantém a confusão entre a imitação e o produto de luxo nos limites impostos pelo direito a "todas as formas de falsificação". Caso particularmente típico das estratégias de blefe exercidas, na maioria das vezes, com a cumplicidade de suas vítimas, por meio das quais a instituição de ensino colabora para a espiral inflacionária das aspirações e das gratificações nominais.

> Você não quer ser nem advogado,
> nem médico, nem dentista, nem tabelião,
> e, contudo.
> Você também sonha com uma posição social
> e um futuro brilhante...
> *então, não hesite mais*
> Você poderá tornar-se:
> Gerente de vendas
> Quadro de animação
> animador-intérprete de congressos, animador de formação.
> animador de estações termais, animador de escala e de trânsito,
> de estações de inverno...
> animador de turismo, comissário de bordo.
> Gestor de colônia de férias
> Responsável por centro de treinamento
> Conselheiro em atividades de lazer
> Engenheiro em recreologia
> Consultor em formação
> Engenheiro em recrutamento
> Consultor em criatividade
> Tutoring-consultant.

3. Luta de classificações e luta de classes

O SE desempenha um papel capital nos conflitos, transações ou negociações individuais ou coletivas que se desenrolam entre os detentores dos meios de produção e os vendedores de sua força de trabalho sobre:

1) a definição do cargo: as tarefas que seus ocupantes devem executar e também, ao mesmo tempo, as que eles podem recusar;

2) as condições de acesso ao cargo: as propriedades que devem possuir seus ocupantes (essencialmente, diplomas, por vezes, também, a idade etc.);

3) a remuneração oferecida aos ocupantes do cargo e o lugar dessa remuneração em uma hierarquia de remunerações;

4) o *nome* do cargo ou, se preferirmos, da posição.

Nas sociedades divididas em classes, as taxinomias sociais, os sistemas de classificação que *produzem* a representação dos grupos (por exemplo, as categorias socioprofissionais ou as categorias indiciárias) são, a cada momento, o produto e o objeto das relações de força entre as classes. De acordo com o estado das relações de força, um grupo pode obter o cargo sem obter a remuneração material e a remuneração simbólica dos que têm direito a tal ("o que desempenha o papel de") ou obter todas as vantagens materiais com exceção do nome (subdiretor). Pode, ao contrário, ser pago com o nome, sem ter as vantagens materiais correspondentes a seus diplomas. Os portadores de diplomas podem retorquir a essas estratégias, tentando criar situações de fato consumado, servir-se dos diplomas para tentar obter as remunerações correspondentes ou as remunerações materiais e as funções para tentar apropriar-se dos diplomas correlativos. Em suma, há sempre uma *defasagem entre o nominal e o real* (maior ou menor de acordo com as épocas e com os setores da mesma formação social); ora, a luta de classificações utiliza essa defasagem por meio de estratégias que visam aproximar o nominal do real ou o real do nominal[2]. Essa luta está institucionalizada nas instâncias de negociação coletiva que produzem as convenções coletivas que legalizam os sistemas de classificação estabelecidos e fixam um estado garantido da relação de força entre as classes a respeito do sistema de classificação. Mas o mercado de trabalho não é o único lugar desse *bargaining*: de todos os estudos que têm sido feitos para determinar o

---

2. Perfeitamente transparente no mercado de trabalho, onde está muito diretamente ligada a benefícios materiais e simbólicos, índices, carreiras, salários, a luta de classificações torna-se totalmente opaca no mercado dos bens simbólicos.

prestígio relativo das profissões ou os meios de tornar mais atraente tal ou tal profissão abandonada, não há nada a reter além das inumeráveis formas que reveste a luta pela definição da imagem das profissões, sendo que a afirmação da respeitabilidade e da honorabilidade é a resposta ao estereótipo redutor e à difamação. Produto da luta e da negociação, os nomes de profissões (ou postos de trabalho) poderão ser submetidos, em certas condições (a serem definidas), a processos de inflação. Os diferentes grupos hão de tentar mudar os nomes para manterem as distâncias em relação a certos grupos e aproximarem-se de outros grupos (nesse caso, a distância semântica é uma expressão transformada da distância social). A psicologia e a sociologia do trabalho contribuem para a produção das taxinomias burocráticas (cuja suma é representada pelo catálogo das profissões do Insee*), fornecendo descrições ditas objetivas da tarefa a ser executada e das propriedades que devem possuir os agentes encarregados de executá-la. Assim, as taxinomias burocráticas são o produto do registro, segundo procedimentos reconhecidos como científicos, *i.e.*, segundo procedimentos positivistas, de taxinomias que não são produzidas cientificamente, mas negociadas no *bargaining* entre empregadores e empregados. As taxinomias positivistas, como as do Insee ou as "classes" da sociologia americana (imensa negação das classes), são o produto de um registro do dado, tal como ele se apresenta, que encerra implicitamente uma

---

* Sigla de *Institut national de la statistique et des études économiques* [N.R.].

adesão à ordem estabelecida. A ilusão do registro (que os etnometodólogos recolocam na ordem do dia, com a teoria neoschutziana do *account*, que faz da ciência o simples registro do senso comum como aparelho verbal constituinte do mundo) conduz a aceitar a imposição de um dado *pré-construído* (ou mesmo uma definição oficial do mundo), em vez de romper com a aparência que este propõe e, assim, construir realmente as regras de sua construção (cf., por exemplo, DOUGLAS J. D., *Understanding Everyday Life*. Chicago: Aldine, 1970, e ATTEWELL, P. "Ethnomethodology since Garfinkel". *Theory and Society*, I (2), 1974, p. 179-210). Produtos momentaneamente fixados da luta ou negociação entre os grupos, determinados sistemas de classificação – tais como o vocabulário das profissões ou das condições, com seus termos crus e seus eufemismos – não são, como seria pretendido pela tradição idealista, formas de construção da realidade social ou mesmo da experiência dessa realidade, mas simplesmente os princípios de constituição da experiência *oficial e legítima* do mundo social em um dado momento do tempo. Quer se trate de taxinomias burocráticas provenientes da negociação coletiva e submetidas constantemente a múltiplas deformações devidas à pressão dos diferentes grupos, ou dos sistemas de classificação menos altamente racionalizados veiculados pela linguagem comum e utilizados pelas diferentes classes em suas operações cotidianas de classificação, essas taxinomias têm funções práticas, e não somente lógicas. Na codificação social, as palavras são seguidas de efeitos (eis a *definição do direito*). No estabelecimento da definição da profissão, o esquecimento de uma palavra provoca efeitos: por exemplo, um indivíduo poderá ser obrigado a executar uma tarefa que não deseja exercer ou, vice-versa, pode não ter habilitações para executar tarefas que desejaria exercer.

Um exemplo de taxinomia burocrática: o dicionário das profissões

(Dictionnaire des métiers. Paris: PUF, 1955)

32.46. Condutor tipógrafo.
Operário habilitado para conduzir as máquinas tipográficas, seja por tiragem plana, seja por tiragem rotativa.

50.02. "Côneur" (chapelaria)
Operário especializado em esticar, sobre um cone, o material utilizado em chapéus de mulher para retirar os vincos.

84.71. Consultor financeiro
Especialista em matéria de banco e Bolsa de Valores, suscetível de guiar a pessoa ou a coletividade de que é consultor, na aplicação dos respectivos fundos.

92.14. Consultor fiscal
Profissional especializado nas questões relativas aos diversos impostos e habilitado a aconselhar um particular, um empresário.

92.41. Consultor jurídico
Jurista que estuda, segundo as demandas dos clientes, questões jurídicas tais como: litígios, seguridade social, sistema fiscal, seguros, acidentes de trabalho, legislação financeira. Ele exerce uma profissão liberal.

92.61. Conselheiro de tribunal
Ver: Magistrado.

79.12. Conselheiro de embaixada
Funcionário superior vinculado a um embaixador e encarregado do estudo de certos problemas.

79.12. Conselheiro do Estado
Membro do Conselho de Estado.

Objeto e instrumento principal da luta simbólica entre as classes pela definição do mundo social, ou seja, para a constituição das classificações sociais, a terminologia social (nome das classes, profissões etc.) pertence – como em outras sociedades, a terminologia de parentesco – à ordem das *categorias oficiais*, ou seja, do direito, linguagem autorizada e linguagem de autoridade que, nas formações sociais dotadas de um aparelho escolar, deve o essencial de sua autoridade ao sistema de ensino. Como as taxinomias burocráticas que integram todas as situações profissionais, a do *côneur* e a do conselheiro de Estado, em um sistema de categorias homogêneas e explícitas, o sistema de ensino introduz, pouco a pouco, todas as profissões – mesmo as menos racionalizadas e as mais abandonadas à pedagogia tradicional – no universo hierarquizado do certificado escolar, de modo que o efeito de naturalização e de eternização das classificações que ele tende a produzir em razão de sua inércia estende-se, progressivamente, a toda a estrutura social. Assim, a luta de classificações é uma dimensão – mas, sem dúvida, a mais bem oculta – da luta de classes. Se não há taxinomia – tratar-se-ia das categorias empregadas para julgar as obras de arte – que remeta, em última instância, à oposição entre as classes, essa relação é tanto menos aparente quanto mais autônomo é o campo no qual esses sistemas de classificação são produzidos. O efeito propriamente ideológico do irreconhecimento* resulta da transformação que cada campo impõe às classificações originárias e, ao mesmo tempo, à forma irreconhecível que reveste aí a luta de classificações.

---

* No original, *méconnaissance* [N.R.].

CAPÍTULO VII

Classificação, desclassificação, reclassificação

Pierre Bourdieu

Tradução: DENICE BARBARA CATANI
Revisão técnica: GUILHERME JOÃO DE FREITAS TEIXEIRA

Fonte: BOURDIEU, Pierre. "Classement, déclassement, reclassement", publicado originalmente em *Actes de la recherche en sciences sociales*. Paris, n. 24, novembre, 1978, p. 3-22.

As estratégias de reprodução e, em particular, as estratégias de reconversão pelas quais os indivíduos ou as famílias visam a manter ou a melhorar sua posição no espaço social, mantendo ou aumentando seu capital ao preço de uma reconversão de uma espécie de capital numa outra mais rentável e/ou mais legítima (por exemplo, do capital econômico em capital cultural), dependem das oportunidades objetivas de lucro que são oferecidas aos seus investimentos num estado determinado dos instrumentos institucionalizados de reprodução (estado da tradição e da lei sucessorial, do mercado de trabalho, do sistema escolar etc.) e do capital que elas têm para reproduzir. As transformações recentes das relações entre as diferentes classes sociais e o sistema de ensino, com a consequente explosão escolar e todas as modificações correlativas do próprio sistema de ensino e também todas as transformações da estrutura social que resultam (pelo menos, em parte) da transformação de relações estabelecidas entre os diplomas e os cargos, são o resultado de uma intensificação da concorrência pelos títulos escolares, para a qual, sem dúvida, tem contribuído muito o fato de que, para assegurar sua reprodução, as frações da classe dominante (empresários da indústria e do comércio) e das classes médias (artesãos e comerciantes), as mais ricas em capital econômico, tiveram que intensificar fortemente a utilização que faziam do sistema de ensino.

A diferença entre o capital escolar dos adultos de uma classe ou de uma fração de classe (medida pela taxa dos portadores de um diploma igual ou superior ao BEPC) e as taxas de escolarização dos adolescentes correspondentes é nitidamente mais marcada entre os artesãos, os comerciantes e os industriais do que entre os empregados e os quadros médios; a ruptura da correspondência que se observa comumente entre as oportunidades de escolarização dos jovens e o patrimônio cultural dos adultos fica sendo o índice de uma transformação profunda das disposições com relação ao investimento escolar. Enquanto a parte dos portadores do BEPC ou de um diploma superior é nitidamente mais fraca entre os pequenos artesãos e comerciantes da faixa etária de 45-54 anos do que entre os empregados de escritório (ou seja, em 1962, 5,7% contra 10,1%), seus filhos são escolarizados (aos 18 anos) nas mesmas proporções (42,1% e 43,3% em 1962 – cf. PRADERIE, M. "Héritage social et chances d'ascension". DARRAS. In: Le Partage des bénéfices. Paris: Ed. de Minuit, 1966, p. 348). Do mesmo modo, os industriais e grandes comerciantes que têm um capital escolar mais fraco do que o dos técnicos e quadros médios (ou seja, respectivamente 20% e 28,9% de detentores de um diploma, pelo menos, igual ao BEPC) escolarizam os filhos nas mesmas proporções (65,8% e 64,2%). Quanto aos agricultores, iniciou-se o mesmo processo, como mostra o crescimento muito rápido das taxas de escolarização de crianças saídas dessa classe, entre 1962 e 1975 (Fonte: INSEE. *Recensement général de la population de 1968, Résultats du sondage au 1/20ᵉ pour la France entière, Formation*. Paris: Imprimerie nationale, 1971).

A entrada de frações, até então fracas utilizadoras da escola, na corrida e na concorrência pelo título escolar, tem tido como efeito obrigar as frações de classe, cuja reprodução era assegurada principal ou exclusivamente pela escola, a intensificar seus investimentos para manter a raridade relativa de seus diplomas e, correlativamente, sua posição na estrutura de classes; nesse caso, o diploma, e o sistema escolar que o confere, tornam-se assim um dos objetos privilegiados de uma concorrência entre as classes que engendra um crescimento geral e contínuo da demanda por educação e uma inflação de títulos escolares[1].

> Relacionando o número de portadores de um dado diploma ao número de jovens com idade modal de realização de cada um dos exames, pode-se dar uma estimativa grosseira da evolução da raridade relativa dos portadores de um diploma: para 100 jovens de 15 anos contou-se 6,8 novos portadores de um BEPC, B.E., ou

---

1. Aos efeitos da concorrência entre os grupos em luta pela reclassificação e contra a desclassificação que se organiza em torno do título escolar (e, mais geralmente, em torno de toda espécie de diplomas pelos quais os grupos afirmam e constituem sua raridade com relação a outros grupos), é preciso acrescentar um fator de inflação que se pode chamar *estrutural*. O crescimento generalizado da escolarização tem por efeito fazer crescer a massa do capital cultural que, a cada momento, existe no estado incorporado, de modo que, sabendo-se que o êxito da ação escolar e a durabilidade de seus efeitos dependem da importância do capital cultural diretamente transmitido pelas famílias, pode-se supor que o rendimento da ação escolar tende a crescer continuamente, com a condição de que os outros fatores se mantenham constantes. Em suma, o rendimento do mesmo investimento escolar é maior, o que sem dúvida contribui para produzir um efeito inflacionário que torna os diplomas acessíveis a um número maior de pessoas.

BS em 1936, 7,9 em 1946, 23,6 em 1960, 29,5 em 1965. Para 100 jovens de 18 anos, contou-se 3 bacheliers* em 1936, 4,5 em 1946, 12,6 em 1960, 16,1 em 1970. Para 100 jovens de 23 anos, contou-se 1,2 novos portadores de um diploma de ensino superior em 1936, 2 em 1946, 1,5 em 1950, 2,4 em 1960, 6,6 em 1968.

A comparação dos cargos que ocupam, em duas épocas diferentes, os titulares de um mesmo diploma, dá uma ideia aproximada das variações do valor dos diplomas no mercado de trabalho. Enquanto os homens de 15 a 24 anos desprovidos de diplomas ou apenas portadores do CEP ocupam, em 1968, posições inteiramente semelhantes às que detinham seus homólogos em 1962, os titulares do BEPC pertencentes às mesmas faixas etárias que, em 1962, ocupavam principalmente posições de empregados viram, em 1968, crescer suas chances de se tornarem contramestres, operários profissionais ou mesmo operários sem qualificação. Enquanto que, em 1962, os portadores do *baccalauréat*** que entravam diretamente na vida ativa tornavam-se em sua grande maioria professores primários, eles tinham, em 1968, chances importantes de se tornarem técnicos, empregados de escritório ou mesmo operários. A mesma

---

* No sistema francês, pessoa que concluiu com sucesso seus estudos secundários e tornou-se, portanto, portadora do "baccalauréat" (ou, na forma abreviada, "bac") [N.T.].

** Ou, na forma abreviada, "bac": em francês, designa, ao mesmo tempo, os exames e o diploma conferido ao final do 2° ciclo do ensino de 2° grau [N.T.].

tendência se observa em relação aos portadores de um diploma superior ao *baccalauréat* com idade de 25 a 34 anos que, em 1968, tinham mais oportunidades do que em 1962 de se tornarem professores primários ou técnicos e, nitidamente, menos oportunidades de se tornarem quadros superiores da administração, engenheiros ou membros de profissões liberais[2].

Sobre 100 jovens (rapazes) de 15-24 anos portadores do BEPC e ocupando um emprego em 1962, contou-se 41,7 empregados contra 36,3 somente em 1968 e, inversamente, 5,8 operários sem qualificação e 2 peões em 1962 contra 7,8 e 3,8 em 1968. Os jovens da mesma idade que são portadores apenas do *baccalauréat* têm muito menos chances de se tornarem quadros médios (57,4%) em 1968 do que em 1962 (73,9%) e, inversamente, muito mais chances de se tornarem empregados (19,9% contra 8,8%) ou mesmo operários (11% contra 6,4%). Quanto aos homens de 25-34 anos que são portadores de um diploma superior ao *baccalauréat*, têm menos chances de exercer profissões superiores em 1968 (68%) do que em 1962 (73,3%) e, em particular, de serem membros de profissões liberais (7,6% contra 9,4%); inversamente, têm uma probabilidade mais forte de serem professores primários (10,4% contra 7,5%) ou técnicos (5,4% contra 3,7%). No que concerne às moças, observam-se fenômenos análogos, mas ligeiramente atenuados. É o *baccalauréat* que, para elas, sofreu a desvalorização mais forte: em 1968, uma moça

---

2. Cf. DELCOURT, C. "Les jeunes dans la vie active". *Economie et statistique*, n. 18, dezembro de 1970, p. 3-15.

de 15-24 anos portadora do *baccalauréat* tem, se ela trabalha, mais chances de se tornar empregada (23,7% contra 12%) e menos chances de tornar-se professora primária (50% contra 71,7%).

Tendo presente que o volume de cargos correspondentes pode ter também variado no mesmo intervalo, pode-se considerar que um diploma tem todas as chances de ter sofrido uma desvalorização todas as vezes que o crescimento do número de portadores de títulos escolares é mais rápido do que o crescimento do número de posições às quais esses diplomas conduziam no início do período. Tudo parece indicar que o *baccalauréat* e os diplomas inferiores têm sido os mais afetados pela desvalorização: de fato, entre os homens ativos, o número de portadores do BEPC ou do *baccalauréat* (com exclusão de um diploma do ensino superior) cresceu 97% entre 1954 e 1968, enquanto o número de empregados e de quadros médios apenas cresceu, no mesmo tempo, 41%; do mesmo modo, o número de portadores de um diploma superior ao *baccalauréat* entre os homens cresceu 85%, enquanto o número de quadros superiores e membros de profissões liberais cresceu apenas 68% (sendo que o conjunto de profissões liberais cresceu 49%). A diferença é, sem dúvida, mais marcante do que dizem os números: de fato, a parte daqueles que detêm os meios de resistir à desvalorização e, em particular, o capital social ligado a uma origem social elevada, cresce à medida que o indivíduo sobe na hierarquia dos diplomas.

A isso é necessário acrescentar a desvalorização mais bem-camuflada que resulta do fato de que as posições (e os diplomas que conduzem a elas) podem ter perdido o seu valor distintivo, se bem que o número de cargos tenha crescido na mesma proporção dos diplomas que, no início do período, davam acesso a esses cargos e pela mesma razão: é, por exemplo, o caso da posição de professor que, em todos os níveis, perdeu sua raridade.

O crescimento muito rápido evidenciado pela escolarização das meninas participou da desvalorização dos títulos escolares. E tanto mais que a transformação das representações da divisão do trabalho entre os sexos (marcada fortemente, sem dúvida, pelo crescimento do acesso das meninas ao ensino superior) acompanha-se por um crescimento da parte das mulheres que lançam no mercado de trabalho diplomas, até então parcialmente guardados como reserva (e "investidos" somente no mercado matrimonial). E esse crescimento é tanto mais marcado quanto o diploma possuído é mais elevado: é assim que a parte das mulheres de 25 a 34 anos que, detentoras de um diploma superior ao *baccalauréat*, exercem uma profissão, passou de 67,9% em 1962 para 77,5% em 1968, atingindo quase 85% em 1975.

Isso significa, de passagem, o seguinte: pelo fato de que toda segregação (segundo sexo ou etnia) contribui para frear a desvalorização por um efeito de *numerus clausus*, toda dessegregação tende a restituir sua plena eficácia aos mecanismos de desvalorização (o que faz com que, como mostrou um estudo americano sobre os efeitos econômicos da dessegregação racial, os mais desprovidos de diplomas sejam os que mais diretamente se ressentem desses efeitos).

1. As taxas de atividade de mulheres de 25-34 anos segundo os diplomas em 1962 e 1968

	CEP	CAP	BEPC	bac	bac
1962	43,8	59,7	59,8	67,1	67,9
1968	46,3	60,6	63,5	74,3	77,5

Fonte: INSEE, *Recensement général de la population de 1968. Resultats du sondage au 1/20ème pour la France entière. Formation.* Paris: Imprimerie nationale, 1971 (não foi possível isolar as mulheres desprovidas de diplomas).

Pode-se, sem paradoxo, afirmar que as principais vítimas da desvalorização dos títulos escolares são aqueles que entram no mercado de trabalho desprovidos de diplomas. Com efeito, a desvalorização do diploma acompanha-se da extensão progressiva do monopólio dos detentores de títulos escolares sobre posições até aí abertas a não diplomados, o que tem como efeito limitar a desvalorização dos diplomas limitando a concorrência, mas ao preço de uma restrição de oportunidades de carreira ofertadas aos não diplomados (que começam por baixo e seguem passo a passo na carreira)* e de um reforço da predeterminação escolar das oportunidades de trajetória profissional. Entre os quadros médios da administração (homens de 25-34 anos) não se contavam,

---

* No original, "par la petite porte" [N.R.].

em 1975, mais de 43,1% de agentes totalmente desprovidos de diploma de ensino geral ou tendo apenas o CEP contra 56%, em 1962; para os quadros superiores da administração, as proporções eram respectivamente de 25,5% e 33% e, para os engenheiros, de 12% e 17,4%. Inversamente, entre 1962 e 1968, a parte dos portadores de um diploma de ensino superior passou de 7,5% para 10,2% em relação aos quadros superiores da administração e de 68% para 76,6% em relação aos engenheiros. Daí um decréscimo da dispersão dos detentores dos mesmos diplomas entre cargos diferentes e da dispersão segundo o título escolar dos ocupantes do mesmo cargo ou, dito de outro modo, um reforço da dependência entre o título escolar e o cargo ocupado.

Vê-se que o mercado dos cargos oferecidos ao título escolar não cessou de crescer, é claro, em detrimento dos não diplomados. A generalização do reconhecimento conferido ao título escolar tem por efeito, sem dúvida, unificar o sistema oficial de diplomas e qualidades que dão direito à ocupação de posições sociais e reduzir os efeitos de grupos isolados, ligados à existência de espaços sociais dotados de seus próprios princípios de hierarquização: sem que o título escolar chegue jamais a impor-se completamente, pelo menos, fora dos limites do sistema escolar, como padrão único e universal do valor dos agentes econômicos.

> Fora do mercado propriamente escolar, o diploma vale o que, do ponto de vista econômico e social, vale o seu detentor, sendo que o ren-

dimento do capital escolar depende do capital econômico e social que pode ser consagrado a sua valorização. De modo geral, os quadros têm mais chance de ascender às funções de direção do que às funções de produção, fabricação e manutenção, na medida em que sua origem social é mais elevada. A análise secundária que fizemos da enquete realizada pelo Insee em 1964 sobre a mobilidade profissional evidencia que 41,7% dos filhos de membros de profissões liberais, 38,9% dos filhos de professores que são engenheiros, quadros médios ou da administração, técnicos em empresas, ocupam funções administrativas e de direção geral contra 25,7% do conjunto. Ao contrário, 47,9% dos filhos de operários qualificados, 43,8% dos filhos de contramestres, 41,1% dos filhos de técnicos desempenham funções de produção, fabricação e manutenção contra 29,7% do conjunto. Sabe-se também que, em 1962, os quadros superiores saídos de famílias de empregados recebiam um salário anual médio de 18 027 F contra 29 470 F para os filhos de industriais ou de grandes comerciantes; os engenheiros filhos de assalariados agrícolas e de camponeses, 20 227 F contra 31 388 F para os filhos de industriais e de grandes comerciantes.

A transformação da distribuição dos cargos entre os portadores de títulos que resulta automaticamente do crescimento do número de titulados faz com que, a cada momento, uma parte dos portadores de títulos – e sem dúvida, em primeiro lugar, os que são mais desprovidos dos meios herdados para fazer valer os diplomas – seja vítima da desvalorização. As estratégias com as quais aqueles que estão mais expostos à desvalorização esforçam-se por lutar – a curto prazo (ao longo de sua própria carreira) ou a longo prazo (mediante as estratégias de escolarização dos filhos – contra essa desvalorização constituem um dos fatores determinantes do crescimento do número de diplomas distribuídos que, por sua vez, contribui para a desvalorização. A dialética da desvalorização e recuperação tende, assim, a nutrir-se a si própria.

Estratégias de reprodução e transformações morfológicas

As estratégias às quais os indivíduos e as famílias têm recorrido para salvaguardar ou melhorar sua posição no espaço social se retraduzem em transformações que afetam inseparavelmente o *volume* das diferentes frações de classe e sua *estrutura patrimonial*.

Para se dar uma ideia aproximada dessas transformações, construiu-se um quadro que permite relacionar os índices da evolução do volume das diferentes frações aos indicadores (infelizmente, muito imperfeitos) do volume e da estrutura do capital que elas detêm. Por não se poder estabelecer, como se desejaria, a evolução por categorias discriminadoras do montante da renda, de uma parte, e da estrutura da renda, de outra parte, para o período de 1954-1975 (o que levou a reproduzir um quadro – 2 bis – apresentando essa evolução por categorias aproximativas para o período de 1954-1968), indicou-se, além da distribuição por fontes de renda, o montante da renda declarada aos serviços fiscais, fonte explorada pelo Insee, ainda que se saiba que essa renda é subestimada em proporções muito variáveis: segundo A. Villeneuve – "Les revenus primaires des ménages en 1975". *Economie et statistique*, n. 103, setembro de 1978, p. 61 – seria preciso multiplicar por 1,1 os salários e vencimentos, por 3,6 os benefícios agrícolas, por 2,9 os ganhos de capitais mobiliários etc.; vê-se que basta aplicar essas correções para restituir a seu verdadeiro lugar as profissões independentes e, em particular, os agricultores e os artesãos ou pequenos comerciantes. As categorias mais ricas (relativamente) em capital econômico (tal como se pode constatar mediante os indicadores da posse de valores mobiliários, de propriedades rurais ou urbanas etc.) tendem a recuar, de forma bastante brutal, como o mostra a diminuição de seu volume (é o caso de agricultores, artesãos, comerciantes e industriais) e o fato de que a parte de jovens diminui ou cresce menos rapidamente do que em outros lugares (o fato de que a evolução dos indivíduos de 20-34 anos seja, entre os pequenos comerciantes e os artesãos, igual ou ligeiramente superior à do conjunto da categoria pode se explicar pela chegada de comerciantes e artesãos de um novo estilo). Uma parte do crescimento aparente do capital escolar (e, sem dúvida, econômico) dessas categorias deve-se, sem dúvida, ao fato de que o êxodo que está na origem de seu declínio numérico atinge seus extratos inferiores.

Ao contrário das precedentes, as frações de classe ricas em capital cultural (medido, por exemplo, pelas taxas de portadores do BEPC, do *baccalauréat* ou de um diploma de estudos superiores) conheceram um crescimento bem significativo que implica um rejuvenescimento e se traduz, mais frequentemente, por uma forte feminização e uma elevação da taxa de diplomados (as categorias mais típicas desse processo são as dos empregados de escritório e do comércio, dos técnicos, dos quadros médios e superiores, dos docentes, dos professores primários e, sobretudo, professores para os quais esses diferentes processos associados são excepcionalmente intensos e, muito particularmente, na geração mais jovem – à diferença dos engenheiros para os quais o processo parece imobilizado, sendo que a taxa de crescimento é mais fraca para a geração mais jovem do que para o conjunto). Outro traço marcante, a estabilidade relativa das profissões liberais que, por uma política deliberada de *numerus clausus*, conseguiu limitar o crescimento numérico e a feminização (que permaneceram muito mais fracos do que nas profissões superiores com grande capital escolar) e escapar, igualmente, à perda da raridade e, sobretudo, à redefinição mais ou menos crítica do cargo que a multiplicação de titulados e, mais ainda, a existência de um excedente de portadores de títulos com relação aos cargos, acarretam.

As modificações de estratégias de reprodução que estão no princípio dessas transformações morfológicas marcam-se, de um lado, pelo crescimento da parte dos salários na renda das categorias ditas independentes e, de outro, na diversificação dos haveres e das aplicações dos quadros superiores que tendem a deter seu capital tanto sob a forma econômica quanto sob a forma cultural, contrariamente aos empresários, portadores sobretudo de capital econômico: a parte dos salários, vencimentos e pensões na renda dos empresários passa de 12,9% em 1956 para 16,4% em 1965; com a mudança das taxinomias, em 1975, sabe-se que essa parte representa 19,2% da renda dos artesãos e pequenos comerciantes e 31,8% da renda dos industriais e grandes comerciantes (Entre os produtores agrícolas, ao contrário, ela permaneceu praticamente constante: 23,8% em 1956, 23,5% em 1965 e 24,8% em 1975). Sabe-se, aliás, que em 1975 a parte nos fundos de recursos da renda urbana ou rural e da renda mobiliária é muito mais forte entre os quadros superiores do setor privado (5,8%) do que entre os quadros superiores do setor público (2,7%) – Dados comunicados por A. Villeneuve.

2. Evolução morfológica e estrutura patrimonial de diferentes classes e frações de classe (1954-1975)

| | Volume em 1975 | Total de homens em 1975 (%) | Índice de evolução Base 100 em 1954 | | | | Evolução do capital escolar Taxa de titulares | | | | | | Capital económico | | | | |
| | | | Conjunto | | 20-34 anos | | Em 1962 | | | Em 1975 | | | Renda Média por casal (em F) 1975 | Taxa de casais detentores de 1970 | | | |
			Conj.	Só homens	Conj.	Só homens	BEPC	Bac	Dipl. fac. e Grandes Écoles*	BEPC	Bac	Dipl. fac. e Grandes Écoles		salários e vencimentos	benefícios ind. e comerciais	renda de prop. urbana	valores imobiliários
Assalariados agrícolas	375480	88,4	32	33	27	27	0,5	0,2	0,1	2,7	0,6	0,3	27740	86	1,5	0,8	6,3
Produtores agrícolas	1650865	65,7	42	46	26	31	0,9	0,5	0,2	3,5	0,9	0,6	22061	19,3	5,3	6,4	16,5
Peões	1612725	61,9	143	115	146	108	0,4	0,1	-	2,9	0,7	0,4	27027	93,4	1,3	2,3	3,3
Operários sem qualificação	2946860	73,2	162	167	185	186	1,0	0,2	0,1	3,5	0,5	0,2	35515	97,7	2,2	2,4	3,6
Operários qualificados	2985865	86,5	112	126	120	128	2,1	0,5	0,1	5,5	0,7	0,3	39527	98,2	2,2	2,7	3,6
Contramestres	443305	94,1					6,0	1,7	0,5	10,4	2,5	1,1	56692	99,5	1,4	4,1	6,7
Empregados de escritório	3104105	35,0	191	141	218	168	11,5	2,9	1,2	19,6	5,3	2,6	42785	98,8	2,1	5,1	8,7
Empregados do comércio	736595	40,6	167	138	183	158	6,5	3,6	1,3	13,4	5,2	2,2	46196	97,5	3,4	8,9	9,5
Artesãos	533635	88,1	71	77	81	88	2,8	1,0	0,5	6,1	1,8	1,3	50335	34,1	96,9	12,9	14,2
Pequenos comerciantes	912695	51,8	73	78	73	81	4,7	2,4	0,9	9,3	3,7	2,3	60160	24,3	93,2	20,2	19,2
Quadros médios da adm.	970185	55,1	182	132	218	152	20,1	11,6	5,3	26,5	12,8	9,0	73478	99,8	4,0	11,1	17,5
Técnicos	758890	85,6	393	167	417	374	16,3	7,0	2,7	25,8	9,6	6,0	59003	98,5	2,4	5,8	8,7
Serviços médico-sociais	298455	21,0	269	261	345	340	9,7	7,7	6,1	17,7	18,1	20,3	53450	84,2	-	10,0	12,4
Professores primários	737420	36,5					10,0	55,0	14,5	11,3	39,4	29,4	54013	96,7	0,9	7,6	10,4
Industriais	59845	86,5	66	71	66	65	8,5	6,7	7,5	12,9	6,1	6,3	132594	87,0	26,0	34,7	40,0
Grandes comerciantes	186915	69,2	103	100	98	95	9,0	7,3	5,7	14,6	9,1	6,3	132435	64,0	47,5	29,7	30,2
Quadros superiores da adm.	653755	83,9	236	217	293	254	15,5	18,9	25,5	19,3	16,2	32,0	107342	99,6	3,6	15,2	27,7
Engenheiros	256290	95,6	338	305	272	263	7,3	9,0	59,8	10,0	18,1	63,2	105989	98,7	3,1	15,5	30,4
Professores	377215	53,0	469	402	612	517	2,7	10,8	71,4	3,6	8,4	77,7	87795	97,6	2,1	10,4	21,0
Profissões liberais	172025	77,8	143	130	145	137	4,5	10,3	65,1	4,2	6,2	79,9	150108	41,0	17,5	30,3	40,6

Fonte: Insee, *Recensements de 1954, 1962, 1968 e 1975*.
Para a evolução do capital escolar: Insee. *Recensement général de la population de 1968. Résultats du sondage au 1/20ème pour la France entière. Formation*. Paris: Imprimerie Nationale, 1971 (esse fascículo apresenta também os dados sobre a formação do recenseamento de 1962; e Insee. *Recensement de 1975, Tableau de la population totale de plus de 16 ans par catégorie socio-professionnelle, âge, sexe, diplôme d'enseignement général* (a ser publicado) – Dados comunicados por L. Thévenot).
Para a renda: Insee. *Enquêtes revenus 1975 e 1970*. Dados comunicados por A. Villeneuve para a enquete de 1975 e por P. Ghigliazza para a enquete de 1970.

* N.T.: Instituições de ensino superior, independentes do sistema universitário, que recrutam por concurso e se destinam a formar as elites intelectuais e dirigentes da nação.

2 bis. Evolução morfológica e estrutura patrimonial de diferentes classes e frações de classe (1954-1968)

	Volume da categoria (1968)		Índice de evolução da categoria (Base 100 em 1954)		Taxa de evolução dos menores de 35 anos (Base 100 em 1962)[1]	Capital escolar Taxa dos titulares (homens) 2m 1968			Montante da renda (1965) (Renda primária)[2]	Patrimônio médio por casal (1º 01.1966)[3]	Taxa de casais portadores de				Estrutura da renda (1965)				Evolução da estrutura da renda			
	Con-junto[1]	Só homens[1]	Con-junto[1]	Só homens[1]		BEPC[1]	Bac[1]	Diploma de ensino superior			Valores mobi-liários[4]	Proprie-dades rurais e urbanas[4]	Carteira de investi-mento[5]	Bens imobi-liários[5]	Renda traba-lho[2]	Transfe-rência de proprie-dade[2]	Renda empre-sa[2]	Renda capital[2]	Salários Pensões[4]		Propriedades rurais, urbanas e valores mobiliários[4]	
											1965	1965	1966	1966					1956	1965	1956	1965
Assalariados agrícolas	588.200	527.200	51	54	67	1,0	0,4	0,2	9 859 F		10,2	5,3			59,5	29,8	9,2	1,5	96,7	95,9	1,4	1,8
Produtores agrícolas	2.459.840	1.527.780	62	65	72	1,6	0,7	0,4	23 854 F		27,6	13,3			6,9	10,3	78,5	3,7	23,8	23,5	16,4	9,9
Operários	7.698.600	6.128.840	119	123	116	2,3	0,4	0,2	14 811 F	35 000 F	4,8	3,8	3,2	39	66,7	27,9	4,6	0,8	98,0	97,5	0,8	0,8
Empregados	3.029.900	1.188.300	146	121	133	14,0	3,7	1,5	16 149 F	46 000 F	11,8	7,6	6,6	40,8	69,6	23,2	5,4	1,8	95,9	95,9	2,6	2,1
Quadros médios	2.014.000	1.197.360	177	168	151	19,0	16,5	7,7	26 887 F	92 000 F	14,0	10,4	8,5	50,3	73,1	18,5	6,8	1,8	91,6	94,4	4,9	2,1
Artesãos	622.800	532.340	85	88	109	4,1	1,5	1,0														
Pequenos comerciantes	1.028.160	515.440	81	85	107	6,7	2,8	1,4														
Grandes comerciantes	213.500	143.840	116	110	148	12,1	8,0	5,2														
Industriais	79.160	68.940	93	93	98	10,8	6,1	7,5														
Conjunto empresários da indústria e do comércio	1.943.620	1.360.560	86	96	110	6,4	3,0	1,9	45 851 F						7,1	6,4	79,2	7,3				
Profissões liberais	142.520	114.920	119	112	122	5,1	6,3	76,8			28,6	26,8							12,9	16,4	7,0	6,7
Quadros superiores	840.280	691.680	196	183	144	12,6	13,3	45,0	58 021 F	214 000 F	38,2	25,5	33,1	66,3	56,5	9,6	28,9	5,0	71,8	73,0	9,4	6,0

Fonte: 1. Insee, *Recensements*.

2. ROZE, H. "Prestations sociales, impot direct et échelle des revenus. *Économie et statistique*, fevereiro de 1971.

3. L'HARDY, P. "Les disparités du patrimoine". *Économie et statistique*, fevereiro de 1973.

4. BANDERIER, G. "Les revenus des ménages en 1965, *Collections de l'INSEE*, M 7, dezembro de 1970.

5. L'HARDY, P. "Structure de l'épargne et du patrimoine des ménages en 1966, *Collections de l'INSEE*, M 13, março de 1972.

A reconversão do capital econômico em capital escolar é uma das estratégias que permitem à burguesia de negócios manter a posição, de uma parte ou da totalidade de seus herdeiros, permitindo-lhes tirar antecipadamente uma parte dos benefícios das empresas industriais e comerciais sob a forma de salários, modo de apropriação mais bem-dissimulado – e sem dúvida, mais seguro – do que a renda. É assim que, entre 1954 e 1975, a parte relativa dos industriais e grandes comerciantes diminui, de forma bastante brutal, enquanto cresce consideravelmente a parte dos assalariados que devem sua posição aos seus títulos escolares (quadros, engenheiros, professores e intelectuais, mas que, à semelhança dos quadros do setor privado, podem tirar de suas ações uma parte importante de seus recursos – cf. Quadro 3). Igualmente, a desaparição de muitas das pequenas empresas comerciais ou artesanais oculta o trabalho de reconversão, mais ou menos bem-sucedido – realizado pelos agentes particulares, segundo lógicas que dependem, em cada caso, da situação singular dessas empresas – e que leva a uma transformação do peso de diferentes frações das classes médias (cf. Quadro 4): aí ainda, a parte dos pequenos comerciantes e artesãos, assim como a parte dos agricultores, conhece uma queda marcante enquanto cresce a proporção de professores primários, de técnicos ou de pessoal médico ou da área social. Além disso, a relativa estabilidade morfológica de um grupo profissional pode ocultar uma transformação da sua estrutura que resulta da *reconversão no próprio local de trabalho* dos agentes presentes no grupo no começo do período (ou de seus filhos) e/ou de sua substituição por agentes originários de outros grupos. Assim, por exemplo, a diminuição relativamente fraca do volume global da categoria dos comerciantes, detentores em sua grande maioria (93%) de pequenas empresas individuais que, em parte, devem ao crescimento do consumo das famílias o fato de poderem resistir à crise, oculta uma transformação da estrutura dessa profissão: a estagnação ou a diminuição de pequenos comércios de alimentação, particularmente atingidos pela concorrência dos supermercados ou lojas de departamentos é quase compensada por um crescimento do comércio do automóvel, do equipamento doméstico (móveis, decoração etc.) e sobretudo do esporte, do lazer e da cultura (livrarias, lojas de discos etc.) e de farmácias (Pode-se supor que, no interior mesmo da alimentação, a evolução que os números retraçam mascara transformações que conduzem a uma redefinição progressiva da profissão: assim, o fechamento dos comércios de alimentação geral, os mais fortemente atingidos pela crise e de padarias na zona rural pode coexistir com a abertura de butiques de dietética, de produtos na fabricação do pão à antiga). Essas transformações da natureza das empresas estrutura do consumo das famílias que, por sua vez, é correlativa do crescimento da renda e sobretudo, talvez, do aumento do capital cultural, desencadeado pela translação da estrutura de oportunidades de acesso ao sistema de ensino – estão ligadas por uma relação dialética a uma elevação do capital cultural dos proprietários ou dos administradores. Tudo leva a crer que a categoria dos artesãos sofreu transformações internas um pouco semelhantes às dos comerciantes; com efeito, o rápido desenvolvimento do artesanato de luxo e do artesanato de arte, que exigem a posse de um patrimônio econômico, assim como de um capital cultural, veio compensar o declínio das camadas mais desfavorecidas do artesanato tradicional. Compreende-se que a diminuição do volume dessas categorias médias seja acompanhado por uma elevação do capital cultural medido pelo nível de instrução.

Artesãos ou comerciantes de luxo, de cultura ou de arte, gerentes de "boutiques" de confecção, revendedores de "grifes", comerciantes de roupas e de adereços exóticos ou de objetos rústicos, de discos, antiquários, decoradores, *designers*, fotógrafos ou mesmo proprietários de restaurantes ou de "bistrots" da moda, ceramistas provençais e livreiros de vanguarda empenhados em prolongar para além dos estudos o estado de indistinção entre o lazer e o trabalho, a militância e o diletantismo, característico da condição estudantil, todos esses vendedores de bens ou serviços culturais encontram em profissões ambíguas, à medida de seus desejos, em que o êxito depende, pelo menos, tanto da distinção sutilmente desenvolta do vendedor e, acessoriamente, de seus produtos, quanto da natureza e qualidade das mercadorias, um meio de obter o melhor rendimento para um capital cultural no qual a competência técnica conta menos do que a familiaridade com a cultura da classe dominante e o domínio dos signos e emblemas da distinção e do gosto. São outros tantos traços que predispõem esse novo tipo de artesanato e de comércio com grande investimento cultural, que torna possível a rentabilidade da herança cultural diretamente transmitida pela família, a servir de refúgio aos filhos da classe dominante eliminados pela escola.

3. As mudanças morfológicas no interior da classe dominante

	Estrutura (%)				Taxa anual de variação (%)			Parte das mulheres (%)			
	1954	1962	1968	1975	1954 1962	1962 1968	1968 1975	1954	1962	1968	1975
Grandes comerciantes	22,0	17,0	16,4	11,0	-1,5	0,0	-4,2	14,9	14,2	13,7	13,5
Industriais	11,0	7,9	6,3	3,5	-0,6	+3,3	-1,7	29,2	30,2	32,9	30,8
Profissionais liberais	14,6	12,3	10,9	10,1	+0,5	+2,0	+2,9	15,6	17,3	19,3	22,2
Quadros superiores da administração	33,5	37	35,3	38,3	+3,9	+3,1	+5,3	8,6	11,1	13,4	17,1
Engenheiros	9,2	13,5	14,5	15,0	+7,8	+5,1	+4,7	2,1	3,2	3,4	4,4
Professores, profissões literárias e científicas	9,7	12,3	16,6	22,1	+5,7	+9,3	+8,5	39,9	43,0	44,7	47,0

4. As mudanças morfológicas no interior da classe média

	Estrutura (%)				Taxa anual de variação (%)			Parte das mulheres (%)			
	1954	1962	1968	1975	1954 1962	1962 1968	1968 1975	1954	1962	1968	1975
Artesãos	14,6	11,2	9,3	16,6	-2,1	-0,5	-2,1	18,3	16,0	14,7	11,9
Pequenos comerciantes	24,1	20,0	15,4	11,3	-1,2	-1,7	-1,7	51,7	51,3	50,2	48,2
Empregados de comércio	8,5	9,0	9,4	9,1	1,9	3,4	2,4	52,0	57,0	57,7	59,4
Empregados de escritório	31,3	33,2	35,7	38,5	1,9	3,9	3	53,0	59,4	61,9	65,0
Quadros médios da administ.	10,2	11,0	11,1	12,0	2,0	2,8	3,9	24,6	31,9	34,9	44,9
Professores primários	7,4*	7,4	8,4	9,1	4,1*	4,9	4,0	68,3*	65,1	62,7	63,5
Técnicos	3,7	6,1	8,0	9,4	7,5	7,5	5,2	7,1	7,9	11,3	14,4
Serviços médico-sociais		1,9	2,6	3,7		7,8	8,1		84,8	83,2	79,0

* Incluindo os serviços médico-sociais.

Fonte: THÉVENOT, L. "Les catégories sociales en 1975: l'extension du salariat". *Économie et statistique*, 91, julho-agosto de 1977, p. 4-5. Os dados desse quadro são extraídos do exame exaustivo dos recenseamentos de 1954 e 1962, da sondagem pelo quarto em 1968 e da sondagem pelo quinto em 1975. São os dados comparáveis mais precisos de que se pode dispor sobre esse período.

Sabe-se que, entre 1954 e 1975, a estrutura da população ativa foi notavelmente modificada: enquanto a taxa de agricultores, empresários e assalariados passou de 26,7% para 9,3% e a taxa de operários aumentou muito ligeiramente (de 33,8% para 37,7%), o conjunto da classe média conheceu uma forte taxa de crescimento (passando de 27% para 37% da população ativa) – em decorrência do aumento da população assalariada desse setor, como mostra o Quadro 4 – e a classe dominante viu seus efetivos passar de 4,3% para 7,8%.

O tempo de compreender

Entre os efeitos do processo de inflação de títulos escolares e da desvalorização correlativa que, pouco a pouco, obriga todas as classes e frações de classe – a começar pelos maiores utilizadores da escola – a intensificar sem cessar sua utilização da escola e a contribuir, assim, por sua vez, para a superprodução de diplomas, o mais importante é, sem dúvida alguma, o conjunto de estratégias que os portadores de diplomas desvalorizados têm acionado para manter sua posição herdada ou obter de seus diplomas o equivalente real ao que estes garantiam num estado anterior da relação entre os diplomas e os cargos.

Sabendo que o que garante o título escolar – nesse aspecto, mais próximo do título de nobreza do que desta espécie de título de propriedade em que é transformado pelas definições estritamente técnicas – é, na experiência social, infinitamente outra coisa e mais do que o direito de ocupar uma posição e a capacidade para desempenhá-la, imagina-se facilmente que os portadores de diplomas desvalorizados sentem-se pouco inclinados a perceber (em todo caso, isso é difícil) e reconhecer a desvalorização de diplomas aos quais estão fortemente identificados, ao mesmo tempo, objetivamente (em grande parte, são constitutivos de sua *identidade social*) e subjetivamente. Mas a preocupação em garantir a autoestima que inclina o indivíduo a se apegar ao *valor nominal* dos diplomas e cargos não chegaria a sustentar e impor o irreconhecimento* dessa desvalorização se não reencontrasse a cumplicidade de mecanismos objetivos, dos quais os mais importantes são, por um lado, a histerese dos *habitus* que leva a aplicar, ao novo estado do mercado de diplomas, determinadas categorias de percepção e de apreciação que correspondem a um

---

* No original, *méconnaissance* [N.R.].

estado anterior de oportunidades objetivas de avaliação e, por outro, a existência de mercados relativamente autônomos nos quais o enfraquecimento do valor dos títulos escolares opera-se a um ritmo menos rápido.

O efeito de histerese é tanto mais marcante quanto maior é a distância em relação ao sistema escolar e mais fraca ou mais abstrata a informação sobre o mercado dos títulos escolares. Entre as informações constitutivas do capital cultural herdado, uma das mais preciosas é o conhecimento prático ou erudito das flutuações desse mercado, ou seja, o *sentido do investimento* que permite obter o melhor rendimento do capital cultural herdado sobre o mercado escolar ou do capital escolar sobre o mercado de trabalho; nesse caso, por exemplo, convém saber abandonar a tempo os ramos de ensino ou as carreiras desvalorizados para se orientar em direção de ramos de ensino ou carreiras de futuro, ao invés de se apegar aos valores escolares que proporcionavam os mais altos lucros num estado anterior do mercado. Ao contrário, a histerese das categorias de percepção e de apreciação faz com que os portadores de diplomas desvalorizados se tornem, de algum modo, cúmplices da sua própria mistificação de vez que, por um efeito típico de *allodoxia*, atribuem aos diplomas desvalorizados que lhes são outorgados um valor que não lhes é objetivamente reconhecido: assim se explica que os mais desprovidos de informação em relação ao mercado de diplomas – que, desde há muito, sabem reconhecer o enfraquecimento do salário real por trás da conservação do salário nominal – possam continuar a buscar e aceitar os certificados que recebem em pagamento de seus anos de estudos (e, inclusive, quando são os primeiros a ser atingidos, por falta de capital social, pela desvalorização dos diplomas).

O apego a uma representação antiga do valor do diploma favorecido pela histerese dos *habitus* contribui, certamente, para a existência de mercados nos quais os títulos podem escapar (pelo menos, na aparência) à desvalorização; com efeito, o valor vinculado, do ponto de vista objetivo e subjetivo, a um título escolar só se define na totalidade dos usos sociais que dele podem ser feitos. É assim que a avaliação dos diplomas que se efetua nos grupos de interconhecimento mais diretamente submetidos à prova, como o conjunto dos pais, vizinhos, condiscípulos (a "turma"), colegas pode contribuir para mascarar fortemente os efeitos da desvalorização. Todos esses efeitos de irreconhecimento individual e coletivo não têm nada ilusório de vez que podem orientar realmente as práticas e, em particular, as estratégias individuais e coletivas que visam a afirmar ou a restaurar na objetividade o valor subjetivamente ligado ao diploma ou ao cargo e podem contribuir para determinar sua reavaliação real.

Sabendo que nas transações em que se define o valor de mercado do título escolar a força dos vendedores da força de trabalho depende, se se deixa de lado seu capital social, do valor de seus títulos escolares e isso acontece tanto mais estreitamente quanto a relação entre o diploma e o cargo é mais rigorosamente codificada (é o caso das posições estabelecidas em oposição às posições novas), vê-se que a desvalorização dos títulos escolares serve diretamente aos interesses dos detentores de cargos; além disso, se os portadores de diplomas estão vinculados ao valor nominal dos diplomas, isto é, o que estes garantiam, em direito, no estado anterior, os detentores de cargos estão vinculados ao valor real dos diplomas, aquele que se determina no momento considerado na concorrência entre os titulares (os efeitos dessa espécie de desqualificação estrutural vêm se juntar a todas as estratégias de desqualificação acionadas pelas empresas, desde há muito tempo). Nessa luta tanto mais desigual quanto menor é o valor relativo do diploma na hierarquia dos diplomas e quanto mais desvalorizado ele é, pode ocorrer que o portador de diplomas não tenha outro recurso para defender o valor de seu diploma a não ser recusar vender sua força de trabalho pelo preço que lhe é oferecido; nesse caso, a escolha de ficar no desemprego assume o sentido de uma greve (individual)[3].

---

3. O estudo da evolução das demandas e ofertas de emprego permite fazer uma ideia, sem dúvida parcial e imperfeita, da defasagem entre as aspirações dos agentes e os empregos que lhes são, efetivamente, propostos: observa-se assim que, de setembro de 1958 a setembro de 1967, o número dos que procuravam emprego com idade inferior a 18 anos quase tinha triplicado, enquanto o número de ofertas de emprego permaneceu estacionário: a defasagem é particularmente importante no que concerne aos empregos em escritórios e similares que eram os mais procurados: as demandas relativas aos empregos em escritórios representam 30,2% do conjunto das demandas, enquanto as ofertas correspondentes só representam 3,3% do conjunto das ofertas. Parece que a maior parte dos jovens à procura de um emprego estão, pelo

Uma geração enganada

A defasagem entre as aspirações que o sistema de ensino produz e as oportunidades que realmente oferece é, numa fase de inflação de diplomas, um fato estrutural que afeta, em diferentes graus segundo a raridade dos respectivos diplomas e segundo sua origem social, o conjunto dos membros de uma geração escolar. Os recém-chegados ao ensino secundário são levados a esperar, só pelo fato de terem tido acesso a ele, o que este proporcionava no tempo em que estavam excluídos desse ensino. Tais aspirações que, num outro tempo e para outro público, eram perfeitamente realistas, de vez que correspondiam a oportunidades objetivas, são frequentemente desmentidas de forma mais ou menos rápida, pelos veredictos do mercado escolar ou do mercado de trabalho. O menor paradoxo do que se chama a "democratização escolar" é que tenha sido necessário que as classes populares que, até então, não davam importância ou aceitavam sem saber bem do que se tratava a ideologia da "escola libertadora", passassem pelo ensino secundário para descobrir, mediante a relegação e a eliminação, a escola conservadora. A desilusão coletiva que resulta da defasagem estrutural entre as aspirações e as oportunidades, entre a identidade social que o sis-

---

menos, tão preocupados em obter um emprego correspondente à sua qualificação, quanto em garantir um salário conforme às suas aspirações: 44% não aceitariam um emprego não correspondente à sua qualificação; 35% recusariam receber um salário inferior ao que julgavam ter direito (cf. MANGENOT, M.; ALISÉ, N. & REMOUSSIN, F. *Les jeunes face à l'emploi*. Paris: Ed. Universitaires, 1972, p. 230).

tema de ensino parece prometer ou aquela que propõe a título provisório (isto é, o estatuto de "estudante – no sentido muito amplo que a palavra tem em seu uso popular – localizado, por um tempo mais ou menos longo, fora das necessidades do mundo do trabalho, no estatuto ambíguo que define a adolescência) e a identidade social que oferece realmente, para quem sai da escola, o mercado de trabalho, está no princípio da desafecção com relação ao trabalho e a todas as manifestações da *recusa da finitude social*, que está na raiz de todas as fugas e de todas as recusas constitutivas da "contracultura" adolescente. Sem dúvida, essa discordância – e o desencantamento que aí se engendra – reveste-se de formas diferentes, do ponto de vista subjetivo e objetivo, segundo as classes sociais. É assim que, para os jovens da classe operária, a passagem pelo ensino secundário tem por efeito introduzir quebras na dialética das aspirações e das oportunidades que levava a aceitar, às vezes com complacência (como acontecia com os filhos dos mineiros que identificavam sua entrada no estatuto de homem adulto com a descida à mina) quase sempre como uma evidência, uma coisa que se impõe, o destino social. O mal-estar no trabalho experimentado e manifestado, de maneira particularmente viva, pelas vítimas mais evidentes da desclassificação, como esses *bacheliers*, condenados a desempenhar um papel de OS* ou de carteiros, é, de certo modo, comum a toda uma ge-

---

* Operário sem qualificação [N.R.].

ração: e se isso se exprime através de formas insólitas de luta, de reivindicação ou de evasão, frequentemente malcompreendidas pelas organizações tradicionais de luta sindical ou política, é porque têm por objeto outra coisa e mais do que o posto de trabalho – a "situação", como se dizia outrora. Profundamente colocados em questão, em sua identidade social, na imagem deles próprios, por um sistema escolar e um sistema social que lhes têm pago com promessas, só podem restaurar sua integridade pessoal e social opondo uma recusa global a esses veredictos. Tudo se passa como se eles sentissem que o que está em jogo não é mais, em todo caso, como antes um fracasso individual, vivido, com os encorajamentos do sistema escolar, como imputável aos limites da pessoa, mas a lógica mesma da instituição escolar. A desqualificação estrutural que afeta o conjunto dos membros da geração, destinados a obter de seus diplomas menos do que teria obtido a geração precedente, está no princípio de uma espécie de desilusão coletiva que incita essa geração enganada e desiludida a estender a todas as instituições a revolta mesclada de ressentimento que lhe inspira o sistema escolar. Essa espécie de humor anti-institucional (que se nutre de crítica ideológica e científica) conduz, no limite, a uma espécie de denúncia dos pressupostos tacitamente assumidos da ordem social, a uma suspensão prática da adesão dóxica aos desafios que propõe, aos valores que professa e a uma recusa dos investimentos que são a condição de seu funcionamento.

Os desencantados

"De início, fiz enquetes. Encontrei um amigo de L. que fazia esse trabalho. Ele tinha a lista de todos os institutos de enquetes de Paris. Telefonei, andei à procura durante dois meses, finalmente achei trabalho. Depois, ao fim de alguns meses, deixaram de me chamar, não havia mais enquetes. Eu tinha direito ao 'seguro desemprego' (1 000 F por mês), a gente viveu assim sete meses, em seguida a gente fez a vindima durante dois meses. Depois voltei a fazer enquetes durante quase sete meses, tinha um contrato por tempo determinado, mas deixei o escritório, só tinha lésbicas lá dentro, davam o trabalho por capricho, fui embora. De qualquer modo, trabalhamos um pouco cada um por seu turno. Num tipo de sociedade como essa, o trabalho para mim não é o essencial. Entendido como na China, talvez eu pudesse trabalhar dez horas por dia" (F, 24 anos, casada. *baccalauréat* e alguns meses da faculdade de letras, pai que vive de rendas).

"Quando se toma bomba no *bac*, já se está posto à margem; em determinado momento, não há mais orientação possível e no mais os empregos que se acha não são trabalhos em que se veja utilidade.

Tenho feito sempre biscates não muito apaixonantes, então faço economias para poder parar alguns meses. De qualquer modo, prefiro parar para não criar hábitos.

Depois de ter tomado bomba no *bac*, fui monitor numa colônia de férias. Depois, encontrei trabalho num jornal de Dreux. Era redator estagiário, mas no fim de dois meses eu precisava obter um registro de jornalista, então tornei-me *free-lancer*, mas não devia agradar ao pessoal. Tudo o que eu escrevia passava por um crivo. Eu também batia fotos. Mas havia relações de força no trabalho, eu não era muito combativo e não tinha vontade de lutar. Ao fim de seis meses, não me confiavam mais trabalho e fui embora. Em seguida, me deixei levar pelo mito da administração, me inscrevi para trabalhar nos Correios. Estive na triagem, durante três semanas. Me senti constrangido, caí num mundo de trabalho que eu não conhecia. Não foram as pessoas que me chocaram, talvez as relações entre elas, a denúncia, não havia nenhuma solidariedade. Ao fim de três semanas, me demiti: éramos cinco auxiliares, havia um que foi convidado a se retirar por um dia para o outro (ele havia feito quinze minutos a mais de intervalo); então, todos se demitiram. O cúmulo é que você acabou de tomar bomba no *bac* e os estudos nunca te interessaram e você se vê muito rapidamente considerado como intelectual.

Em seguida, encontrei pela Anpe (Agência Nacional para o Emprego) um trabalho de contabilidade num organismo de fiscalização da carne bovina. Depois tinha tido uma história de comissão que não tinha sido dada para todo mundo, então, depois de uma descompostura, fui embora. Eu tinha aguentado aí dois meses e meio. Em setembro, fiz um mês de vindima e voltei à Anpe para arrumar trabalho. Fui entregador, de moto, durante seis meses. É o negócio mais louco que já fiz. É um trabalho infernal, chega um momento em que você está completamente maluco sobre a tua moto, você tem a impressão de que todos querem a tua pele, parei, foi demais.

Depois de dois meses de desemprego me inscrevi na SNCF [Sociedade Nacional das Estradas de Ferro], fui contratado para as férias, fazia as reservas eletrônicas (operador não sei o quê...), fiquei quatro meses, fui embora porque tinha a intenção de ir viver no campo e ainda estou aí" (G., 21 anos, tomou bomba no *baccalauréat* D, pai agente de polícia, mãe faxineira).

Cf. MATHEY, C. "Recherche de travail et temps de chômage: interviews de 50 jeunes travailleurs privés d'emploi". *L'entrée dans la vie active*, Cahiers du Centre d'études de l'emploi, 15. Paris: PUF, 1977, p. 479-658.

Compreende-se que o conflito entre as gerações que se exprime não somente no seio das famílias, mas também na instituição escolar, nas organizações políticas ou sindicais e sobretudo, talvez, no ambiente do trabalho todas as vezes que se encontram frente a frente os autodidatas à antiga que, trinta anos mais cedo, tinham começado sua atividade com um certificado de estudos ou um *brevet** e uma imensa boa vontade cultural, e os

---

* No sistema educacional francês, é o título escolar obtido após a realização de um curso profissionalizante de dois anos, feito em seguida ao 1º ciclo [N.R.].

jovens *bacheliers* ou *licenciés** ou os autodidatas de novo estilo que levam para a instituição seu humor anti-institucional, toma frequentemente a forma de um conflito último sobre os próprios fundamentos da ordem social: mais radical e também mais incerta em seus próprios fundamentos do que a contestação política em sua forma habitual, essa espécie de humor desencantado, que evoca aquele da primeira geração romântica, combate, de fato, os dogmas fundamentais da ordem pequeno-burguesa: "carreira", situação", "turma", "promoção", "índice" etc.

> Enquanto em 1962 só 0,8% dos peões com idade de 15 a 24 anos têm o BEPC, 0,1% o *baccalauréat* ou um diploma superior, em 1975 as taxas correspondentes são 8,6% e 2,8% (em 1975, as taxas para os peões com idade superior a 55 anos foram mantidas num nível muito baixo, ou seja, 0,9% e 0,3%). Entre os empregados onde se contava desde 1962, e mesmo entre os mais idosos, uma parte relativamente forte de portadores de diplomas, a parte dos diplomas mais elevados aumenta mais rapidamente entre os mais jovens do que entre os mais idosos, de maneira que a parte dos diplomas elevados torna-se mais forte entre os primeiros do que entre os segundos (em 1962, 25% dos empregados com idade de 15 a 24 anos têm o *brevet*, 2% o *bac*, 0,2% um diploma de faculdade ou de *grande école* contra 38%, 8% e 1,7% em 1975,

---

* Pessoas portadoras do diploma universitário de "licence", título intermediário entre o 1º e o 3º ciclo dos estudos superiores [N.R.].

sendo que, para os mais idosos, as taxas correspondentes são 16,1%, 3,3% e 1,4%). Além de todas as transformações das relações entre colegas de gerações diferentes que estão inscritas nessas distribuições, é preciso levar em conta as transformações da relação com o trabalho que resultam da instalação em postos frequentemente degradados (com a automatização e todas as formas de mecanização das tarefas que transformam um grande número de empregados em OS das grandes burocracias) de agentes providos de diplomas mais elevados do que no passado. Tudo permite supor que a oposição entre o rigor um pouco estrito, e até mesmo mesquinho, dos mais idosos e a descontração dos mais jovens, percebida certamente como um "deixar acontecer", combinada, em particular, com a barba e cabelos compridos, atributos tradicionais da boêmia intelectual ou artística, exprime outra coisa e mais do que uma simples oposição entre gerações ou uma mudança da moda cosmética ou de roupas.

A luta contra a desclassificação

As estratégias que os agentes empregam para evitar a desvalorização dos diplomas que é correlativa da multiplicação dos titulares – aliás, habitualmente, só é possível reconhecer as mais visíveis, isto é, as estratégias coletivas pelas quais um grupo dominado visa manter ou aumentar as vantagens adquiridas – encontram assim seu fundamento na defasagem, particularmente marcante, em certas conjunturas e certas posições sociais, entre as oportunidades objetivamente oferecidas num dado momento do tempo e as aspirações realistas que são apenas o produto de um outro estado de oportunidades objetivas: essa defasagem é, mais frequentemente, o efeito de um declínio com relação à trajetória individual ou coletiva que se achava inscrita como potencialidade objetiva na posição anterior e na trajetória que conduziu a essa posição. Esse efeito de *trajetória interrompida* faz com que as aspirações, semelhantes a um projétil impulsionado por sua inércia, desenhem, acima da trajetória real – a do filho e neto de politécnico que se tornaram engenheiros comerciais ou psicólogos, ou a do *licencié* em direito que, por falta de capital social, tornou-se animador cultural – uma trajetória não menos real e que nada tem, em todo caso, de imaginário no sentido que, habitualmente, se dá à palavra: inscrita no âmago das disposições, essa impossível potencialidade objetiva, espécie de esperança ou promessa traída, é o que pode levar a uma aproximação, a despeito de todas as diferenças, entre os filhos da burguesia que não obtiveram do sistema escolar os meios de perseguir a trajetória mais provável para sua classe e os filhos das classes médias e populares que, por falta de capital cultural e social, não obtiveram de seus títulos escolares o que estes asseguravam num outro estado do mercado – duas categorias que, em particular, são levadas a se orientar para posições novas.

Aqueles que pretendem escapar à desclassificação podem, com efeito, ou produzir novas profissões mais ajustadas às suas pretensões (socialmente fundadas num estado anterior das relações entre os diplomas e os cargos) ou então reordenar, em conformidade com suas pretensões, por meio de uma redefinição que implica uma reavaliação, as profissões às quais seus diplomas dão acesso[4]. A chegada a um cargo de agentes que, sendo dotados de diplomas diferentes daqueles dos ocupantes comuns, trazem em sua relação com o cargo, considerado tanto em sua definição técnica quanto em sua definição social, determinadas atitudes, disposições e exigências desconhecidas, desencadeia necessariamente transformações do cargo: entre as que se observam quando os recém-chegados são portadores de diplomas superiores, as mais visíveis são o *crescimento da divisão do trabalho* resultante da autonomização de uma parte das tarefas que eram até ali, teórica ou praticamente, asseguradas por profissões de extensão mais ampla (que se pense na diversificação das profissões de

---

4. Contra a representação realista e fixista que está implicada certas tradições de sociologia do trabalho, é preciso lembrar que o *posto* não é redutível nem ao posto teórico, isto é, à atividade tal como ela pode ser descrita em regulamentos, circulares e organogramas, nem ao posto real tal como ele pode ser descrito pela observação da atividade real daquele que o ocupa, nem mesmo pela relação entre os dois. De fato, tanto em sua definição teórica quanto em sua realidade prática, os postos são o objeto de lutas permanentes que podem opor os ocupantes do posto a seus superiores ou a seus subordinados ou aos ocupantes de postos vizinhos e concorrentes ou ainda entre eles (por exemplo, os antigos e os recém-chegados, os diplomados e os não diplomados etc.). Os pretendentes ou os ocupantes de um posto podem ter interesse em redefinir, de fato e/ou de direito, o posto de tal maneira que ele não possa ser ocupado por outros, além dos detentores de propriedades idênticas às deles (cf. as lutas no seio da classe dominante entre os antigos da ENA [École nationale d'administration] e da X [École polytechnique]).

ensino ou de assistência) e, frequentemente, a redefinição das carreiras ligadas à aparição de reivindicações novas, tanto em sua forma quanto em seu conteúdo.

Tudo leva a crer que a amplitude da redefinição de um cargo que resulta da transformação das propriedades escolares de seus ocupantes – e de todas as propriedades associadas – tem todas as oportunidades de ser tanto maior quanto é mais importante a *elasticidade* da definição técnica e social do cargo (aliás, é provável que ela cresça à medida que se sobe na hierarquia dos cargos) e que os novos ocupantes são de origem social mais elevada e, por isso, menos propensos a aceitar as ambições limitadas, progressivas e previsíveis na escala de uma vida, dos pequenos burgueses comuns. Essas duas propriedades não são, com certeza, independentes: de fato, que eles sejam levados a tomar essa atitude por seu senso de investimento e sua intuição das possibilidades que tais propriedades oferecem ao seu capital ou por sua preocupação em não se rebaixarem, orientando-se para as profissões estabelecidas, particularmente odiosas, em sua transparente univocidade, os filhos da burguesia ameaçados de desclassificação dirigem-se, prioritariamente, para as profissões antigas mais indeterminadas e para os setores nos quais são elaboradas as novas profissões. Portanto, o efeito de redefinição criadora observa-se, sobretudo, nas ocupações com grande dispersão e pouco profissionalizadas e nos setores mais novos da produção cultural e artística, como as grandes empresas públicas ou privadas de produção cultural (rádio, televisão, *marketing*, publicidade, pesquisa em ciências sociais etc.) nas quais os cargos e as carreiras ainda não adquiriram a rigidez das velhas profissões burocráticas e onde o recrutamento ainda se faz, mais frequentemente, por cooptação, isto é, na base das "relações" e das afinidades de *habitus*, e não em nome dos títulos escolares (de modo que os filhos da burguesia parisiense, que têm mais oportunidades de chegar aos estatutos intermediários, entre os estudos e a profissão, oferecidos, por exemplo, pelas grandes burocracias da produção cultural e que podem "segurar" tal atividade por mais tempo, em vez de aceitarem diretamente uma ocupação bem-definida, mas definitiva – como a de professor – têm mais chances de entrarem e serem bem-sucedidos em profissões para as quais os diplomas específicos – diploma do *Institut des hautes études cinématographiques* ou da *École technique de photo et de cinéma, licence* em sociologia ou em psicologia etc. – só dão acesso, de fato, àqueles que estão em condições de juntar a esses diplomas formais os diplomas reais)[5].

O peso relativo das diferentes categorias que participam do sistema de produção cultural foi profundamente transformado, ao longo dos dois últimos decênios: as novas categorias de

---

5. Essas estratégias novas vêm se juntar ou substituir estratégias já conhecidas, como a outorga de uma ajuda financeira direta, espécie de herança antecipada, ou a reconversão do capital social da família num rico casamento, ou ainda a orientação para mercados menos tensos, onde a rentabilidade do capital econômico, cultural ou social é mais forte (como, antigamente, as colônias ou instituições prestigiosas ou pelo menos honrosas, tais como as Forças Armadas ou a Igreja, cujo acesso não era subordinado nem à posse de capital econômico, nem mesmo à posse de capital cultural).

produtores assalariados que nasceram do desenvolvimento do rádio e da televisão ou dos organismos públicos ou privados de pesquisa (particularmente, em ciências sociais) conheceram um crescimento considerável, assim como os extratos inferiores do corpo docente, enquanto declinavam as profissões artísticas e as profissões jurídicas, isto é, o artesanato intelectual; essas transformações morfológicas, que se acompanham pelo desenvolvimento de novas instâncias de organização da vida intelectual (comissões de reflexão, de estudo etc.) e de novos modos institucionalizados de comunicação (colóquios, debates etc.) são de natureza a favorecer o aparecimento de novos tipos de intelectuais, mais diretamente subordinados à demanda dos poderes econômicos e políticos, e a introdução de novos modos de pensamento e de expressão, de novas temáticas e de novas maneiras de conceber o trabalho intelectual e a função do intelectual. É possível que essas transformações, às quais é preciso acrescentar o crescimento considerável da população de estudantes, localizados numa situação de aprendizes intelectuais, e o desenvolvimento de todo um conjunto de profissões semi-intelectuais, tenham conseguido por efeito principal fornecer à produção "intelectual" (isto é, ao ensaísmo filosófico-político) o que a "arte burguesa" era a única a dispor, isto é, um público muito importante e diversificado para justificar o desenvolvimento e o funcionamento de instâncias de produção e de difusão específicas e o aparecimento, nas franjas do campo universitário e do campo intelectual, de uma espécie de alta vulgarização – da qual os "novos filósofos" representam o limite exemplar (Sobre a evolução das diferentes categorias socioprofissionais, cf. THÉVENOT, "Les catégories sociales en 1975. L'extension du salariat", *Économie et statistique*, n. 93, outubro de 1977, p. 3-31; e sobre o desenvolvimento regular, entre 1962 e 1975, do setor de "estudos e assessoria às empresas" – conselheiros jurídicos, contábeis e financeiros, publicitários, escritórios de arquitetura etc. – que emprega muitas mulheres e constitui uma perspectiva importante para os diplomados, cf. TROGAN, P. "Croissance régulière de l'emploi dans les activités d'études et de conseils" cd. *Économie et statistique*, n. 93, outubro de 1977, p. 73-80).

Mas, o lugar por excelência dessa forma de mudança deve ser procurado no conjunto de profissões que têm em comum assegurar o rendimento máximo a esse aspecto do capital cultural que, transmitido diretamente pela família, não depende da inculcação e da consagração escolares, quer se trate de boas maneiras ou do bom gosto, ou mesmo da postura e do charme físico, produtos da interiorização das normas corporais em vigor na classe dominante, como são os ofícios artísticos ou semiartísticos, intelectuais ou semi-intelectuais, e também todas as profissões de assessoria (psicólogos, orientadores, fonoaudiólogos, esteticistas, conselheiros conjugais, nutricionistas etc.), as profissões pedagógicas ou parapedagógicas (educadores, animadores culturais etc.) ou as profissões de apresentação e de representação (animadores de turismo, recepcionistas, guias artísticos, apresentadores de rádio ou de televisão, assessores de imprensa, *public-relations* etc.).

A necessidade experimentada pelas burocracias públicas e, sobretudo, privadas, no que diz respeito ao exercício de funções de recepção e de acolhida que diferem profundamente, tanto pela sua amplitude quanto pelo seu estilo, daquelas que eram tradicionalmente confiadas aos homens (diplomatas, membros de gabinetes ministeriais) frequentemente saídos de frações da classe dominante mais ricas em capital social (aristocracia, burguesia antiga) e em técnicas de sociabilidade indispensáveis à manutenção desse capital, determinou o aparecimento de todo um conjunto de profissões femininas e de um mercado legítimo para as propriedades corporais. O fato de que algumas mulheres tirem um proveito profissional de seu charme (e não de seus charmes), de que a beleza receba assim um valor no mercado de trabalho contribuiu, sem dúvida, para determinar, além de numerosas transformações de normas ligadas ao vestuário, à cosmética etc., todo um conjunto de transformações éticas, ao mesmo tempo que uma redefinição da imagem legítima da feminilidade: as revistas femininas e todas as instâncias legítimas em matéria de definição legítima do corpo e do uso do corpo difundem a imagem da mulher encarnada por essas profissionais do charme burocrático, racionalmente selecionadas e formadas, segundo uma carreira rigorosamente programada (com suas escolas especializadas, seus concursos de beleza etc.), com vistas a desempenharem, segundo as normas burocráticas, as funções femininas mais tradicionais.

Uma profissão que prolonga sua vocação de mulher.

Uma recepcionista, segundo Monsieur Tunon – Presidente-fundador da Escola – é "uma jovem, uma mulher jovem que lhe presta serviço com o sorriso".

Você nunca constatou a gentileza, a amabilidade, a alegria de viver daquelas que escolheram esse caminho?

Seu sorriso não é um "sorriso profissional"!

É simplesmente a manifestação exterior do pleno desabrochamento e da felicidade que lhes proporciona uma profissão em harmonia com seus desejos e sua personalidade.

Com efeito, no exercido de sua profissão, a recepcionista valoriza em primeiro lugar suas qualidades de mulher e prolonga sua vocação feminina.

O charme, a elegância, a distinção, a graça, todas essas qualidades que concorrem para o êxito profissional de uma recepcionista são indispensáveis ao sucesso da vida pessoal de toda mulher. E escolher a profissão de recepcionista é, assim, pretender dar equilíbrio e harmonia à sua própria vida.

Nos setores mais indeterminados da estrutura social é que existe mais probabilidade de êxito dos golpes de força que visam a produzir, pela transformação de posições antigas ou pela "criação" *ex nihilo,* determinadas especialidades reservadas, notadamente as de "assessoria", cujo exercício não exige nenhuma outra competência específica a não ser uma competência cultural de classe. A constituição de um corpo socialmente reconhecido de especialistas do aconselhamento, em matéria de sexualidade, que começa a se realizar mediante a profissionalização progressiva de associações beneficentes, filantrópicas ou políticas, representa a forma paradigmática do processo pelo qual certos agentes tendem a satisfazer seus interesses categoriais, com a convicção íntima do desinteresse que está no princípio de todo proselitismo, valendo-se, junto às classes excluídas da cultura legítima, da parcela de legitimidade cultural da qual foram dotados pelo sistema de ensino para produzirem a necessidade e a raridade de sua cultura de classe. É evidente que, tanto aqui como em outras situações, a responsabilidade da mudança não pode ser atribuída a tais ou quais agentes ou classes de agentes que trabalhariam com uma lucidez interessada ou uma convicção desinteressada para criar as condições necessárias ao êxito de seu empreendimento. Dos conselheiros conjugais aos vendedores de produtos dietéticos, todos aqueles que, hoje, têm por profissão oferecer os meios de cobrir a distância entre o ser e o dever-ser na ordem do corpo e de seus usos, não seriam nada sem a cumplicidade inconsciente de todos aqueles que contribuem para produzir um mercado fértil para os produtos que eles oferecem impondo novos usos do corpo e uma nova *hexis corporal** – aquela mesma que a nova burguesia da sauna, da sala de ginástica e do *ski* descobriu por si mesma e, simultaneamente, produzindo outras tantas necessidades, expectativas e insatisfações: médicos e nutricionistas que impõem com a autoridade da ciência sua definição da *normalidade*, "tabelas de relações de peso e altura para o homem normal", regimes alimentares equilibrados ou modelos de desempenho sexual, costureiros que conferem a sanção do bom gosto às medidas impossíveis dos manequins, publicitários que encontram nos novos usos obrigatórios do corpo a ocasião de numerosos apelos à ordem ("vigie seu peso" etc.), jornalistas que exibem e valorizam sua própria arte de viver, nos semanários femininos e nas revistas para jovens quadros ricos, ele-

---

* No original, *hexis corporelle*: conjunto de propriedades associadas ao uso do corpo que se exterioriza a posição de classe de uma pessoa [N.R.].

gantes e ociosos, produzidas por eles e onde se dão em espetáculo; assim, todos concorrem, na concorrência mesma que, às vezes, os opõe, para fazer progredir uma causa que servem tanto melhor na medida em que nem sempre têm consciência de estar a serviço dela e serem servidos, servindo-a. E o próprio aparecimento dessa nova pequena burguesia – que, a serviço de sua função de intermediária entre as classes, coloca novos instrumentos de manipulação e que, por sua própria existência, determina uma transformação da posição e das disposições da pequena burguesia antiga – só é compreensível em referência às transformações do modo de dominação que, tendo substituído a repressão pela sedução, a força pública pelas relações públicas, a autoridade pela publicidade, os modos ríspidos pelos modos afáveis, espera a integração simbólica das classes dominadas mais pela imposição das necessidades do que pela inculcação das normas.

As estratégias compensatórias

A contradição específica do modo de reprodução, com componente escolar, reside na oposição entre os interesses da classe que a escola serve *estatisticamente* e os interesses dos membros da classe que ela sacrifica, isto é, aqueles que são chamados "fracassados" e estão ameaçados de desclassificação por não deterem os diplomas formalmente exigidos dos membros que gozam de plenos direitos. Sem esquecer os portadores de diplomas que dão direito "normalmente" – isto é, num estado anterior das relações entre os diplomas e os cargos – a uma profissão burguesa aos que, não sendo oriundos da classe, não possuem o capital social necessário para obter o pleno rendimento de seus títulos escolares. A superprodução de diplomas e a desvalorização que daí se segue tendem a se tornar uma constante estrutural quando as oportunidades teoricamente iguais de obter diplomas são oferecidas a todos os filhos da burguesia (tanto caçulas como primogênitos e tanto meninas quanto meninos) enquanto o acesso das outras classes a esses diplomas cresce também (em números absolutos). As estratégias utilizadas por alguns para tentarem escapar à desclassificação e recuperarem sua trajetória de classe e por outros para prolongarem o curso interrompido de uma trajetória visada constituem, hoje, um dos fatores mais importantes da transformação das estruturas sociais. De fato, as estratégias individuais de recuperação que permitem aos detentores de um capital social de relações herdadas a substituição da ausência de diplomas ou a obtenção do rendimento máximo dos diplomas que puderam adquirir, orientando-se para domínios ainda pouco burocratizados do espaço social (onde as disposições sociais contam mais do que as "competências" garantidas pela escola), conjugam-se com as estratégias coletivas de reivindicação – que visam a fazer valer os diplomas e a obter a contrapartida que lhes estava assegurada num estado anterior – para favorecer a criação de um grande número de posições *semiburguesas*, originárias da redefinição de posições antigas ou da invenção de posições novas e destinadas a evitar a desclassificação aos "herdeiros" desprovidos de diplomas e a oferecer aos "parvenus" uma contrapartida aproximada de seus diplomas desvalorizados.

A análise das estratégias compensatórias basta para mostrar o quanto seria ingênuo tentar reduzir a um processo *mecânico* de inflação e de desvalorização o conjunto das transformações que, no sistema escolar e fora dele, têm sido determinadas pelo crescimento maciço da população escolarizada; e, em particular, todas as mudanças que, através das transformações morfológicas sobrevindas nos vários níveis do sistema escolar, assim como através das reações de defesa dos usuários tradicionais do sistema, têm afetado a organização e o funcionamento do sistema – por exemplo, a multiplicação dos ramos de ensino sutilmente hierarquizados e das vias sem saída sabidamente dissimuladas que contribuem para perturbar a percepção das hierarquias. Para tornar mais claro o assunto, pode-se opor dois estados do sistema de ensino secundário: no estado mais antigo, a própria organização da instituição, os ramos de ensino que ela propunha, os ensinamentos que assegurava e os diplomas que conferia, repousavam sobre cortes bem definidos, fronteiras nítidas, sendo que a divisão entre o primário e o secundário determinava diferenças sistemáticas em todas as dimensões da cultura ensinada, dos métodos de ensino, das carreiras prometidas (é significativo que o corte seja mantido ou mesmo *reforçado* nos lugares em que se dá, a partir de então, o acesso à classe dominante, isto é, no momento da entrada na *seconde*, com a oposição entre a seção de "elite", a *seconde* C, e as outras, e, no nível do ensino superior com a oposição entre as *grandes écoles* ou, mais precisamente, as escolas do poder, e as outras instituições). No estado atual, a exclusão de grande massa de crianças das classes populares e médias não se opera mais na entrada na *sixième*, mas progressiva e insensivelmente ao longo dos primeiros anos do secundário, através de formas *denegadas* de eliminação, a saber: o *atraso* (ou a *repetência*) como eliminação diferida; a *relegação* aos ramos de ensino de segunda ordem que implica um efeito de marcação e de *estigmatização*, propício a impor o reconhecimento antecipado de um destino escolar e social; e, enfim, a *outorga de diplomas desvalorizados*[6].

Se a representação das crianças das diferentes categorias socioprofissionais nas classes da *quatrième* e de CPPN reflete a repartição global da população ativa na França, as diferenças entre as classes já são manifestas na distribuição entre as seções hierarquizadas, desde aquelas que conduzem ao ensino integral até aquelas que conduzem ao ensino técnico ou à exclusão: a parte das crianças que são, de facto, eliminadas desse ensino integral (isto é, relegadas ao CPPN ou às classes práticas) varia na razão inversa da hierarquia social, passando de 42% entre os assalariados agrícolas ou 29% entre os operários e

---

6. Observe-se que é no próprio momento em que a divisão em duas seções – com todo rigor, sempre houve três, com o primário superior – tendia a desaparecer para se reconstituir em outro nível, que Baudelot e Establet, como observadores experientes, "descobriram" essa oposição, cuja existência nunca chegou a ser contestada, uma vez que constituía a manifestação mais evidente dos mecanismos escolares de reprodução.

o pessoal de serviço, para 4% entre os quadros médios e 1% entre os quadros superiores. As crianças originárias das classes populares são super-representadas no ensino técnico curto, mas a parte dos filhos de quadros médios e de empregados cresce regularmente quando se vai da formação em um ano (CEP), passando pelas CPA (onde os filhos de artesãos são mais numerosos) e o primeiro ano de CAP até o BEP (ao nível da seconde) e a seconde técnica, enquanto a parte dos filhos de operários diminui paralelamente (a parte dos filhos das classes dominantes permanece ínfima). Mas se se vai mais longe, observa-se que, no nível do CAP, os meninos das classes médias orientam-se, principalmente, para a eletricidade em vez da construção civil e têm um leque de escolhas mais extenso que os outros; que as meninas das classes médias dirigem-se mais frequentemente para as formações econômicas e financeiras, enquanto as crianças das classes populares estão mais representadas no setor de confecções. Ou ainda, no nível do BEP, os meninos das classes médias, mais fortemente representados do que no nível do CAP, orientam-se principalmente para os serviços comerciais, enquanto os filhos de operários são majoritários no desenho industrial. Assim, tem-se de levar em conta toda uma profusão de ramos de ensino hierarquizados, desde o mais teórico e mais abstrato até o mais técnico, mais prático, cada um deles contendo uma hierarquia que obedece aos mesmos princípios – por exemplo, com a oposição entre a eletricidade e a construção civil (cf. F. Oeuvrard, art. cit.). No nível da seconde, as diferenças entre as classes sociais de origem – já nitidamente marcantes nas próprias taxas de representação – manifestam-se com toda a clareza na repartição entre as seções, tendo num polo a classe de "elite", a *seconde* C, onde os filhos de quadros médios, de quadros superiores, de profissões liberais e de industriais e grandes comerciantes representam mais da metade dos efetivos e, noutro polo, as *secondes* especiais, "passarela" entre o segundo ciclo curto e o segundo ciclo integral, de fato, reservada a um reduzido número, no qual os filhos de operários são super-representados; e, entre os dois, as seções A, AB ou T. A desvalorização imposta pela recuperação e que atua como mecanismo propulsor, bem como a transformação dos cargos profissionais mais qualificados – que, em razão do progresso tecnológico, exige de uma minoria uma competência técnica crescente –, fazem com que o recurso ao ensino técnico mais ou menos longo – tudo o que faz falar de "democratização" – imponha-se progressivamente às crianças da classe operária e, em particular, àquelas que são originárias dos extratos mais "favorecidos" (técnicos, operários qualificados) dessa classe, como a condição da manutenção na posição e o único meio de escapar às situações negativas que conduzem ao subproletariado.

Enquanto o sistema com fronteiras fortemente marcadas levava a interiorizar as divisões escolares que correspondiam claramente a divisões sociais, o sistema com classificações imprecisas e confusas favorece ou autoriza (pelo menos nos níveis *intermediários* do espaço escolar) determinadas aspirações, em si mesmas vagas e confusas, impondo – de maneira menos estrita e também menos brutal que o antigo sistema, simbolizado pelo rigor impiedoso do concurso – o ajustamento dos "níveis de aspiração" a barreiras e níveis escolares. Se é verdade que esse sistema paga uma grande parte dos utilizadores com títulos escolares desvalorizados – explorando erros de percepção induzidos pelo florescimento anárquico dos ramos de ensino e dos títulos, relativamente insubstituíveis e, ao mesmo tempo, sutilmente hierarquizados – acontece que não lhes impõe um *desinvestimento* tão brutal quanto o antigo sistema; além disso, a confusão das hierarquias e das fronteiras entre os eleitos e os excluídos, entre os verdadeiros e os falsos diplomas, contribui para impor a eliminação suave e a aceitação suave dessa eliminação, mas favorece a instauração de uma relação menos realista e menos resignada com o futuro objetivo do que o antigo *senso dos limites* que constituía o fundamento de uma percepção muito aguda das hierarquias. A *allodoxia* que o novo sistema encoraja de mil maneiras é o que faz com que os relegados colaborem para sua própria relegação superestimando os ramos de ensino adotados, supervalorizando seus diplomas e se atribuindo possibilidades que lhes são, de fato, recusadas, mas também é o que faz com que eles não aceitem realmente a verdade objetiva de sua posição e de seus diplomas. E as posições novas ou renováveis não exerceriam tal atração se – vagas e maldefinidas, mal-localizadas no espaço social, não oferecendo, frequentemente, à maneira do ofício de artista ou de intelectual de outrora, qualquer desses critérios materiais ou simbólicos, promoções, recompensas, aumentos que submetem à prova e servem de medida ao *tempo social* e também às hierarquias sociais – não deixassem uma margem tão grande às aspirações, permitindo assim escapar ao desinvestimento brutal e definitivo imposto, desde o começo da atividade até a aposentadoria, pelas profissões com limites e perfis bem-traçados. O futuro indeterminado que essas novas posições sugerem, privilégio até aí reservado aos artistas e aos intelectuais, permite fazer do presente uma espécie de *sursis permanentemente renovado* e a tratar o que a antiga língua chamava de um *estado* como uma condição provisória, à maneira de um pintor que, trabalhando em publicidade, continua a se considerar um "verdadeiro" artista e afirmar, como justificativa, que esse ofício mercenário não passa de uma ocupação temporária que abandonará assim que tiver conseguido o suficiente para assegurar sua independência econômica[7]. Essas profissões ambíguas permitem evitar o trabalho de desinvestimento e de reinvestimento implicado na reconversão de uma "vocação" de filósofo em "vocação" de professor de filosofia, de artista pintor em desenhista de publicidade ou em professor de desenho; permitem evitar tal trabalho ou,

---

7. GRIFF, M. 'Les conflits intérieurs de l'artiste dans une société de masse". *Diogène*, n. 46, 1964, p. 61-94. No mesmo artigo de Mason Griff, encontrar-se-á uma descrição muito precisa dos procedimentos que os publicitários, "artistas comerciais", impõem a seus aprendizes, frequentemente artistas em pensamento, para determinar o desinvestimento ("fazer as compras" etc.) e o reinvestimento num campo "inferior".

pelo menos, adiá-lo indefinidamente para mais tarde. Compreende-se que esses agentes "em liberdade provisória" tenham vínculo com a educação permanente (ou com a permanência no sistema de educação) que – antítese perfeita do sistema dos grandes concursos, destinado a marcar os limites temporais e significar de uma vez por todas e o mais cedo possível que o que acabou, está acabado – oferece um futuro aberto, sem limites[8]. E compreende-se, também, que ainda a exemplo dos artistas, eles se sacrifiquem com tanto empenho às modas e aos modelos estéticos e éticos da *juventude*, maneira de manifestar, para si e para os outros, que não se está terminado, definido, definitivo, determinado, no fim da rota, no fim das contas. As descontinuidades brutais, do tudo ou nada, entre os estudos e a profissão, a profissão e a aposentadoria, cedem o lugar a passagens por evoluções insensíveis e infinitesimais (que se pense em todas as ocupações temporárias ou semipermanentes, frequentemente assumidas por estudantes no fim dos cursos, que envolvem as posições estabelecidas da pesquisa científica ou do ensino superior ou, numa outra ordem, na aposentadoria progressiva oferecida pelas empresas de "vanguarda"). Tudo se passa como se a nova lógica do sistema escolar e do sistema econômico encorajasse a adiar, pelo maior tempo possível, o momento em que acaba por se determinar o limite para o qual tendem

---

8. É assim que uma parte dos excedentes do sistema de ensino encontra emprego na gestão dos problemas e conflitos sociais engendrados pela "superprodução" escolar e pelas novas "demandas" que ela engendrou (por exemplo, a "necessidade" de educação permanente etc.).

todas as mudanças infinitesimais, isto é, o balanço final que, por vezes, assume a forma de uma "crise pessoal". É preciso dizer que o ajustamento assim obtido entre as oportunidades objetivas e as aspirações é, ao mesmo tempo, mais sutil e mais sutilmente extorquido, mas também mais arriscado e mais instável? A imprecisão nas representações do presente e do futuro da posição é uma forma de aceitar os limites, apesar do esforço para mascará-los que equivale a recusá-los ou, se se prefere, uma forma de recusá-los, mas com a má-fé de um revolucionarismo ambíguo que tem por princípio o ressentimento contra a desclassificação com relação a expectativas imaginárias. Enquanto o antigo sistema tendia a produzir identidades sociais bem-definidas – deixando pouco lugar ao onirismo social – e também confortáveis e inspiradoras de confiança na própria renúncia que exigiam, sem concessões, a espécie de *instabilidade estrutural* da representação da identidade social e das aspirações que aí se encontram legitimamente incluídas tende a remeter os agentes, por um movimento que nada tem de pessoal, do terreno da crise e da crítica sociais para o terreno da crítica e da crise pessoais.

As lutas de concorrência e a translação da estrutura

Vê-se como é ingênuo pretender resolver o problema da "mudança social" atribuindo à "renovação" ou à "inovação" um *lugar* no espaço social – o mais alto para uns, o mais baixo para outros, sempre alhures, em todos os grupos "novos", "marginais", "excluídos", para todos aqueles cuja primeira preocupação é introduzir, a todo custo, a "renovação" no discurso: caracterizar uma classe como "conservadora" ou "inovadora" (sem mesmo precisar sob que aspecto) é, recorrendo tacitamente a um padrão ético, necessariamente situado do ponto de vista social, produzir um discurso que não diz quase nada a não ser o lugar de onde se articula porque faz desaparecer o essencial, isto é, o *campo de lutas* como sistema de relações objetivas no qual as posições e as tomadas de posição se definem *relacionalmente* e que domina ainda as lutas que visam a transformá-lo. É somente com referência ao espaço de disputa que as define e que elas visam a manter ou a redefinir, enquanto tal, mais ou menos completamente, que é possível compreender as estratégias individuais ou coletivas, espontâneas ou organizadas, que visam a conservar, transformar, transformar para conservar ou, até mesmo, conservar para transformar.

As estratégias de reconversão são apenas um aspecto das ações e reações permanentes pelas quais cada grupo se esforça por manter ou modificar sua posição na estrutura social ou, mais exatamente, a um estágio da evolução das sociedades divididas em classes onde só se pode conservar mudando, *mudar para conservar.* No caso particular (embora o mais frequente) em que as ações pelas quais cada classe (ou fração de classe) trabalha para conquistar novas vantagens, isto é, tomar a dianteira sobre as outras classes, logo, objetivamente, para *deformar a estrutura* das relações objetivas entre as classes (aquelas que registram as *distribuições* estatísticas de propriedades), são compensadas (logo, *ordinalmente* anuladas) pelas reações, orientadas para os mesmos objetivos, das outras classes, o resultado dessas ações opostas, que se anulam no próprio movimento que suscitam, é uma *translação global* da estrutura da distribuição entre as classes ou as frações de classes dos bens que são o objeto da concorrência (este é o caso das oportunidades de acesso ao ensino superior – cf. Quadro 5 e Gráfico 1).

No caso das ciências sociais, o discurso científico não pode ignorar as condições de sua própria recepção: esta depende, com efeito, a cada momento do estado da problemática social em vigor que, por sua vez, é definida, pelo menos em parte, pelas reações a um estado anterior desse discurso. Aqueles que, com o álibi da clareza pedagógica, simplificam, até o simplismo, as análises propostas em *Les héritiers* e em *La reproduction* e aprofundadas a partir daí por um conjunto de trabalhos que tiveram como efeito, pelo menos, mostrar que elas pecavam ainda por excesso de simplificação, têm em comum com aqueles que as criticam sem compreendê--las, além do gosto pelas verdades simples, a incapacidade de pensar relacionalmente. Com efeito, a obstinação ideológica não basta para explicar determinadas ingenuidades, tais como aquela que consiste em falar de uma "elevação do recrutamento médio" da universidade entre 1950 e 1960 (o que não quer dizer quase nada) e a concluir pela transformação da universidade burguesa em "universidade dominada pelas classes médias" (cf. BOUDON, R. "La crise universitaire française: essai de diagnostic sociologique". *Annales*, 3, maio-junho de 1969, p. 747-748).

Um simples olhar sobre a posição que ocupam as faculdades – e, em particular, as faculdades de letras e de ciências – na distribuição das instituições de ensino superior, segundo a origem social de sua clientela, basta para dar a medida de tal análise estatística (altamente celebrada pelo autor de *Le Mal français* que deplora o fato de que esta não tenha tido todo o sucesso que merece, dando assim uma outra prova de seu grande conhecimento das realidades universitárias – cf. PEYREFITTE A. *Le Mal français*. Paris: Plon, 1978, em várias passagens e especialmente p. 408-409 e 508-509). Situadas no ponto mais baixo de um campo evidentemente dominado pelas Grandes Écoles – mais baixo mesmo nos dias de hoje, se forem julgadas pelo rendimento econômico e social dos diplomas que concedem, do que as menos prestigiosas e mais recentes escolas de comércio que proliferaram nos últimos anos – as faculdades de letras e de ciências têm todas as propriedades dos lugares de relegação, a começar pelas taxas de "democratização" (e de feminização) particularmente elevadas das quais se orgulham os avaliadores avaliados. O que dizer daquele que viesse a medir a "democratização" do ensino secundário a partir da estrutura social de um CET de Aubervilliers* ou de um CES de Saint-Denis*? Para

---

* Cidades da periferia norte de Paris, caracterizadas pelo elevado número de grandes conjuntos habitacionais destinados a emigrantes [N.R.].

falar da universidade "dominada pelas classes médias", é preciso, além disso, operar uma confusão, consciente ou inconsciente, entre as taxas de representação das classes médias na população das faculdades (expressa pela porcentagem de estudantes originários das classes médias na população das faculdades) e as oportunidades de acesso às faculdades que estão objetivamente vinculadas a essas classes, entre a mudança da composição social das faculdades (que pode ter efeitos importantes – por exemplo, em matéria de comunicação pedagógica, com a multiplicação de estudantes desprovidos dos pré-requisitos implicitamente exigidos no antigo sistema – inclusive, no caso em que um grupo venha a permanecer socialmente dominado mesmo sendo numericamente dominante) e a evolução da estrutura das probabilidades de escolarização características das diferentes classes, de modo que elas podem ser calculadas relacionando a parte dos sobreviventes escolares de cada classe (para determinado nível do *cursus**) ao conjunto de sua classe de origem (e não ao conjunto de seus condiscípulos); ora, como se viu, tal estrutura sofreu uma simples translação para o alto e não uma verdadeira deformação.

Processo semelhante de *desenvolvimento homotético* observa-se, segundo parece, todas as vezes em que as forças e os esforços de grupos em concorrência, por determinada espécie de bens ou de diplomas raros, ten-

---

* Percurso (mais ou menos longo, nesse ou naquele ramo de ensino, nesse ou naquele estabelecimento) efetuado pelo aluno no decorrer de sua carreira escolar [N.R.].

dem a se equilibrar como numa *corrida* onde, ao termo de uma série de ultrapassagens e de ajustamentos, as distâncias iniciais encontrar-se-iam mantidas, isto é, todas as vezes em que as tentativas dos grupos inicialmente mais desprovidos para se apropriarem dos bens ou dos diplomas até aí possuídos pelos grupos situados imediatamente *acima deles* na hierarquia social ou imediatamente *à sua frente* na corrida, são quase compensados, em todos os níveis, pelos esforços que fazem os grupos mais bem-colocados para manter a raridade e a distinção de seus bens e de seus diplomas. Que se pense na luta que a venda dos títulos nobiliárquicos suscitou, na segunda metade do século XVI, no seio da nobreza inglesa, desencadeando um processo autossustentado de inflação e de desvalorização desses títulos: os primeiros a serem atingidos foram os mais baixos, como *Esquire* ou *Arms*; em seguida, foi a vez do título de *Knight* que se desvalorizou tão rapidamente que os mais antigos titulares tiveram de fazer pressão para obter a criação de um novo título, o de *Baronet*; mas esse novo título que vinha ocupar um vazio entre o *Knight* e o par do reino apareceu como uma ameaça aos detentores do título superior, cujo valor estava ligado a uma certa *distância*[9]. Não é necessário invocar as determinações psicológicas como o ódio do inferior ou o ciúme do superior, como o fez Lawrence Stone, para dar conta das lutas que têm por princípio o crescimento ou a defesa da raridade relativa da identidade social. No caso do título

---

9. STONE, L. "The Inflation of Honours", 1558-1641. *Past and Present*, 14, 1958, p. 45-70.

escolar, como no caso do título nobiliárquico, os pretendentes perseguem, objetivamente, a desvalorização dos detentores pelo fato de se apropriarem dos títulos que faziam sua raridade: não há nada melhor para desvalorizar um título nobiliárquico do que comprá-lo quando se é plebeu. Quanto aos detentores, perseguem objetivamente a desvalorização dos pretendentes, seja abandonando-lhes, de algum modo, seus títulos para perseguir os mais raros, seja introduzindo entre os titulares certas diferenças ligadas à antiguidade do acesso ao título (como a maneira). Segue-se que todos os grupos que estão engajados na corrida, qualquer que seja a fila, só podem conservar sua posição, sua raridade, seu posto, com a condição de correrem para manter a distância em relação àqueles que os seguem imediatamente, e de ameaçarem assim com *sua diferença* aqueles que os precedem: ou, sob um outro aspecto, com a condição de aspirarem a ter o que os grupos situados logo adiante detêm no mesmo momento e que eles próprios terão, mas *num tempo ulterior*. A dialética da desclassificação e da reclassificação, que está no princípio de todo um conjunto de processos sociais, implica e exige que todos os grupos envolvidos corram no mesmo sentido, para os mesmos objetivos, ou seja, as mesmas propriedades, aquelas que lhes são designadas pelo grupo que ocupa a primeira posição na corrida e que, por definição, são propriedades inacessíveis aos seguintes, uma vez que, sejam elas quais forem, em si mesmas e para elas próprias, são modificadas e qualificadas por sua raridade distintiva; além disso, *elas não serão mais o que são*, desde que, multiplicadas e divulgadas, vierem a se tornar acessíveis a grupos de condição inferior. Assim, por um paradoxo aparente, a manutenção da ordem – isto é, do conjunto das *distâncias*, das diferenças, das posições, das precedências, das prioridades, das exclusividades, das distinções, das *propriedades ordinais* e, por conseguinte, das *relações de ordem* que conferem a estrutura a uma formação social – é assegurada por uma mudança incessante das propriedades substanciais (isto é, não relacionais). Isto implica que a ordem estabelecida num momento dado do tempo é, inseparavelmente, uma ordem temporal, uma *ordem das sucessões*, sendo que cada grupo tem como passado o grupo imediatamente inferior e como futuro o grupo superior (compreende-se a pregnância dos modelos evolucionistas). Os grupos em concorrência estão separados por diferenças que, no essencial, situam-se *na ordem do tempo* de modo que a dialética da desclassificação e da reclassificação é predisposta a funcionar como um *mecanismo ideológico* (cujos efeitos são intensificados pelo discurso conservador) que tende a impor aos agentes a ilusão de que lhes basta esperar para obter o que só hão de conseguir, de fato, por meio de suas lutas. Situando a diferença entre as classes na ordem das sucessões, a luta da concorrência instaura uma diferença que, à maneira daquela que separa o *predecessor* do *sucessor* numa ordem social regulada por leis sucessórias bem-estabelecidas é, simultaneamente, a mais absoluta e a mais intransponível – visto que não há outra coisa a fazer a não ser esperar, às vezes, uma vida inteira, como esses pequenos burgueses que entram em casa no momento da aposentadoria; outras vezes, muitas gerações, como esses mesmos pequenos burgueses que prolongam nos filhos sua própria trajetória truncada[10] – e a mais irreal, a mais evanescente, uma vez que se sabe que, de qualquer forma, um indivíduo conseguirá, se souber esperar, aquilo a que está destinado pelas leis inelutáveis da evolução. Em suma, a luta de concorrência eterniza, não condições diferentes, mas a *diferença das condições*.

Lê-se, no Quadro 5, a relação entre a evolução morfológica das diferentes classes e frações de classes, e a evolução do grau em que é utilizado o instrumento escolar de reprodução pelos membros dessas classes e frações de classes: o volume dos grupos cujo modo de reprodução era fundado, sobretudo no início do período, sobre a transmissão do patrimônio econômico tende a diminuir ou a permanecer estacionário, enquanto cresce, durante o mesmo tempo, a utilização da escola pelas crianças originárias

---

10. Seria necessário analisar todas as consequências sociais do atraso coletivo e individual: o acesso tardio (em oposição ao precoce) não tem por efeito somente reduzir o *tempo de utilização*, mas implica uma relação menos familiar, menos "natural" com a prática ou o bem considerado (o que pode ter consequências técnicas – se se trata de um automóvel – ou simbólicas – se se trata de um bem cultural). Além disso, esse atraso pode representar o equivalente dissimulado da pura e simples privação quando o valor do bem ou da prática apoia-se mais no seu poder *distintivo* (ligado, evidentemente, à apropriação privilegiada ou exclusiva – "exclusividade" – ou prioritária – "premiéres") do que nas satisfações intrínsecas que ele proporciona (Os vendedores de serviços ou bens que têm interesse nos efeitos de *allodoxia* exploram ao máximo essas defasagens, oferecendo, por exemplo, a contratempo – viagens organizadas fora de estação – ou retardatariamente – roupas ou práticas fora de moda –, bens que só têm seu pleno valor em seu tempo ou sua hora).

desses grupos que, em grande parte, irão engrossar as categorias assalariadas situadas no mesmo nível da hierarquia social; os membros das frações de classe em expansão morfológica (quadros médios, quadros superiores, empregados), ricos sobretudo em capital cultural e cuja reprodução era, no início do período, assegurada principalmente pela escola, tendem a aumentar a escolarização dos filhos quase na mesma proporção das categorias independentes que ocupam uma posição equivalente na estrutura das classes. A inversão da posição relativa dos empresários do comércio e dos empregados, por um lado, dos agricultores e dos operários, por outro, explica-se pela intensificação do recurso à escola que se impôs às duas categorias em declínio numérico e, simultaneamente, pela elevação global das características estatísticas dos membros da categoria (visível, por exemplo, em matéria de títulos escolares) que resulta da transformação da estrutura interna dessas categorias – no sentido de uma menor dispersão – e, mais precisamente, pelo fato de que as camadas inferiores foram particularmente afetadas pela crise e impelidas à desaparição ou à reconversão. As taxas de escolaridade representadas no gráfico estão, sem dúvida, superestimadas pelo fato de que as estatísticas só levam em conta os jovens recenseados na família – excluindo aqueles que vivem sozinhos ou num internato, numa "república" etc. – e, sem dúvida, cada vez mais, à medida que se desce na hierarquia social. O ligeiro estreitamento do leque que parece esboçar-se no período recente é imputável, por um lado, ao efeito de saturação que afeta as categorias mais elevadas e, por outro, ao fato de que a estatística ignora a distribuição dos adolescentes das diferentes classes entre ramos de ensino que, por sua vez, são fortemente hierarquizados. Entre 1967-1968 e 1976-1977, a parte dos filhos de operários em classes de *seconde* do ensino público (que representava, em 1975, 40,7% dos jovens de 17 anos) permaneceu constante (passando de 25,7% para 25,9%), enquanto a parte dos filhos de quadros e membros das profissões liberais passou, durante o mesmo período, de 15,4% para 16,8%. Além disso, em 1976-1977, entre os alunos de *seconde*, 56,7% dos filhos de quadros superiores e membros das profissões liberais estavam na seção C (com dominante científica) contra 20,6% dos filhos de assalariados agrícolas e 23,5% dos filhos de operários. Inversamente, 9,8% somente dos primeiros estavam numa seção com dominante técnica contra 24,6% dos filhos de assalariados agrícolas e 28,7% dos filhos de operários (cf. F. Oeuvrard, artigo a ser publicado). Fontes: INSEE. *Recensements de la population*, 1954, 1962, 1968; "Probabilités d'access à l'enseignement supérieur". In: BOURDIEU P.; PASSERON, J.C. *Les héritiers*. Paris: Ed. de Minuit, 1964, p. 15 e BOURDIEU, P. PASSERON, J.-C. *La reproduction*. Paris: Ed. de Minuit, 1970, p. 260; "Taux de scolarisation de 16 à 18 ans". *Donneés Sociales*, INSEE, 1973, p. 105 (para 1975, cálculos feitos a partir da sondagem a 1/5 do recenseamento, Quadro SC0 38 C).

5. A evolução morfológica das diferentes classes e a evolução de sua relação com o sistema de ensino (1954-1968)

	Taxa de evolução morfológica (Base 100 em 1954)	Taxa de titulares de BEPC e acima (homens)		Probabilidades de acesso ao ensino superior		Taxa de escolarização (16-18 anos)		
	1954	1962 %	1968 %	1961/ 1962 %	1965/ 1966 %	1954 %	1962 %	1968 %
Assalariados agrícolas	53,7	0,8	1,6	0,7	2,7	8,0	23,3	29,7
Produtores agrícolas	65,2	1,6	2,7	3,6	8,0	7,5	22,5	38,8
Operários	122,8	2,0	2,9	1,4	3,4	16,3	26,1	35,4
Empresários da indústria e do comércio	89,0	8,5	11,3	16,4	23,2	30,0	45,0	51,7
Empregados	120,4	14,7	19,2	9,5	16,2	34,9	47,0	54,3
Quadros médios	168,3	39,9	43,3	29,6	35,4	42,6	71,0	74,6
Quadros superiores, profissões liberais	167,8	69,5	73,4	48,5	58,7	59,3	87,0	90,0

Compreender esse mecanismo é, antes de tudo, perceber a inutilidade dos debates que se engendram na alternativa escolar entre a permanência e a alteração, a estrutura e a história, a reprodução e a "produção da sociedade", e que têm por princípio real a dificuldade em admitir que nem todas as contradições e as lutas sociais, e nem sempre, estão em contradição com a perpetuação de uma ordem estabelecida; que, para além das antíteses do "pensamento binário", a permanência pode ser assegurada pela mudança e a estrutura perpetuada pelo movimento. É também compreender o seguinte: aqueles que, apoiando-se sobre as propriedades que podem ser chamadas cardinais, falam do "aburguesamento" da classe operária e aqueles que buscam refutá-los invocando as propriedades ordinais, têm em comum, evidentemente, o fato de ignorarem que os aspectos contraditórios da realidade focalizados por eles são, de fato, dimensões indissociáveis do mesmo processo.

O que é que me impede de responder, aqui, a todos aqueles que, por precipitação ou preconceito, julgaram ver em *La reproduction* uma representação do sistema escolar como máquina inteiramente organizada com vistas a reproduzir indefinidamente as desigualdades sociais ou a impor, sem resistência, a ideologia dominante (não sou eu quem faz a caricatura dessas caricaturas)? E também àqueles que, inebriados por uma lucidez retrospectiva, querem devolver à ordem das evidências conhecidas desde sempre a contribuição da escola para a reprodução da ordem social – constatação que teve de ser estabelecida contra todas as evidências e todos os seus guardiães; aliás, coloca-se a questão de saber por que não professaram tal postura mais cedo, já que é por demais evidente que as evidências jamais os amedrontaram? Ainda a todos aqueles que, por um procedimento já submetido à prova desde há muito, criticam não aquilo que realmente está escrito, mas o que teriam lido, por meio de contrassensos frequentemente denunciados de antemão, para reconduzir as análises propostas ao alcance de sua crítica, fazendo pensar nesses *clowns* que abaixam a cabeça de seu comparsa antes de lhe darem um murro e fugirem o mais depressa possível? Entre as muitas razões desse silêncio, eis algumas delas. Em primeiro lugar, o sentimento de que há tanto por fazer e que é preferível empregar a energia e o tempo limitados de que se dispõe para fazer progredir o conhecimento do mundo social e corrigir os modelos provisórios que é necessário propor para progredir. Em seguida, a recusa de ceder à complacência que implicaria a evocação das condições históricas nas quais os primeiros trabalhos foram produzidos e que, às vezes, poderiam ter levado a uma interpretação forçada no sentido oposto para combater a ideologia da "escola libertadora" – primeiro obstáculo a todo conhecimento científico da escola – ou, por vezes, à aceitação de uma linguagem objetivista decididamente orientada contra a ilusão espontaneísta (ou "acionalista") que jamais é tão provável e tão perigosa quanto a propósito do sistema de ensino: com efeito, é por seu intermédio que os professores e os intelectuais dissimulam a verdade do que fazem e do que são, criando para si próprios uma imagem complacente de suas "lutas" e de suas disposições "revolucionárias". Enfim, a consciência de que não se pode pretender reduzir pela refutação lógica certos discursos cuja insuficiência lógica é prova suficiente de que só podem ser defendidos e admitidos porque têm, por princípio, razões sociológicas mais fortes do que todas as razões lógicas.

A reprodução da estrutura social pode se realizar na e por uma luta de concorrência que conduz a uma simples translação da estrutura das distribuições enquanto, e somente enquanto, os membros das classes dominadas entrarem na luta *de forma desordenada*, isto é, por meio de ações e reações que só se totalizam *estatisticamente* pelos *efeitos externos* que as ações de uns exercem sobre as ações dos outros, fora de toda interação e de toda transação, logo na objetividade, fora do controle coletivo ou individual e, mais frequentemente, contra os interesses individuais e coletivos dos agentes[11]. Essa forma particular de luta de classes, que é a luta da concorrência, é aquela que os membros das classes dominadas se deixam impor quando aceitam os desafios que lhes propõem os dominantes, luta *integradora* e, pelo fato do *handicap* inicial, *reprodutora* uma vez que aqueles que entram nessa espécie de corrida de perseguição – em que, desde a partida, estão necessariamente vencidos, como o testemunha a constância das distâncias – reconhecem implicitamente, pelo simples fato de concorrer, a legitimidade dos fins perseguidos por aqueles que os perseguem.

Tendo estabelecido a lógica dos processos de concorrência (ou debandada) que condenam cada agente a reagir *isoladamente* aos efeitos das numerosas reações dos outros agentes ou, mais exatamente, ao resultado da *agregação estatística* de suas ações isoladas, e que reduzem a classe ao estado de *massa* dominada por seu próprio número e sua própria massa, tem-se a possibilidade de formular a questão, hoje muito debatida entre os historiadores[12], relativa às condições (crise econômica, crise econômica sobrevinda depois de um período

---

11. O limite desses processos de ação estatística é constituído pelos processos de pânico ou *debandada* nos quais cada agente contribui para aquilo que teme, executando ações determinadas pelo efeito temido (é o caso dos pânicos financeiros): em todos esses casos, a ação coletiva, simples soma estatística de ações individuais não coordenadas, conduz a um resultado coletivo irredutível ou antinômico aos interesses coletivos e mesmo aos interesses particulares perseguidos pelas ações individuais.

12. Cf. STONE, L. "Theories of Revolution". *Word Politics*, 18(2), janeiro de 1966, p. 159-176.

de expansão etc.) nas quais acaba por se interromper a dialética das oportunidades objetivas e das esperanças subjetivas, reproduzindo-se mutuamente. Tudo leva a crer que um brusco desligamento das oportunidades objetivas com relação às esperanças subjetivas sugeridas pelo estado anterior das oportunidades objetivas é de natureza a determinar uma ruptura da adesão que as classes dominadas – subitamente excluídas da corrida, de forma objetiva e subjetiva – atribuem aos objetivos dominantes, até aí tacitamente aceitos, e, por conseguinte, tornar possíveis a invenção ou a imposição dos objetivos de uma verdadeira ação coletiva.

Gráfico 1. A translação das taxas de escolarização dos jovens com idade de 16-18 anos, entre 1954 e 1968*

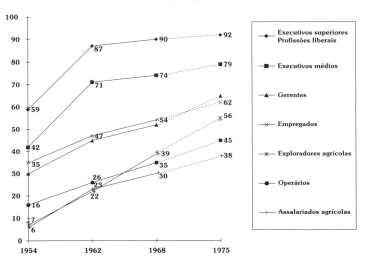

* Estão indicadas, em pontilhado, as taxas de escolarização em 1975 dos jovens com 18 anos.

CAPÍTULO VIII

As categorias do juízo professoral

Pierre Bourdieu
Monique de Saint-Martin

Tradução: VERA S.V. FALSETTI
Revisão técnica: JOSÉ CARLOS GARCIA DURAND

Fonte: BOURDIEU, Pierre & SAINT-MARTIN, Monique de. "Les catégories de l'entendement professoral", publicado originalmente em *Actes de la recherche en sciences sociales*. Paris, n. 3, maio de 1975, p. 68-93.

Por insistência da seção marxista dos estudan-tes, Lenine deveria fazer três conferências sobre a questão agrária na escola de altos estudos, orga-nizadas em Paris por professores que haviam sido cassados das universidades russas [...] Recordo--me de que, antes dessa primeira conversação, Vladimir Ilitch estava muito emocionado. Mas, na tribuna, ele logo se recompôs, ou, ao menos, assim aparentou. O Professor Gambarov, que veio ouvi-lo, exprimiu a Deutch sua impressão em duas palavras: "um verdadeiro professor". Ele acreditava, evidentemente, outorgar-lhe, assim, o maior dos elogios.

Leon Trotsky, *Minha vida*

As discussões desenvolvidas, tanto entre os etnó-logos (etnociência) quanto entre os sociólogos (etnome-todologia), sobre as classificações e sistemas de classi-ficação têm em comum o esquecimento de que esses instrumentos de conhecimento preenchem, enquanto tais, funções que não são de puro conhecimento: pode--se admitir que a prática implica sempre uma operação de conhecimento, isto é, uma operação mais ou menos complexa de classificação, que nada tem em comum com um registro passivo, sem no entanto fazer disto uma construção puramente intelectual; o conhecimento prá-tico é uma operação prática de construção que aciona, por referência a funções práticas, sistemas de classi-ficação (taxinomias) que organizam a percepção e a apreciação, e estruturam a prática. Produzidos pela prática de gerações sucessivas, num tipo determinado de condições de existência, esses esquemas de percepção, de apreciação e de ação que são adquiridos pela prática e empregados no estado prático, sem ter acesso à representação explícita, funcionam como operadores práticos através dos quais as estruturas objetivas das quais eles são produto tendem a se reproduzir nas práticas. As taxinomias práticas, instrumentos de conhecimento e de comunicação que são a condição de estabelecimento do sentido e do consenso sobre o sentido, apenas exercem sua eficácia *estruturante* na medida em que são elas próprias *estruturadas*. Isto não significa que elas sejam passíveis de uma análise estritamente *interna* ("estrutural", "componencial" ou outra) que, arrancando-as artificialmente de suas condições de produção e utilização, não permite a si própria compreender as funções sociais das taxinomias práticas. Para acreditar nisso basta submeter à análise não mais essa ou aquela dessas *curiosa* exóticas que a distância neutraliza, terminologias de parentesco, classificações de plantas ou doenças, mas as classificações que os professores produzem cotidianamente, tanto em seus julgamentos sobre seus alunos ou seus colegas atuais ou potenciais como em sua produção específica (manuais, teses e obras eruditas) e em toda sua prática. É na verdade mais difícil nesse caso colocar entre parênteses as funções sociais do sistema de classificação que é profundamente dissimulado e que está no princípio de todas essas classificações escolares e das classificações sociais que determinam ou legitimam as primeiras.

A jurisprudência professoral

A análise do documento excepcional que constitui o conjunto das fichas individuais mantidas, durante quatro anos sucessivos, por um professor de filosofia, em um primeiro ano superior de Paris, deveria permitir verificar *diretamente* as hipóteses que haviam sido desenvolvidas a propósito dos critérios implícitos do julgamento professoral na sua forma tradicional[1]: as taxinomias, que as fórmulas rituais dos considerandos do julgamento professoral ("as apreciações") revelam e que se pode supor estruturam o julgamento professoral na medida em que o exprimem, podem ser colocadas em relação com a sanção numerada (a nota) e com a origem social dos alunos que fazem o objeto dessas duas formas de avaliação.

As operações de classificação que, nesse ponto do *cursus** escolar, são *operações de cooptação*, investidas de uma função análoga àquela que incumbe às *estratégias de sucessão* em outros universos, são, sem dúvida, o

---

1. Cf. BOURDIEU, P. & SAINT-MARTIN, M. de. "L'excellence scolaire et les valeurs du système d'enseignement français". *Annales*, 25 (1), jan.-fev. de 1970, p. 147-175.

* É mantida essa palavra latina, empregada pelo autor para designar o percurso (mais ou menos longo, nesse ou naquele ramo de ensino, nesse ou naquele estabelecimento) efetuado pelo aluno no prosseguimento de seus estudos [N.T.].

lugar privilegiado onde se revelam os princípios organizadores do sistema de ensino no seu conjunto, quer dizer, não somente os procedimentos de seleção dos quais as propriedades do corpo professoral são, entre outras coisas, o produto, mas também a hierarquia verdadeira das propriedades a reproduzir; portanto, as "escolhas" fundamentais do sistema reproduzido.

Serão analisadas assim *as formas escolares de classificação* que, como as "formas primitivas de classificação" das quais falavam Durkheim e Mauss, são transmitidas, em essência, na e pela prática, fora de toda intenção propriamente pedagógica. Essas formas de pensamento, de expressão e de apreciação devem sua lógica específica ao fato de que, produzidas e reproduzidas pelo sistema escolar, são o produto da transformação que a lógica específica do campo universitário impõe às formas que organizam o pensamento e a expressão da classe dominante.

A construção do diagrama

Dispõe-se de 154 fichas individuais de alunas de um primeiro ano superior feminino (*khâgne*)* de

---

* *Khâgnes*, ciclo preparatório para as Escolas Normais Superiores (área de letras, em rue d'Ulm, Sèvres, Saint-Cloud e Fontenay), ligado ao ensino secundário, e com duração de dois a três anos após o *baccalauréat*, durante o qual o candidato preparava o concurso de ingresso a uma dessas *grandes écoles* (portanto, instituições de ensino superior, independentes do sistema universitário, que recrutam por concurso e se destinam a formar as elites intelectuais e dirigentes da nação). *Taupes*, idem, para as *grandes écoles* científicas (rue d'Ulm, Politécnica, Central, Minas etc.) [N.T.].

Paris. Nesses documentos, redigidos pelos anos de 1960, constam, por um lado, a data de nascimento, a profissão e o endereço dos pais e o estabelecimento frequentado durante os estudos secundários, e, por outro lado, as notas (5 a 6 por aluna) atribuídas aos trabalhos escritos e às intervenções orais, acompanhadas de apreciações justificativas.

Dada a natureza desse material, compreende-se que não se possa contar com informações semelhantes referentes a outras turmas e determinar com todo rigor o que o objeto estudado deve às características particulares da instituição, de seu público (feminino) e do professor. Tudo parece, no entanto, garantir a *generalidade dos princípios de classificação utilizados.*

Procedeu-se, numa primeira fase, à diagonalização dos dados sobre as alunas de um dos anos estudados, segundo o método proposto por Jacques Bertin na sua *Sémiologie graphique.* Dado que a hierarquia das origens sociais assim obtida era muito próxima daquela que se pode estabelecer *a priori* tomando por critério o capital cultural da família, construiu-se sobre essa base uma nova matriz, que é aqui apresentada, a fim de verificar se a relação manifestada pela diagonal se mantinha (o que ocorreu).

Segundo o princípio de hierarquização assim adotado e que comporta evidentemente uma parte de arbitrário, vai-se das alunas oriundas das classes médias àquelas extraídas das classes superiores, e no interior destas, desde as frações mais desprovidas (relativamente) de capital cultural (industriais e quadros) até às mais ricas (professores de universidade), ocupando as profissões liberais uma posição intermediária.

Cada linha do diagrama representa *o universo dos julgamentos suscetíveis de serem feitos sobre uma aluna* pelo professor: a hierarquia dos adjetivos (agrupados em 27 classes agregando os adjetivos de sentidos próximos e frequentemente associados nos julgamentos) é a que foi obtida por diagonalização.

Marcou-se com um *quadrado preto* a presença de um dos adjetivos da classe considerada nas apreciações feitas pelo professor sobre uma aluna determinada; por um *quadrado hachurado*, os casos em que o qualificativo é provido de uma nuance ou restrição (por exemplo, "elocução natural, mas truncada"; "aplicada, mas servil"; "parcial, mas justo e bem-conduzido"; "forma difusa e chata, mas organizada").

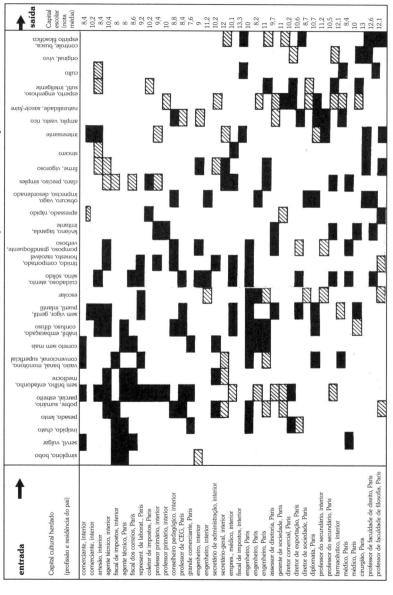

Colocou-se à direita do diagrama a *média do conjunto de notas* obtidas, aluna por aluna, durante o ano.

Primeira leitura do diagrama

Vê-se, numa primeira observação, que os quadrados pretos desenham grosseiramente uma diagonal: os qualificativos mais favoráveis aparecem com uma frequência cada vez maior na medida em que a origem social das alunas é mais elevada. Observa-se também que as notas médias elevam-se à medida que se sobe na hierarquia social; portanto, à medida que cresce a frequência dos julgamentos elogiosos. Tudo parece indicar que a origem parisiense constitui uma vantagem suplementar; os parisienses obtêm, frequentemente, para origens sociais equivalentes, uma taxa mais elevada de qualificativos raros. As alunas provenientes das classes médias (que constituem mais da metade do grupo das notas situadas entre 7,5 e 10, e que estão totalmente ausentes do grupo reduzido das notas superiores a 12) são o objeto privilegiado dos julgamentos negativos – e dos mais negativos entre eles, tais como bobo, servil ou vulgar[2]. É suficiente juntar os qualificativos que lhes são de preferência aplicados para ver composta a imagem burguesa do pequeno-burguês como burguês em miniatura: pobre, estreito, medíocre, correto sem mais, inábil, *gauche*, confuso etc. Mesmo as virtudes que lhes

---

2. Completamente ausentes da classe do ano estudado, as alunas oriundas das classes populares (que não ultrapassam uma ou duas por classe) são objeto de apreciações muito próximas daquelas atribuídas às alunas das classes médias.

são atribuídas são também negativas: escolar, cuidadoso, atento, sério, metódico, tímido, comportado, honesto, razoável. Quando ocorre de se lhes reconhecer qualidades mais raras, como clareza, concisão, fineza, sutileza, inteligência ou cultura, é quase sempre com restrições (leremos, no quadro sinótico apresentado mais abaixo, a apreciação 1 b, mantida por seu caráter típico ideal). As alunas provenientes das frações culturalmente menos ricas da classe dominante escapam por completo às apreciações mais injuriosas e as designações pejorativas de que são objeto, são frequentemente acompanhadas de restrições; elas recebem qualificações mais raras, mas ainda muito frequentemente acompanhadas de reservas. As alunas provenientes das frações da classe dominante mais rica em capital cultural escapam quase totalmente aos julgamentos mais negativos, mesmo eufemizados, assim como às virtudes pequeno-burguesas, e lhes são atribuídas com insistência as qualidades mais procuradas.

De fato, o modo de classificação adotado tende a minimizar as diferenças entre as classes. A grande dispersão da distribuição dos adjetivos que ocupam uma posição mediana na taxinomia não é inteiramente imputável ao efeito desta posição nem mesmo ao efeito do agrupamento de adjetivos diferentes, mesmo próximos. Ela deve-se sem dúvida essencialmente ao fato de que o mesmo adjetivo pode entrar em *combinações* diferentes e receber a partir daí sentidos muito diversos: é o caso em particular de qualificativos como sólido que, associado a cuidadoso e atento, pode ser apenas um modo eufemístico de reconhecer os méritos da impecável mediocridade pequeno-burguesa (o que diz admiravelmente o *sem mais* do "correto sem mais") enquanto que, combinado com inteligente ou sutil, exprime a síntese perfeita das virtudes escolares.

Observa-se, por outro lado, que, para nota igual ou equivalente, as apreciações são tanto mais severas e mais brutalmente expressas, menos eufemísticas, quanto mais baixa é a origem social das alunas. Para se alcançar a intuição concreta desse efeito, basta ler no quadro sinótico os julgamentos sobre alunas de origem social diferente que receberam notas semelhantes (quer dizer, situadas na mesma linha, por exemplo 1 b, 2 b, 3 b). Vê--se que os *considerandos do julgamento* aparecem mais fortemente ligados à origem social do que a *nota* em que se exprime; isto sem dúvida porque eles traem mais diretamente a representação que o professor faz das alunas a partir do conhecimento que tem de antemão do *hexis corporal** de cada uma, e da avaliação que faz em função de critérios totalmente estranhos aos que são explicitamente reconhecidos na definição técnica do desempenho exigido.

O julgamento professoral apoia-se de fato sobre todo um conjunto de critérios difusos, jamais explicitados, padronizados ou sistematizados, que lhe são oferecidos pelos trabalhos e exercícios escolares ou pela

---

* No original, *hexis corporelle*: conjunto de propriedades associadas ao uso do corpo em que se exterioriza a posição de classe de uma pessoa [N.T.].

pessoa física de seu autor. A *escrita* às vezes explicitamente mencionada, quando chama a atenção pela sua "feiura" ou "puerilidade", é percebida por referência a uma taxinomia prática das escritas que está longe de ser neutra socialmente e que se organiza em torno de oposições tais como "distinta" e "intelectual" ou "pueril" e "vulgar". A *apresentação*, que só excepcionalmente é mencionada, é também apreendida através de uma grade socialmente marcada: a desenvoltura excessiva e o cuidado meticuloso (o sublinhamento escolar e seus lápis de cor do primário) aí são igualmente condenados. *O estilo* e *a "cultura geral"* são explicitamente tomados em conta, mas em graus diferentes e com critérios variados segundo as disciplinas (por exemplo, em filosofia e em francês).

Vê-se que a cultura específica, no caso particular o conhecimento de autores filosóficos, o domínio do vocabulário técnico da filosofia, a aptidão para construir um problema e conduzir uma demonstração rigorosa etc., de fato só respondem por uma pequena parte da apreciação. Os critérios "externos", mais frequentemente implícitos e mesmo recusados pela instituição, têm um peso ainda mais importante na apreciação das manifestações orais, posto que, aos critérios já mencionados, se junta tudo o que se relaciona com a palavra e, mais precisamente, *o sotaque*, *a elocução* e *a dicção* que são as marcas mais seguras, por serem as mais indeléveis, da origem social e geográfica, *o estilo da linguagem falada*, que pode diferir profundamente do estilo escrito, e enfim e principalmente o *hexis corporal*, as maneiras e a conduta, que são frequentemente designados muito diretamente nas apreciações.

Não há dúvida de que os julgamentos que pretendem aplicar-se à *pessoa em seu todo* levam em conta não somente a aparência física propriamente dita, que é sempre socialmente marcada (através de índices como corpulência, cor, forma do rosto), mas também o *corpo socialmente tratado* (com a roupa, os adereços, a cosmética e principalmente as maneiras e a conduta) que é percebido através das taxinomias socialmente constituídas, portanto lido como *sinal* da qualidade e do valor da pessoa. (Em razão da má qualidade das fotos colocadas nas fichas, teve-se de renunciar a pôr em relação a percepção que o professor poderia ter das alunas através da aparência física de cada uma com os adjetivos utilizados). O *hexis corporal* é o suporte principal de um julgamento de classe que se ignora como tal: tudo se passa como se a intuição concreta das propriedades do corpo percebidas e designadas como propriedades da pessoa estivessem no princípio de uma apreensão e de uma apreciação globais das qualidades intelectuais e morais.

Se os discursos encarregados de evocar *uma pessoa desaparecida* deixam tanto lugar para a descrição de sua aparência física, é que esta funciona não somente como um auxílio da memória, mas também como o *analogon* sensível de toda pessoa, o que ela foi desde o primeiro encontro: "Toda sua pessoa dava a impressão de que tinha um corpo somente porque se deve ter um, mas sem saber como usá-lo. Seu pescoço muito longo sustentava um rosto simpático e estranho ao mesmo tempo, quase sempre inclinado de um lado ou de outro. Apresentava essa tez incolor de loiro que é própria das crianças frágeis e cuidadas – talvez demais, por mulheres já idosas e amedrontadas – e olhos imensos, de um azul incerto e vagamente marítimo, um nariz quase *à la* Condé, e muito ao estilo século XVII e uma fronte magnificamente desenvolvida, mas não desmedida" (Notícia necrológica de Robert Francillon, em *Annuaire ENS*, 1974, p. 46). E se a intuição global que se exprime nesse retrato sustenta tão eficazmente a evocação das qualidades intelectuais e morais da pessoa, é porque o *hexis corporal* fornece o sistema de índices através dos quais é *reconhecida-irreconhecida** uma origem de classe: "fina distinção", "um poeta", "qualidades tão originais e parcialmente dissimuladas por uma timidez comunicativa", "espírito sombrio e sensível"; assim como a enumeração das virtudes que são atribuídas a tal outra ("capacidade de trabalho", "atividade científica variada e fecunda", "devotamento", "grande honestidade intelectual", "atividade prodigiosa e discreta", "robusto, trabalhador, sorridente e bom") não é nada mais que uma longa paráfrase das notações esparsas onde seu *hexis* é evocado: "uma saúde de ferro dentro de um corpo atlético", "vigoroso fanfarrão" (Notícia necrológica de Louis Réau em *Annuaire ENS*, 1962, p. 29).

QUADRO SINÓTICO DE ALGUMAS APRECIAÇÕES

NOTA MÉDIA	I. CLASSES MÉDIAS	II. FRAÇÕES DAS CLASSES SUPERIORES	
		MENOS RICAS EM CAPITAL CULTURAL	MAIS RICAS EM CAPITAL CULTURAL
a entre 8 e 10	Pai agente técnico – Paris • boba, mediocre, alusivo, malcomposto, pequenas indicações sem continuidade • resumo correto, mas servil • completamente insípido • alguns bons traços (copiados?), mas secundários e difusos	Pai engenheiro – Mãe secretária, região parisiense • confuso. Detritos filosóficos boiam na superfície e dão uma certa ilusão, mas não há nenhuma pesquisa, trabalho puramente escolar • desordem, vivacidade, elocução natural, mas truncada • desordenada, conhecimentos lacunares, pior que as ignorâncias • pontos de vista, mas muito mal-ligado • trabalho correto • melhor	Pai médico – Paris • Conhecimentos, mas emprega os conceitos filosóficos por sua cor estilística; verborreia sonora. No entanto, saber e ordem • resumo servil • conhecimentos e uma certa clareza de expressão, mas nenhuma análise direta • bons elementos, mas não bem-ligados, citações heteróclitas
b entre 10 e 12	Pai artesão carpinteiro – Mãe funcionária dos Correios – interior • não é imbecil, mas um pouco infantil, incompleto e inábil, mas interessante, uma certa cultura • conhecimentos de fachada; pontos de vista concisos, mas muito parciais • sincero, sério, um pouco tímido; boa utilização do alemão • mesmas observações; gauche, mas sincero, sério, bons exemplos	Pai-diretor-adjunto de exportação – Paris • rico, longo, suficientemente justo, um pouco verboso no entanto • sério, refletido, embaraçado, luta contra as dificuldades • forma difusa e monótona, mas com organização, visão de conjunto bem-construída sobre o assunto, caligrafia desagradável à vista, rasuras • razoavelmente bom; sério, mas não define bem seu assunto • sem vigor e um pouco bobo com traços corretos • abuso de termos malcompreendidos	Pai professor de física-química – Mãe professora de ciências naturais – região parisiense • preciso, escrupuloso, claro, mas um pouco estreito • algumas bobagens bem grandes, mas qualidades • preciso e irritante; convicção e sofismas • fino, razoavelmente bem-escrito, mas nem sempre exato
c 12 e mais		Pai quadro administrativo superior – Mãe professora primária – interior • bom, cultura e reflexão, bem-escrito; aventura-se por vezes além do que sabe • suficientemente bem • interessante e completo domínio	Pai cirurgião – Paris • interessante, mas desordenado • bem-conciso e bem-conduzido; conclusão um pouco mística demais, mas sinceramente filosófica • muito pessoal e construído, mas mal-escrito • vigoroso, bem-escrito • interessante, mas obscuro, não bem-expresso

[É indicado, aqui, o conjunto das observações anotadas pelo professor na ficha de algumas alunas, assim como a nota média. O número de apreciações feitas a respeito de cada aluna não é o mesmo; com efeito, o professor nem sempre comentou a nota obtida pela aluna em cada dever ou interrogação.]

Segunda leitura. A máquina ideológica

Pode-se observar o diagrama como o esquema de determinada máquina que, recebendo produtos socialmente classificados, os restitui escolarmente classificados.

Mas isto seria deixar escapar o essencial da operação de transformação que ela realiza: de fato, essa máquina assegura uma correspondência muito estreita entre a classificação de entrada e a classificação de saída *sem jamais conhecer nem reconhecer (oficialmente) os princípios e os critérios de classificação social*[3]. É dizer que o sistema de classificação oficial, propriamente escolar, que se objetiva sob a forma de um sistema de adjetivos, preenche uma função dupla e contraditória: permite realizar uma operação de classificação social mascarando-a; ele serve simultaneamente de intermediário e de barreira entre a classificação de entrada, que é abertamente social, e a classificação de saída, que se quer exclusivamente escolar. Enfim, ele funciona segundo a lógica da *denegação: ele faz o que faz sob modalidades que tendem a mostrar que ele não o faz.*

A taxinomia que exprime e estrutura praticamente a percepção escolar é uma forma neutralizada e irreconhecível*, quer dizer, eufemizada, da taxinomia domi-

---

3. As páginas seguintes devem muito às pesquisas que conduzo, com Luc Boltanski, a respeito dos usos ideológicos da linguagem.

* Nesta tradução, essa palavra corresponde sempre ao original *méconnaissable* [N.T.].

nante[4]: ela se organiza segundo a hierarquia das qualidades "inferiores" (populares), servilismo, vulgaridade, peso, lentidão, pobreza etc., "médias" (pequeno-burguesas), pequenez, estreiteza, mediocridade, correção, seriedade etc., e "superiores", sinceridade, amplidão, riqueza, naturalidade, *savoir-faire*, fineza, engenhosidade, sutileza, inteligência, cultura etc. À parte os qualificativos que podem designar propriedades específicas do exercício escolar (parcial, sumário, confuso, difuso, metódico, obscuro, vago, impreciso, desordenado, claro, preciso, simples), a quase totalidade dos adjetivos utilizados designam as *qualidades da pessoa*, como se o professor se autorizasse da ficção escolar para julgar, à maneira de um crítico literário ou artístico, não a aptidão técnica para se conformar às exigências rigorosamente definidas, mas uma disposição global, a rigor indefinível, combinação única de clareza, de concisão e de vigor, de sinceridade, de naturalidade e de *savoir-faire*, de fineza, de sutileza e de engenhosidade.

O próprio caráter vago e fluido dos qualificativos que, à maneira dos adjetivos empregados na celebração de uma obra de arte, são o equivalente a interjeições não veiculando quase nenhuma informação (a não ser sobre um estado de alma), são suficientes para testemunhar que as qualidades que eles designam permaneceriam

---

4. Essa taxinomia prática aparece com particular clareza no discurso dedicado à celebração da obra de arte e, mais geralmente, de todos os atributos exclusivos da classe dominante (cf. BOURDIEU, P. "Les fractions de la classe dominante et les modes d'appropriation de l'oeuvre d'art". *Information sur les sciences sociales*, 13 (3), p. 7-32).

imperceptíveis e indiscerníveis para quem quer que não possuísse já, no estado prático, os sistemas de classificação que estão inscritos na linguagem ordinária. Assim, não se compreenderia o "sentido vago e afetivo" da palavra *vulgar*, ou seja, "a quem falta totalmente distinção, quem trai gostos grosseiros, independentemente da classe social", como diz *le Robert** se não tivéssemos já o sentido primeiro, primitivo, que se situa abertamente no domínio social: "de condição medíocre e baixa, e de gosto, de pensamentos ordinários, em oposição à elite [...] coisa própria às camadas mais baixas da sociedade".

Ideologia em estado prático, produzindo efeitos lógicos que são inseparavelmente efeitos políticos, a taxinomia escolar encerra uma definição implícita de excelência que, *constituindo* como excelentes as qualidades apropriadas por aqueles que são socialmente dominantes, consagra sua maneira de ser e seu estado. A homologia entre as estruturas do sistema de ensino (hierarquia das disciplinas, das seções etc.) e as estruturas mentais dos agentes (taxinomias professorais) está no princípio da função de *consagração da ordem social* que o sistema de ensino preenche sob a aparência da neutralidade. Na verdade, é por intermédio desse sistema de classificação que o sistema escolar estabelece a *correspondência entre as propriedades sociais dos agentes e das posições escolares*, elas próprias hierarquizadas segundo a ordem do ensino (primário, secundário, superior), o estabele-

---

* Dicionário francês [N.T.].

cimento ou a seção (*grandes écoles* e faculdades, seções nobres e seções inferiores) e, para os mestres, segundo o grau e a localização do estabelecimento (Paris, interior). A alocação dos agentes nas posições escolares hierarquizadas constitui por sua vez uma outra mediação entre as classes sociais e as classes escolares. Mas esse mecanismo só pode funcionar se a homologia permanece oculta e se a taxinomia que exprime e estrutura praticamente a percepção utiliza as oposições socialmente mais neutras da taxinomia dominante ("brilhante"/"sem brilho", "leve"/"pesado" etc.) ou formas eufemizadas dessas oposições: "sem vivacidade", cede assim o lugar a "desajeitado", "simples" a "simplório", formas aparentemente pejorativas, em realidade atenuadas pela complacência rude e paternal que elas testemunham: numerosos empregos mais típicos do uso escolar nada mais são do que eufemismos: assim, "pesado" se diz "esquematizado" ou "preso ao texto"; "que se lê bem" por "leve". A brutalidade manifesta de certas qualificações – que seriam excluídas do uso ordinário onde "servil" por exemplo cede o lugar a "humilde" (os humildes) ou a "modesto" (as pessoas "modestas") – não deve enganar: a ficção escolar que quer que o julgamento se aplique a um trabalho, e não ao seu autor, o fato de que se trata de adolescentes ainda aperfeiçoáveis, portanto passíveis de tratamentos mais rudes e mais sinceros (cf. "gentil, pueril, infantil"), a situação de *correção* que autoriza que se inflija uma correção simbólica como em outros lugares e outros tempos se infligiam correções físicas, a tradição de dureza e de disciplina que todas as "escolas de elite" têm em comum ("ad augusta per angusta")*, nada disso é suficiente para explicar a complacência e a liberdade na agressão simbólica que se observam em todas as situações de exame.

É o campo universitário enquanto tal que, *funcionando como censura*, torna impensável tanto para aqueles que os emitem como para aqueles que são seu objeto, o deciframento da significação social dos julgamentos, assim reduzidos a simples atos do ritual desrealizado e desrealizante da iniciação escolar, da mesma forma que os anátemas coletivos. O professor pode tudo se permitir, incluindo as alusões mais transparentes à classificação social ("vulgar", "pesado", "pobre", "estreito", "medíocre", *"gauche"*, "desajeitado" etc.) porque é fora de cogitação, aqui, que alguém possa "pensar mal"; a neutralidade escolar não passa na verdade dessa extraordinária denegação coletiva que faz por exemplo com que o professor possa, em nome da autoridade que lhe delega a instituição escolar, condenar como *escolares* as produções e as expressões que apenas são o que a instituição escolar produz e exige. Essa denegação se produz dentro e por cada um dos professores singulares que atribuem notas aos alunos em função de uma percepção escolar de suas expressões escolares (dissertação, exposições orais etc.) e de sua pessoa total: o que é julgado é um produto escolarmente qualificado, uma cópia "sem brilho", uma exposição "apenas passável" e assim

---

* Alcançar resultados magníficos por vias estreitas [N.T.].

por diante: jamais um pequeno-burguês. A denegação reproduz-se em e por cada um dos alunos que, por se perceber como os outros o percebem, isto é, como "sem brilho", "pouco dado à filosofia", se dedica ao latim ou à geografia. Quer dizer que o irreconhecimento* coletivo é apenas o resultado da agregação de um conjunto de denegações individuais? De fato, é toda a estrutura de um sistema organizado e dividido segundo as próprias classificações que ele tem por função produzir (faculdades e *grandes écoles*, disciplinas, seções etc.) que se exprime no sistema de classificação posto em prática pelas operações práticas de classificação e muito regularmente empregado, se bem que ele não seja *jamais explicitamente codificado*, todas as vezes que se trata de expressar uma classificação (anotações de deveres, cadernetas escolares etc.). Enquanto *forma neutralizada* do sistema de classificação dominante que é produzido pelo e para o funcionamento de um campo relativamente autônomo e que leva ao segundo grau de neutralização as taxinomias da linguagem ordinária, a linguagem escolar contribui para tornar possível o funcionamento dos mecanismos ideológicos que não podem operar a não ser determinando os agentes a agir segundo sua lógica, o que supõe que eles lhes proponham seus objetivos de forma irreconhecível.

Sistema de classificação objetivado em instituições cujas divisões reproduzem sob uma forma irreco-

---

* Nesta tradução, essa palavra corresponde sempre ao original *méconnaissance* [N.T.].

nhecível a divisão social do trabalho, o sistema de ensino opera classificações que se traduzem primeiramente pela atribuição às classes escolares (classes, seções etc.) e, em seguida, às classes sociais. É sem dúvida por intermédio das *classificações* sucessivas que fizeram delas o que elas são do ponto de vista da taxinomia escolar que os produtos classificados do sistema escolar, alunos ou professores, adquiriram, em graus diferentes segundo sua posição nessas estruturas, o domínio prático de sistemas de classificação tendencialmente ajustados às classes objetivas que lhes permitem classificar todas as coisas – a começar por eles mesmos – segundo as taxinomias escolares e que funcionam em cada um deles – na fé e na boa-fé mais absolutas – como uma máquina de transformar classificações sociais em classificações escolares, como classificações sociais reconhecidas-irreconhecidas. Estruturas objetivas tornadas estruturas mentais no decorrer de um processo de aprendizagem que se cumpre num universo organizado segundo essas estruturas e submetido às sanções formuladas numa linguagem igualmente estruturada segundo as mesmas oposições, as taxinomias escolares estabelecem uma classificação conforme a lógica das estruturas das quais elas são o produto. Do fato de elas encontrarem uma confirmação incessante num universo social organizado segundo os mesmos princípios, elas são postas em prática com o sentimento de evidência que caracteriza a experiência dóxica do mundo social, e seu contrário de impensado e impensável.

Os agentes encarregados das operações de classificação só podem preencher adequadamente sua função social de classificação social na medida em que ela se opera *sob a forma* de uma operação de classificação escolar, quer dizer, através de uma taxinomia propriamente escolar. Eles só fazem bem o que têm a fazer (objetivamente) porque *acreditam* fazer uma coisa diferente do que fazem; porque fazem uma coisa diferente do que acreditam fazer; porque eles *acreditam* no que eles *acreditam fazer*. Mistificadores mistificados, eles são as *primeiras vítimas* das operações que efetuam. É porque acreditam operar uma classificação propriamente escolar ou mesmo especificamente "filosófica", porque eles acreditam atribuir diplomas* de qualificação carismática ("espírito filosófico" etc.), que o sistema pode operar uma verdadeira *reviravolta do sentido* de suas práticas, conseguindo que façam aquilo que nem "por todo o ouro do mundo" fariam. É também porque acreditam pronunciar um julgamento estritamente escolar que o julgamento social que se mascara sob os considerandos eufemísticos de sua linguagem escolar (ou mais especificamente filosófica) pode produzir seu efeito próprio: fazendo crer aos que são seu objeto que esse julgamento se aplica ao aluno ou ao aprendiz filósofo que está neles, à sua "pessoa" ou à sua "inteligência", e jamais, em todo caso, à sua pessoa social ou, mais brutalmente, ao filho do professor ou ao filho do comerciante, o julgamento escolar obtém um reconhecimento, quer dizer, um irre-

---

* No original, *brevets*. No sistema educacional francês, o "brevet" é o certificado escolar obtido após a realização de um curso profissionalizante de dois anos, feito em seguida ao 1º ciclo [N.T.].

conhecimento, que não obteria, sem dúvida, o julgamento social do qual é a forma eufemizada. A transmutação da verdade social em verdade escolar (de "você é um pequeno-burguês" em "você é trabalhador, mas não é brilhante") não é um simples jogo de escrita sem consequência, mas uma operação de alquimia social que confere às palavras sua eficácia simbólica, seu poder de agir duravelmente sobre as práticas. Uma proposição que, sob sua forma não transformada ("você é filho de operário") ou mesmo num grau de transformação superior ("você é vulgar") seria desprovida de toda eficácia simbólica e que seria mesmo própria a suscitar a revolta contra a instituição e seus servidores (se é que ela pode ser, como se diz, "concebível na boca de um professor"), torna-se aceitável e aceita, admitida e interiorizada, sob a *forma irreconhecível* que lhe impõe a censura específica do campo escolar ("eu não sou dado à filosofia"). A taxinomia escolar das qualidades escolares (proposta como tabela de excelência humana) se interpõe entre cada agente e sua "vocação". É ela que comanda por exemplo a orientação, em direção a tal disciplina ou tal seção, anteriormente indicada no veredicto escolar ("eu gosto muito de geografia").

Para se desembaraçar dos discursos sobre o poder do discurso, deve-se, é possível notar, relacionar a linguagem às condições sociais de sua produção e de sua utilização e, sob pena de aceitar o equivalente na ordem social do que é o poder mágico, procurar fora das palavras, nos mecanismos que produzem as palavras e as pessoas que as emitem e recebem, o princípio de um poder que uma certa maneira de utilizar as palavras permite mobilizar. O uso conforme da linguagem conforme não é nada mais do que uma das condições de eficácia do poder simbólico e uma condição que só opera sob certas condições. Prega-se somente aos convertidos. O poder dos eufemismos escolares só é absoluto quando se exerce sobre agentes assim selecionados de modo que suas condições sociais e escolares de produção os predisponham a reconhecê-lo absolutamente[5].

A dialética escolar do irreconhecimento e do reconhecimento assume a forma mais acabada quando a estrutura do sistema de categorias de percepção e pensamento que organizam os considerandos de julgamento escolar e esse próprio julgamento está em perfeito acordo com a estrutura dos conteúdos que o sistema escolar é encarregado de transmitir, como é o caso da cultura literária ou filosófica em sua forma escolar. No caso em que o discurso filosófico se reduz ao que frequentemente se oferece nas classes de filosofia sob o nome de moral ou psicologia, quer dizer, uma variante universitária do discurso dominante sobre o mundo social, a harmonia é quase perfeita entre a estrutura de discurso transmitido e as estruturas de percepção e apreciação que o campo universitário impõe, tanto aos emissores quanto aos receptores desse discurso. Vê-se, por exemplo, a afinidade eletiva que une o sistema de representações e de valores objetivamente inscrito na taxinomia escolar e o

---

5. Encontrar-se-á outra análise dos fundamentos institucionais do poder da linguagem em BOURDIEU, P. "Le langage autorisé – Note sur les conditions sociales de l'efficacité du discours rituel". *Actes de la Recherche en Sciences Sociales*, n. 5-6, novembro de 1975, p. 183-191.

discurso heideggeriano sobre o "on"* ou o "falatório cotidiano" quando, levado à sua expressão mais simples, quer dizer, à sua verdade objetiva, para as necessidades da comunicação escolar, ele se reduz à afirmação aristocrática da distância do pensador ao "vulgar" e ao "senso comum" que está no princípio da filosofia professoral da filosofia e do entusiasmo que suscita, facilmente, nos adolescentes[6]. Iniciado com a transposição que a expressão da visão dominante do mundo social produz na linguagem esotérica da tradição filosófica, o *círculo de legitimação* se fecha em si mesmo com o empreendimento escolar de exoterização do esotérico. Com a divulgação legítima junto a destinatários legítimos (o que faz *toda* a diferença entre o ensino e a simples "vulgarização") de uma versão mais ou menos simplificada (e explicitamente dada como tal) da forma esotérica da visão oficial do mundo social, termina-se e completa-se a circulação circular que define a alquimia religiosa: o efeito de *autonomização* e, portanto, de *legitimação* produzido pela transformação resultante do trabalho de eufemização e de esoterização imposto pela censura implicada nas leis específicas de um campo de produção relativamente autônomo como o campo filo-

---

* Pronome pessoal indefinido da 3ª pessoa que desempenha sempre a função de sujeito [N.T.].

6. Concordar-se-á, naturalmente, com Lacan que "a fórmula de Chamfort – pode-se apostar que toda ideia pública, toda convenção recebida é uma besteira, porque convém à maioria' – contentará a todos os que pensam escapar de sua lei, quer dizer, precisamente à maioria" (LACAN, J. *Écrits*. Paris: Éd. du Seuil, 1966, p. 21). Sob a condição de acrescentar: à maioria daqueles que o sistema social e o sistema escolar tratam como eleitos.

sófico (ou, mais geralmente, o campo religioso, o campo artístico etc.) não é anulado pela operação inversa de exoterização do discurso esotérico. O distinto e o vulgar, o raro e o comum, não mais são o que são, expressões eufemizadas, mas ainda muito transparentes dos interesses de classe, quando, ao termo de um volteio pelo céu das ideias filosóficas, retornam sob a forma pouco "comum", e no entanto tão pouco burguesa, da "pessoa" e do "on", do "autêntico" e do "inautêntico", do *Eigentlichkeit* e do *Uneigentlichkeit*, segundo o grau de iniciação do professor e dos discípulos.

O julgamento dos pares e a moral universitária

No diagrama seguinte, primeira análise – que será aprofundada e precisada – das notícias necrológicas publicadas no *Annuaire de l'amicale des anciens élèves de l'École normale supérieure* dos anos 1962, 1963, 1964 e 1965, foram colocados em ordem os 34 ex-alunos cuja origem social estava indicada nas notícias em função da importância de seu capital cultural e social de origem tal como pode ser avaliado a partir das informações disponíveis, quer dizer, principalmente, além das indicações mais ou menos precisas sobre a atmosfera cultural da família, a profissão do pai, eventualmente da mãe, a residência dos pais no momento do nascimento*.

Os ex-alunos estudados são, na sua maioria, nascidos por volta de 1880-1890 e estiveram em atividade en-

---

* Consulte-se no Anexo outros elementos do material empírico manejado na elaboração da análise que se segue [N.T.].

tre 1905 e 1955. Segue-se que a imagem do *normalien**
que se encontra evocada nas necrologias corresponde
a um estado relativamente antigo do sistema. Ressalta, de
uma verificação que pôde ser efetuada somente depois
dessa análise, que os ex-alunos, cuja origem social não
é indicada nas notícias necrológicas, não se distinguem,
sob esse aspecto, de maneira significativa, da população estudada (6 são oriundos das classes médias, 5 das
classes superiores e não foi possível recolher qualquer
informação sobre os outros 5) e que os qualificativos que
lhes são atribuídos obedecem exatamente às leis destaca-
das nessa análise (a consulta dos processos nos arquivos
permitiu mesmo observar uma forte concordância entre
as apreciações escolares que aí se encontravam consig-
nadas e aquelas que as necrologias encerravam). Por outro lado, os ex-alunos que são objeto de necrologias não
parecem tampouco se distinguir do conjunto dos alunos
mortos, salvo, provavelmente, no que tange à vinculação
à escola. Assim, parece que, entre aqueles que são objeto
de uma nota necrológica, os subscritores perpétuos são
ligeiramente mais numerosos do que os outros. Enfim,
tudo parece indicar que a relação entre o autor e o objeto
da notícia necrológica não é aleatória e que eles em geral
têm em comum a origem social grosseiramente definida, a disciplina e o tipo de carreira.

---

* Aluno da *École normale supérieure*. Os *normaliens*, como os demais cor-
pos formados pelas *grandes écoles*, organizam-se corporativamente. Tanto por sua organização, quanto pela posição de hegemonia que ocupam
em setores do sistema de ensino superior francês, e também pelas disposições culturais que lhes definem a identidade, não podem ser confundi-
dos com o normalista, professor diplomado por escola de nível médio no
Brasil, razão pela qual se manteve a denominação francesa [N.T.].

MÁQUINA DESTINADA A CLASSIFICAR 2: da classificação social à classificação escolar

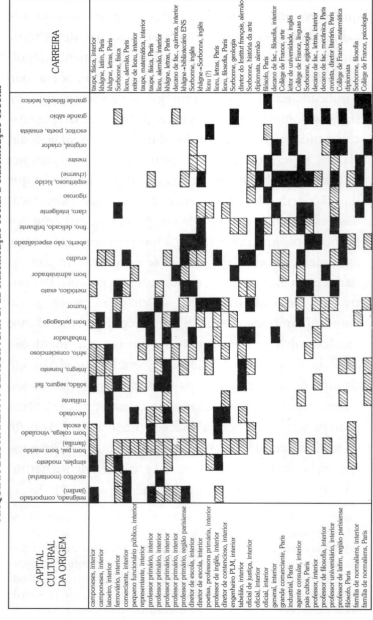

Essa classificação não está evidentemente isenta de arbitrariedade, em particular no que concerne aos alunos oriundos do alto da pequena burguesia e da burguesia: não é apenas a insuficiência das informações disponíveis que está em questão (continua sendo desconhecido o grau dos oficiais e principalmente sua formação – Saint-Cyr ou Polytechnique por exemplo; ainda não se sabe o estatuto exato dos professores; ignora-se a importância das empresas industriais e comerciais etc.); uma história social da estrutura da classe dominante e da evolução da posição diferencial das diferentes profissões nessa estrutura é a condição prévia (soberbamente ignorada por todos os estudos de "mobilidade") de toda análise rigorosa das trajetórias sociais (e, *a fortiori*, do estabelecimento de uma hierarquia unilinear que é tentado aqui para as necessidades de análise). Além disso, é extremamente difícil avaliar o peso relativo da situação profissional da família e de sua residência: tudo leva a pensar que a esse nível muito elevado do *cursus*, onde são exigidas com mais insistência as qualidades associadas à imagem universitária da excelência, a oposição entre a origem parisiense e a origem provinciana (redobrada ainda pela oposição entre as pessoas de *langue d'oil** e as pessoas de *langue d'oc**,

---

* *Langue d'oc*, língua que se falava na região sul do Vale do Loire na Idade Média; *langue d'oil*, língua falada durante a Idade Média na região norte do Loire. Essas denominações referem-se às distintas maneiras de pronunciar-se o *oui*. A *langue d'oil* prevaleceu sobre a *langue d'oc* e deu origem ao idioma francês atual [N.T.].

que permanece inscrita nos *habitus* sob a forma de *sotaques*), tem um peso determinante[7].

Tendo constituído, ao termo do exame de uma dezena de anos do *Annuaire*, 26 classes de qualificativos, marcaram-se por um quadrado negro (sem jamais passar 10 notações) as qualidades (evocadas mais frequentemente por adjetivos) que aparecem como dotadas do maior peso relativo dentro de cada uma das notícias consideradas (porquanto, nas notícias mais longas, elas eram evocadas várias vezes, ou, nas mais breves, estavam sublinhadas pelo vigor ou ênfase da expressão empregada: "da raça dos grandes filósofos"; "uma grande figura da ciência francesa"). O último julgamento que o grupo estabelece sobre um de seus membros por intermédio de um porta-voz devidamente incumbido (o elogio compete a um camarada de turma e é somente em caso de força maior que tal tarefa é confiada a uma outra pessoa, em geral um aluno, mas *sempre normalien*, como no júri do concurso de entrada) é sempre o produto do trabalho coletivo cujo indício aparece algumas vezes, quando o autor compila ou integra informações e julgamentos emitidos por diferentes pessoas. O redator da notícia necrológica leva em conta evidentemente o ponto de chegada da trajetória universitária

---

7. Apenas são mencionados nas notas necrológicas os desvios de sotaque em relação ao sotaque conforme e, entre eles, os sotaques do Sul da França. "Seu sotaque rude dos Pireneus, rolando os 'r' e dobrando algumas consoantes", Notícia de G. Rumeau, nascido em Arbéost (Altos Pireneus), filho de professor primário. *Annuaire ENS*, 1962, p. 42; "Uma voz grossa, que não recusava as vibrações do torrão natal", notícia de A. Montsarrat, nascido em Castres (Tam). *Annuaire ENS*, 1963, p. 54.

que pode, em certos casos, corrigir "a intuição originária", frequentemente resumida na evocação de um *hexis corporal* e de um sotaque: quer dizer, que não é possível supor entre o sistema de qualificativos e o ponto de chegada da trajetória social uma relação perfeitamente idêntica àquela que se estabelecia entre a origem social, as apreciações marginais e a nota. De fato, o que a necrologia restitui, como a apreciação professoral em um outro ponto do *cursus*, é *a representação social escolarmente constituída* que está no princípio de todas as operações escolares de apreciação e cooptação: é pela mediação e *sob a proteção* dessa representação – na qual a representação escolarmente constituída do *hexis corporal* entra como parte determinante – que opera a origem social, jamais tomada enquanto tal por princípio dos julgamentos. (É significativo que, apesar das convenções do gênero biográfico, ela esteja ausente de muitas necrologias – aqui 16 sobre 50 – e que os mais próximos universitariamente tenham sido obrigados frequentemente a proceder a pesquisas expressas para estar em condições de liberar essa informação.) O sistema dos adjetivos utilizados desenha o *universo das virtudes professorais* que, à semelhança das carreiras universitárias, às quais elas dão acesso, são hierarquizadas. A verdade desse universo que, enquanto tal, tende ao fechamento em si, não se depreenderia completamente a não ser *pela comparação* com outros universos de virtudes, associados a outras posições no campo da classe dominante (espera-se retomar as variantes da moral dominante correspondentes às diferentes frações da classe dominante pela análise comparativa de um conjunto de discursos de celebração – elogios fúnebres, discursos de recepção etc. – nos quais diferentes grupos se celebram a si próprios, celebrando um de seus membros). No entanto, tocam-se muito concretamente os limites de um sistema de classificação que se propõe com a aparência de universalidade quando se observa que ele se revela completamente inoperante para nomear e elogiar as virtudes daqueles *normaliens* que saíram do universo universitário, os dois diplomatas, cujo elogio é confiado a outros desertores gloriosos; entra-se num universo de discurso ("a dedicação a seu país", "carreira dedicada ao serviço exclusivo do Estado") que anuncia um universo completamente diferente, antagonista, até mesmo antinômico ("sem vocação para o ensino – encontrando-se bloqueado no contexto antiquado de uma classe. Todas as suas aspirações impeliam-no para horizontes mais largos"), o da alta função pública ou da grande burguesia de negócios.

Vê-se que o sistema de classificação escolar (obtido aqui através dos adjetivos empregados no elogio fúnebre) continuou a funcionar ao longo da carreira universitária como instrumento dissimulado de classificação social: é notável que, no conjunto dos "ex-alunos" formalmente iguais e realmente igualados – do ponto de vista dos critérios escolares – pelo efeito de superseleção, o sistema escolar tenha continuado a estabelecer, em função dos mesmos critérios por meio dos quais foram selecionados, hierarquias diretamente manifestadas nas carreiras universitárias. Tudo se passa com efeito como se os *normaliens* se encontrassem destinados a trajetórias muito estreitamente proporcionais à sua origem social num espaço universitário muito rigorosamente hierarquizado segundo a instituição (do *Collège de France* ao liceu), a residência (de Paris à pequena cidade do interior) e a disciplina (da filosofia às línguas vivas e da matemática à química). Sobre os 15 antigos alunos oriundos das classes populares e médias, doze tornaram-se professores de ensino secundário ou secundário superior (*khâgne* e *taupe*), e somente três, professores do ensino superior, mas nas disciplinas universitariamente tidas como inferiores (línguas vivas, química, física) e/ou no interior; ao contrário, sobre os 19 antigos alunos oriundos das classes superiores, somente dois tornaram-se professores de ensino secundário, enquanto dois orientavam-se para a diplomacia, outros dois tornavam-se escritores e treze, professores de ensino superior, a maioria em Paris e quatro deles no *Collège de France.*

Deve-se evitar o estabelecimento de uma relação de causalidade mecânica entre a origem social e o êxito universitário: produtos classificados, os professores não cessam de se classificar a si próprios – na autoavaliação permanente onde se definem inseparavelmente as "ambições" e a autoestima – segundo os sistemas de classificação escolar; ou seja, suas "aspirações" e suas "escolhas de carreira" precedem os julgamentos que o sistema fará sobre suas ambições. Nesse sentido, as notícias necrológicas só são aparentemente enganosas ao elogiar a modéstia dos que sacrificaram "uma brilhante carreira" na faculdade ou em Paris, pelas alegrias da vida no interior ou em família: tanto é fechada a dialética das oportunidades objetivas e das aspirações, que é em vão tentar separar os determinismos objetivos e a determinação subjetiva. Os provincianos não quiseram uma Paris que não os queria; os professores do secundário recusaram a faculdade tanto quanto ela lhes era recusada. Toda socialização bem-sucedida tende a obter dos agentes que eles se façam cúmplices de seu destino.

As escolhas infinitesimais (apresentar um tema de tese ou não, sobre tal autor ou tal outro, com este ou aquele orientador etc.) através das quais se desenha uma trajetória conducente a posições anteriormente determinadas constituem já outras tantas contribuições para o trabalho de desinvestimento que levará, ao preço de alguns artifícios da má-fé, ao *amor fati*, virtude fúnebre que celebram as notícias necrológicas. A independência relativa dos diferentes princípios de hierarquização (estabelecimento, residência, disciplina) produz um efeito de ruído que contribui muito fortemente para facilitar esse trabalho de desinvestimento: o professor de filosofia de um liceu parisiense não tem dificuldade em convencer-se, por pouco que escreva nos jornais ou revistas intelectuais, que nada tem a invejar no professor de inglês de uma faculdade do interior. E inversamente. É assim que o trabalho de celebração que é imposto pelas leis do gênero necrológico dá uma ideia suficientemente justa do "trabalho de luto" graças ao qual aqueles que se acreditavam "prometidos às mais altas destinações" podem sempre se restabelecer na estima de si.

O campo das trajetórias possíveis

As classes que produzem as taxinomias escolares estão unidas por relações que não são nunca de pura lógica porque os sistemas de classificação do qual elas são o produto tendem a reproduzir a estrutura das relações objetivas do universo social do qual eles próprios são o produto. No caso particular, a hierarquia que se observa no universo das virtudes professorais, quer dizer, no universo das maneiras de realizar a excelência universitária, corresponde estreitamente à hierarquia das carreiras possíveis, isto é, à hierarquia das instituições de ensino. Tudo se passa como se, no interior desse universo de qualidades hierarquizadas que o corpo professoral reconhece como suas reconhecendo-as nos melhores dos seus, cada agente se encontrasse objetivamente situado pela qualidade das suas virtudes. A série dos adjetivos recenseados desenha o campo das qualidades professorais professoralmente reconhecidas que se manifesta desde as qualidades mínimas, esperadas de todo "educador da juventude", – virtudes domésticas do bom pai e do bom marido ou virtudes profissionais – até às qualidades supremas, negação do aspecto negativo das virtudes mais ordinárias que não vai jamais até à negação dos princípios positivos dessas virtudes (o grande filósofo é elogiado também por suas qualidades de pai de família ou sua vinculação à escola).

É relativamente arbitrário dissociar as qualidades de homem dos professores de suas qualidades intelectuais, tamanha é a endogamia professoral. Do levantamento que conduzimos em 1964 sobre as estratégias matrimoniais de 6 turmas (1948 a 1953) de *normaliens* literários (n = 155, ou seja, uma taxa de respostas de 83%), nota-se que entre os *normaliens* casados – que representam 85% do todo – 59% esposaram uma professora; dos que o fizeram, 58% uniram-se a uma *agrégée** e 49% destes últimos a uma *sevriènne*** (quanto aos outros, suas esposas pertencem a profissões intelectuais em 6% dos casos, a profissões liberais em 4% dos casos, aos quadros médios em 2% dos casos, não exercendo profissão no momento da pesquisa em 28% dos casos). Não se pode superestimar o grau em que esse tipo de estratégia matrimonial contribui para o fechamento em si do universo hiperprotegido do professor universitário.

É por referência à estrutura desse campo das qualidades objetivamente oferecidas a todo *normalien* ao entrar na carreira professoral que se define objetivamente o *valor social* das virtudes atribuídas a cada um. Da mesma forma, a série de posições que o *Annuaire de l'Amicale des anciens élèves* enumera cada ano – e que, na amostra estudada, vai do professor de filosofia no *Collège de France*, ao professor de línguas vivas em um liceu do interior – delimita o campo das trajetórias

---

* Pessoa que obteve êxito no concurso de "agrégation", tornando-se, portanto, portadora do título de "agrégé" e titular do posto de professor de liceu ou de faculdade.

** Aluna da *École normale de Sèvres*.

possíveis, para uma determinada coorte de *normaliens*[8]; e é também por referência a esse espaço dos possíveis, a que a indiferenciação inicial das trajetórias confere uma realidade vivida, que se define objetivamente o valor social das trajetórias individuais, valor esse que dá fundamento objetivo à experiência do êxito ou do fracasso. Segue-se que as virtudes e as carreiras, que são louvadas inseparavelmente nas notícias necrológicas, são o objeto de uma percepção e de uma apreciação duplas: formadas nelas mesmas e para elas mesmas, as virtudes inferiores, a título de componentes mínimos, mas também fundamentais, elementares e banais, mas também primordiais da definição universitária da excelência, constituem o objeto de um reconhecimento absoluto e incondicional, bastando a ausência dessas qualidades para colocar em questão a participação no grupo: mas, de outro lado, não se pode jamais esquecer totalmente a verdade do ascetismo universitário – necessidade feita virtude – e da forma completamente negativa da excelência universitária que se reduz a esse ascetismo: essas vidas simples e modestas, plenas de sabedoria e de serenidade interior, de resignação e de dignidade, de

---

8. Esta série é um bom indicador empírico do valor do diploma de *normalien* no mercado e é a partir de um conhecimento mais ou menos exato do "valor" do diploma que aí se exprime que se constitui a visão subjetiva do campo dos possíveis que define as aspirações e as expectativas num dado momento. Sobre a relação entre a trajetória e o campo das trajetórias possíveis, cf. BOURDIEU, P. "Avenir de classe et causalité du probable". *Revue Française de Sociologie*, XV, jan./ mar., 1974, p. 3-42, especialmente p. 14 [N.T.: Este artigo encontra-se traduzido na presente coletânea, cf. o "Futuro de classe e causalidade do provável"].

retidão e de dedicação, essas virtudes de sábio, cem vezes elogiadas, que cultiva seu jardim, percorre – sacola nas costas – as montanhas e vela por suas crianças, não podem deixar de mostrar a que servem uma vez recolocadas no campo das trajetórias possíveis. As virtudes inferiores, e também as virtudes médias, já mais específicas e menos exclusivamente morais, tais como as aptidões pedagógicas – clareza, naturalidade, método – ou as qualidades intelectuais inferiores – erudição (memória), precisão – jamais passam de *virtudes dominadas*, formas mutiladas das virtudes dominantes que só podem reencontrar seu pleno valor quando associadas às virtudes dominantes, capazes de compensar e de salvar o que nelas resta de empobrecimento e de mediocridade escolar: a erudição só vale plenamente se for "ornada de elegância" e o erudito, se não for "fechado na sua especialidade". Tomando pouco a pouco todo o espaço dos elogios, à medida que se rarefazem as virtudes superiores, as virtudes morais não podem ser nada mais do que os limites das virtudes intelectuais permitem aceitar, num universo em cuja culminância estão estas últimas. Lá ainda, a mais cínica verdade manifesta-se sempre sob a mais encantada celebração: é realmente significativo que os elogios associem quase sempre as virtudes dominadas às virtudes de resignação que permitem aceitar uma posição inferior sem sucumbir ao ressentimento que é a contrapartida normal do superinvestimento frustrado, recusa das honras, retidão moral, modéstia, discrição. E os obscuros encontram nos elogios a lógica de um sistema que valoriza a modéstia e o desdém pelas honras quando, por uma estratégia típica de reviravolta do pró ao contra, eles tentam transformar sua obscuridade em escolha da virtude e assim lançar o descrédito ou a suspeita sobre os prestígios necessariamente mal-adquiridos das glórias muito brilhantes[9].

A resignação e a sabedoria que os memorialistas oficiais elogiam encontram um fundamento objetivo na autonomia relativa de que dispõem as diferentes ordens de ensino no interior de um campo globalmente hierarquizado. Cada um desses subcampos oferece um modo de realização particular à ambição da mais alta trajetória que está implicada no pertencer à classe dos *normaliens* (como direito de preferência sobre um campo de possíveis) sob a forma de uma trajetória ao menos subjetivamente incomparável a qualquer outra: é o professor *agrégé* de filosofia de um pequeno liceu do interior que provoca a admiração e o respeito de seus colegas menos titulados pela simplicidade de suas maneiras e sabedoria toda filosófica de sua existência; é o professor de *khâgne* ou de *taupe*, rodeado da admiração absoluta de gerações sucessivas de pretendentes ao título de *normalien* que o envolvem na representação sacralizante que fazem da escola e que, por sua alta qualidade escolar, fazem-no participar de um universo de digni-

---

9. Jamais elogiada como um valor digno de ser procurado por si próprio, a obscuridade não pode ser reconhecida, exceto sob a forma das virtudes positivas que presumidamente supõe desdém pelas honras e recusa da busca de sucessos extrauniversitários. Como testemunho, esta frase pronunciada, há 20 anos, por um professor da Sorbonne diante de um candidato conhecido fora do meio universitário por seus escritos de ensaísta e jornalista: "O senhor não é suficientemente obscuro".

dade universitária superior à das faculdades (Alain); e assim por diante, em todos os níveis.

Eis duas ilustrações entre mil: "Outro dia, vestido improvisadamente e levando a Saint-André um caminhão de esterco pela estrada tortuosa, ele parou para queimar um cigarro sentado em um banco, de onde se tinha uma bela vista, e respirar um pouco. Apareceu uma família de citadinos em férias que veio sentar-se perto dele. O pai mostrou aos filhos a beleza da paisagem e do campo, e citou-lhes em latim um verso das *Geórgicas*. Levantando-se, Passeron recitou os versos seguintes e subiu novamente no caminhão, deixando-os estupefatos e cheios de admiração por esses camponeses do Condado de Nice, que sabiam Virgílio e, ainda por cima, de cor!" (Notícia necrológica de Jacques--Henri Passeron em *Annuaire ENS*, 1974, p. 120). "Foi então que descobriu que fora precedido por um alemão que se havia apressado em publicar seus resultados [...]. Dessa descoberta, ele saiu profundamente decepcionado e meio desamparado, e, apesar de todo o encorajamento que recebeu, pediu para retornar ao secundário [...]. Em *La Flèche** como na escola, ele vivia suficientemente apagado, unicamente para os seus, à margem da vida pública e, no entanto, era muito conhecido em toda a cidade e particularmente estimado. É porque ele sabia servir na hora certa e sempre com simplicidade [...]. De extrema modéstia, sem ambição alguma, nunca tendo pedido nada, ele permaneceu 35 anos em *La Flè-*

---

* Colégio militar de nível médio [N.T.].

che, até a aposentadoria" (Notícia necrológica de Paul Blassel em *Annuaire ENS*, 1962, p. 41).

O ascetismo aristocrático

Assim todo *normalien* participa, em graus diferentes, desse universo de virtudes que os *normaliens* reúnem naturalmente sob o adjetivo *normalien* ("humor *normalien*"): nessa combinação única de virtudes intelectuais e morais em que "a elite" do corpo professoral se reconhece e que fundam sua convicção de constituir uma elite simultaneamente intelectual e moral, se exprime toda a posição desse corpo na estrutura das relações de classe. Ocupando uma posição temporalmente dominante (em relação aos artistas), em uma fração dominada da classe dominante, os professores constituem uma espécie de alta pequena burguesia votada ao *aristocratismo da moral e da inteligência*. As disposições que caracterizam propriamente os professores em oposição aos "burgueses" (fração dominante) e aos "artistas" (fração temporalmente dominada da fração dominada) encontram seu princípio no fato de que eles se situam no meio-termo entre as duas hierarquias, segundo as quais se dividem as frações da classe dominante – a hierarquia do poder econômico e político e a hierarquia da autoridade e do prestígio intelectuais: muito "burgueses" aos olhos dos escritores e dos artistas, dos quais se separam por suas condições de existência e seu estilo de vida, e muito "intelectuais" aos olhos dos "burgueses" com os quais não podem partilhar completamente o estilo de vida (salvo na ordem do consumo dos bens culturais), só podem encontrar a compensação de sua dupla meia-derrota na resignação aristocrática ou nas satisfações associadas à vida doméstica que suas condições de existência, assim como as disposições ligadas à sua trajetória social e as estratégias matrimoniais correlatas tornam possível[10]. Por suas virtudes domésticas, pelo ascetismo aristocrático que está no princípio de seu estilo de vida e que oferece um último recurso à autoestima quando desaparecem todos os outros princípios de legitimação, e também pela adesão ao mundo e às grandezas desse mundo de que é testemunha esse tipo de espírito de "serviço público" e de "devotamento", frequentemente consagrado por condecorações, que conduz às carreiras administrativas, os professores são mais próximos à alta função pública do que os intelectuais e artistas cujo culto celebram. A dupla verdade desse corpo, que não pode cumprir seus mais altos valores sem sacrificar aqueles que correspondem à sua própria função, lê-se no julgamento que o reitor de Lille fazia de Jules Romains, então jovem professor de filosofia num liceu: "Espírito cultivado, original, provavelmente um pouco distraído por suas ambições literárias, aliás, bastante

---

10. A análise de uma amostra de professores universitários e de escritores ou artistas inscritos no *Who's who in France* (edição de 1969-1970) fez aparecer um conjunto de diferenças sistemáticas entre essas duas populações. Os professores universitários caracterizam-se por um número médio de filhos mais elevado (2,39) do que os escritores ou artistas (1,56), uma taxa menos elevada de solteiros ou de divorciados (respectivamente 0,9% e 0,9% contra 16,6% e 10,7%), uma taxa bem mais elevada de condecorações (65,1% possuem a legião de honra contra 39,2% dos intelectuais).

legítimas" (Notícia necrológica de Jules Romains em *Annuaire ENS*, 1974, p. 43). Essa contradição, que está inscrita na própria definição do cargo e é reproduzida pelas características sociais dos agentes, é superada somente por aqueles que realizam o ideal proclamado da excelência intelectual, mas saindo do campo universitário (ou nele ocupando "lugares livres" como o *Collège de France*). Mais ainda que a dupla renúncia, intelectual e temporal, que sua posição dominada em um universo temporalmente dominado impõe às camadas inferiores do corpo professoral, é a meia-consagração temporal das camadas médias que faz perceber a verdade do ascetismo e do desdém professoral pelas honras, inversão simbólica de uma despossessão: aqueles que realizam o ideal intelectual dentro dos limites da universidade, atingindo assim essa forma inferior (do ponto de vista dos próprios critérios que eles reconhecem) da glória intelectual que o campo universitário pode oferecer e aqueles que se apropriam e se acomodam (são frequentemente os mesmos) aos poderes oferecidos pelo universo do não poder, reconhecem assim a dupla ambição que está inscrita na sua dupla meia-vitória.

Os esquemas professorais de percepção e de apreciação funcionam também como esquemas geradores que estruturam toda prática e, em particular, a produção dessa categoria particular de produtos culturais que são os trabalhos propriamente universitários, cursos, manuais ou teses de doutorado. Na ordem das virtudes intelectuais chegar-se-ia ao equivalente das contradições encontradas na ordem das qualidades morais se se analisasse tudo o que esses produtos ficam devendo às suas condições sociais de produção e de utilização, e, em particular, à contradição entre o imperativo de cultura e ecletismo, na tradição da Suma, e o imperativo de originalidade, contradição inscrita nos próprios objetivos de uma *empresa de produção cultural para as necessidades de reprodução* que por isso comporta sempre uma parte de simples reprodução (cada vez mais fraca e sobretudo cada vez mais bem-dissimulada quando se vai das formas inferiores, manuais, até às formas superiores, teses de doutorado).

Os professores do secundário não são produtores de obras (com exceção de um, autor de traduções); a produção dos professores de *khâgne* e *taupe* se compõe quase exclusivamente de manuais, de obras didáticas diversas. "No momento de sua publicação, esses livros, bem concebidos e claramente escritos, são atualizações precisas e excelentes ferramentas para os alunos" (Notícia necrológica de Guillaune Rumeau, professor de física de *taupe* em *Annuaire ENS*, 1962); quanto à produção de altos funcionários da Educação Nacional, inspetores gerais ou reitores, pode-se aplicar-lhe os mesmos termos empregados para caracterizar a obra do decano Hardy: "Mas, para Hardy, desde a sua chegada a Dacar, a grande tarefa é fornecer ao ensino os manuais, as obras necessárias para a 'programação' dos diversos planos de estudos. Hardy dá o exemplo, abre os caminhos, lança coleções. Publica livros de ensino que vão do manual ou tratado didático ao livro de síntese provisória" (*Annuai*-

re ENS, 1965, p. 38). A maior parte dos professores do ensino superior produziu teses e obras de síntese ("Este amplo estudo, uma verdadeira contribuição para as pesquisas de literatura comparada", notícia necrológica de Émile Pons em *Annuaire ENS*, 1974, p. 53; "Um verdadeiro sucesso de luminosa síntese e de vasta e discreta erudição", Notícia necrológica de Aurélien Digeon em *Annuaire ENS*, 1963, p. 58); e excepcionalmente romances, ensaios "originais" escritos com "espírito", *"finesse"*, "charme", "lucidez". Não se fala de "obra", no sentido em que o meio intelectual dá a essa palavra, ou de "grande obra", a não ser a propósito dos professores do *Collège de France*.

Na verdade, uma ciência das produções acadêmicas deveria levar em conta tudo o que se refere à posição do campo universitário na estrutura das relações de classe e em particular o aristocratismo moral e intelectual que está no princípio, por exemplo, da atmosfera de espiritualismo e idealismo na qual se enleva o ensino literário e filosófico, por um desdém aristocrático em relação a todas as formas de pensamento "vulgares", combatidas por anátemas diversos, positivismo, materialismo, empirismo. Os esquemas de percepção e de apreciação que a análise sociológica das necrologias exuma estão em prática na leitura universitária de Epicuro ou de Spinoza, de Racine ou de Flaubert, de Hegel ou de Marx. As obras cuja conservação e consagração incumbem ao sistema de ensino são assim continuamente reproduzidas ao preço de uma distorção tanto maior quanto mais os esquemas que as engendraram estão distantes daquele que lhes aplicam os *intérpretes credenciados*, convencidos de que não podem fazer nada melhor além de lê-las "com as lentes de sua própria atitude", como dizia Weber, e criá-las assim à sua própria imagem. Essas disposições genéricas encontram-se na verdade especificadas pela posição que cada leitor ocupa no campo universitário. Vê-se, por exemplo, o que a mais comum leitura de textos antigos (ó jardim de Epicuro) pode dever às virtudes dos jardineiros provincianos, e a interpretação ordinária e extraordinária de Heidegger a esse aristocratismo da inteligência que evita nos caminhos da floresta ou nas estradas da montanha as populações fracas e vulgares, ou seu *analogon* concreto, os (maus) alunos sempre renovados que devem ser arrancados sem cessar das tentações mundanas para se lhes impor o reconhecimento dos verdadeiros valores.

Anexo

Extratos de relatórios de bancas de concursos

École normale supérieure, 1965

"As afirmações maciças, elefantescas e os intermináveis parágrafos pré-fabricados; um tom pessoal e uma rara concisão de estilo, os 'carrés'* se revelam mais vivos na conversação, mais despertos, mais disponíveis".

---

* N.T.: O termo "carré" designa o estudante que cursa o 2° ano das *grandes écoles*.

Agrégation em letras, *Homens, 1959*

"Um sentido literário delicado e uma real concisão de pensamento (p. 20); a frouxidão da elocução e a hesitação da palavra [...], um tom categórico e uma falsa segurança (p. 21); algumas explicações penetrantes e delicadas (p. 23); um magma de palavras, por vezes, marcadas por entonações vulgares; um palavrório vazio e vão, uma sequência bizarra de observações superficiais (p. 27); ele soube colocar em prática de maneira inteligente seus conhecimentos [...] e chegar assim a um julgamento tão nuançado, tão pessoal (p. 26); uma língua verdadeiramente muito corrompida. Mistura de negligência e pretensão; essa disparidade é tão desagradável quanto a visão de joias de fantasia sobre uma pele suja. [...] como os pensamentos [...] podem se exprimir de maneira tão estridente e frequentemente tão desprezível? (p. 28). Uma apresentação que revelava a inteligência, por vezes a fineza e o sentido literário do tradutor (p. 29); uma reprodução servil de palavras latinas; uma série de retoques, verdadeira pasta verbal inerte (p. 30)".

Agrégation em letras modernas, Homens, 1965

"Compilações ruins e maciças (p. 9); vocábulos vis e impuros que mais vale suprimir completamente. Na *agrégation* não é admissível o espírito fácil, nem a banalidade, nem a vulgaridade, nem a agressividade (p. 11); um concurso sem brilho (p. 14); sua nulidade agressiva estava bem próxima da insolência (p. 19); o jargão, a negligência, a pretensão serão punidos (p. 22);

espécimes consumados de uma ignorância crassa (p. 24); a sensibilidade literária e a cultura geral [...] dão a medida das qualidades pessoais daquele que fala; uma elocução natural (p. 35)."

Agrégation em letras clássicas, Mulheres, 1974

"Monotonia e pobreza no vocabulário, falta de elegância na expressão; a oradora [...] prisioneira um pouco lúgubre; caricaturas incômodas; a recitação passiva; uma exposição inútil" (p. 22-24).

Taxinomias e ritos de passagem

Do rito de agregação ao julgamento último do grupo

É o mesmo sistema de classificação que continua a funcionar ao longo do *cursus* escolar, trajetória estranha na qual todo mundo estabelece classificações e todo mundo é classificado, sendo que os melhores classificados tornam-se os melhores classificadores daqueles que entram no circuito: isso ocorre desde o concurso de ingresso na *École normale* ao concurso de *agrégation*; do concurso de *agrégation* ao doutorado; do doutorado à *Sorbonne* ou ao *Collège de France*; do *Collège* ao *Institut*, fim da trajetória, em que os "mais bem-classificados" de todos os concursos comandam *de facto* todas as operações de classificação controlando o acesso à instância de classificação de nível imediatamente inferior que, por sua vez, controla a seguinte e assim por diante. Esta regulação externa que se impõe através da hierarquia das instâncias – o professor universitário cioso de melhorar sua classificação deve respeitar as classificações em vigor, tanto nas suas produções como na sua prática universitária – não faz nada mais do que reforçar os efeitos das disposições automaticamente ajustadas e conformes que foram selecionadas e inculcadas através de todas as operações anteriores de classificação.

* * *

Documento de primeira linha para uma análise dos valores universitários, as notas necrológicas – em particular aquelas que o *Annuaire de l'Association amicale des anciens élèves de l'École normale supérieure* publica – colocando ainda em prática, no julgamento último que o grupo faz de um de seus membros desaparecidos, os princípios de classificação que determinaram sua agregação ao grupo. Nada de surpreendente haverá se, nesse último exame, os "camaradas desaparecidos" se virem classificados como sempre foram classificados em vida, quer dizer, em função de qualidades universitárias sutilmente hierarquizadas que, nesse momento final do *cursus*, ainda mantêm uma relação imediatamente visível com as origens sociais. Aos mais obscuros, pequenos professores do interior, atribuem-se as qualidades mínimas, as do bom professor, mais comumente associadas às do bom pai e do bom marido. Em seguida, vêm as qualidades intelectuais de grau inferior, a seriedade, a erudição, a probidade, ou as qualidades superiores aplicadas a atividades inferiores, como as traduções, as edições críticas, obras um pouco "escolares" que o sistema escolar, como se sabe, jamais reconhece plenamente. Mais adiante, as virtudes menores dos servidores da cultura, as qualidades primeiras, essas que distinguem os professores universitários capazes de demonstrar sua excelência transgredindo os limites da definição universitária de excelência. E a suprema homenagem que, por intermédio de um de seus próximos (universitariamente), o grupo atribui àquele que realiza seu ideal de excelência, consiste em situá-lo naquele ponto além das classificações escolares já previsível por elas.

Extratos de notícias necrológicas

Paul Sucher
Nascido em Versailles, em 10 de janeiro de 1886
pai comerciante

"Depois de sua monografia sobre Hoffmann, numerosas traduções mostram a facilidade, a elegância e a exatidão com que ele sabia transpor os textos, enquanto longas introduções fazem ressaltar sempre o essencial dos problemas literários por vezes confusos e controvertidos.

[...] Em pouco tempo, Sucher poderia ter feito uma excelente tese que lhe teria aberto o acesso a nossas faculdades, para grande alegria dos seus antigos professores. Não acredito que ele tenha sido impedido por dificuldades que nada significavam para ele, nem pelas exigências de um trabalho de erudição ao qual se dedicava, quando bem entendia, por gosto e com naturalidade. Sua vida interior era-lhe suficiente: a leitura, a meditação, as viagens, as longas estradas percorridas a pé, mochila nas costas, ou em bicicleta, os largos horizontes conquistados nos Alpes com a força das pernas ou com os dedos cravados nos rochedos, a vida agradável no lar que montou em 1926 ao casar-se com uma de nossas colegas do ensino público, eram suficientes para povoar e enriquecer a existência, como ele desejava."

Annuaire ENS, 1962, p. 36-37.

Pierre Audiat

Nascido em Angoulême, em 15 de novembro de 1891
pai professor

"Conheci alguns parisienses da gema, cujo prazer cotidiano mais vivo era pegar esse jornal e ler primeiramente esse recado que 'de um extremo ao outro do Sul' levava aos quatro ventos – escrito de uma forma natural, aguda, precisa e nítida – o espírito desprendido, alado e sensato de Pierre Audiat. [...] Pierre Audiat tornou-se um de nossos romancistas mais originais, o criador e o mestre, acredito, do que poderia ser chamado o 'romance psicopatológico'.

[...] Na sua tese de 1924 [...], ele surpreendeu e quase escandalizou seu júri, que se inclinou, no entanto, diante de sua maestria jovem e brilhante.

[...] escritor nato, tendo essa arma brilhante, afiada, que se chama justamente estilo, e que considero um dos escritores do Ocidente e da França que, pelos seus escritos, manteve a maior fidelidade às tradições inteligentes de uma França orgulhosa e livre que ainda não está morta."

Annuaire ENS, 1962, p. 38-39.

Roger Pons
Nascido em Equeurdreville, em 28 de agosto de 1905
mãe professora primária, avós camponeses
professor de khâgne no liceu Louis le Grand

"A explicação desse sucesso único deve ser procurada numa abnegação perene. Grande humanista, Roger Pons punha-se a serviço dos textos e dos autores, aplicando-se, quer se tratasse de Pascal ou Diderot, de Claudel ou de Gide, a revelar-lhes a genialidade sem a eles se substituir, sem preocupar-se em surpreendê-los em falta, num clima de simplicidade e acolhimento. Juiz escrupuloso dos concursos de *agrégation*, inspetor, Roger Pons permaneceu professor, colocando sua experiência e seu conhecimento a serviço do ensino e dos professores.

[...] Roger Pons escreveu muito e, da mais curta nota ao mais desenvolvido ensaio, com um cuidado minucioso, atento à exatidão e à perfeição do pormenor, e sempre num estilo vigoroso, claro, emocionante. Era, no entanto, bom artesão que fabricava sem cessar o útil e o utilizável para os outros, devorado pelo trabalho, pelas amizades, pelos deveres, traído no fim pelo destino, Roger Pons somente ofereceu as aproximações, as preliminares, os esboços da grande obra de moralista e de crítico que trazia em si. O ascetismo universitário e a humildade cristã conjugados impediram-no (pois a virtude é, porventura, cruel e destruidora) de dizer o mais importante, o mais pessoal, implícito em toda a parte, jamais livremente revelado."

Annuaire ENS, 1962, p. 52-53.

Maurice Merleau-Ponty
Nascido em Rochefort-sur-mer, em 1908
pai oficial de artilharia
membro do júri do concurso de ingresso na École normale supérieure

"Ainda o revejo naquela época, com suas maneiras reservadas, seu jeito de ouvir com extrema atenção, suas respostas pertinentes e um pouco enigmáticas pelo silêncio que as envolvia; havia nele algo de aristocrático, uma distância que permitia a profundidade dos encontros.

[...] Maurice Merleau-Ponty era da raça dos grandes filósofos; em certo sentido continuava Alain e Bergson; sob outro aspecto estava próximo de J.-P. Sartre, e, como este, havia sofrido a influência de Husserl e de Heidegger."

Annuaire ENS, 1962, p. 54-55.

CAPÍTULO IX

Os excluídos do interior*

Pierre Bourdieu
Patrick Champagne

Tradução: MAGALI DE CASTRO
Revisão técnica: GUILHERME JOÃO DE FREITAS TEIXEIRA

Fonte: BOURDIEU, Pierre & CHAMPAGNE, Patrick. "Les exclus de l'intérieur", publicado originalmente em *Actes de la recherche en sciences sociales*. Paris, n. 91/92, março de 1992, p. 71-75.

---

* Estas análises, mais particularmente dedicadas aos alunos dos liceus, são um prolongamento daquelas que foram apresentadas no último número de *Actes de la Recherche en Sciences Sociales*.

Falar, como se faz muitas vezes, especialmente por ocasião de crises tais como a de novembro de 1986 ou de novembro de 1990, de "mal-estar nos liceus", é atribuir indistintamente ao conjunto de uma categoria extremamente diversificada e dispersa um "estado" (de saúde ou de espírito), em si mesmo, mal-identificado e mal-definido. É claro, efetivamente, que o universo dos estabelecimentos escolares e das populações correspondentes constitui, de fato, um *continuum*, do qual a percepção comum apreende apenas os dois extremos: por um lado, os estabelecimentos improvisados, cuja multiplicação fez-se, de maneira precipitada, nas periferias desafortunadas para acolher populações de alunos cada vez mais numerosos e mais desprovidos do ponto de vista cultural e que deixaram de ter alguma coisa a ver com o liceu, tal como este se perpetuou até os anos 1950; por outro, os estabelecimentos altamente preservados, onde os alunos oriundos de "boas famílias" podem seguir, ainda hoje, uma trajetória escolar que não é radicalmente diferente daquela que foi seguida pelos pais ou avós. Pode até acontecer que, durante uma manifestação, alunos (ou pais) venham a se reunir para protestar contra o "mal da escola", hoje muito difundido, que não deixa de revestir formas extremamente diversificadas: as dificuldades, e mesmo as ansiedades sentidas pelos alunos das seções nobres dos grandes liceus parisienses e suas famílias, diferem, como o dia para a noite, daquelas encontradas pelos alunos dos colégios de ensino técnico dos grandes conjuntos habitacionais das periferias pobres.

Até o final dos anos 1950, as instituições de ensino secundário conheceram uma estabilidade muito grande fundada na eliminação precoce e brutal (no momento da entrada em *sixième*) das crianças oriundas de famílias culturalmente desfavorecidas. A seleção com base social que se operava, assim, era amplamente aceita pelas crianças vítimas de tal seleção e pelas famílias, uma vez que ela parecia apoiar-se exclusivamente nos dons e méritos dos eleitos, e uma vez que aqueles que a escola rejeitava ficavam convencidos (especialmente pela escola) de que eram eles que não queriam a escola. A hierarquia das estruturas de ensino, simples e claramente identificável, e, muito particularmente, a divisão absolutamente nítida entre o primário (daí, os "primários") e o secundário, estabelecia uma relação estreita de homologia com a hierarquia social; e isso contribuía muito para persuadir aqueles que não se sentiam feitos para a escola de que não eram feitos para as posições que podem ser alcançadas (ou não) pela escola, ou seja, as profissões não manuais e, muito especialmente, as posições dirigentes no interior dessas profissões.

Entre as transformações que afetaram o sistema de ensino a partir dos anos 1950, uma das que tiveram maiores consequências foi, sem nenhuma dúvida, a entrada no jogo escolar de categorias sociais que, até então, consideravam-se ou estavam praticamente excluídas da escola, como os pequenos comerciantes, os artesãos, os agricultores e mesmo (devido ao prolongamento da obrigação escolar até os 16 anos e da generalização correlativa da entrada em *sixième*) os operários da indústria; processo que implicou uma intensificação da concorrência e um crescimento dos investimentos educativos por parte das categorias que já utilizavam, em grande escala, o sistema escolar.

Um dos efeitos mais paradoxais deste processo – a propósito do qual se falou, com um pouco de precipitação e muito preconceito, de "democratização" – foi a descoberta progressiva, entre os mais despossuídos, das funções conservadoras da escola "libertadora". Com efeito, depois de um período de ilusão e mesmo de euforia, os novos beneficiários compreenderam, pouco a pouco, que não bastava ter acesso ao ensino secundário para ter êxito nele, ou ter êxito no ensino secundário para ter acesso às posições sociais que podiam ser alcançadas com os certificados escolares e, em particular, o *baccalauréat**, em outros tempos, ou seja, nos tempos em que seus pares sociais não frequentavam o ensino secundário. E é lícito supor que a difusão dos mais importantes conhecimentos das ciências sociais sobre a educação e, em particular, sobre os fatores sociais do êxito e do fracasso escolar, tenha contribuído para transformar a percepção que alunos e famílias têm da escola na medida em que já conhecem, na prática, seus efeitos. Isso, sem dúvida, deve-se a uma transformação progressiva do discurso dominante sobre a escola: com efeito, apesar de retornar, muitas vezes (como se tratasse de inevitáveis lapsos, por exemplo, a propósito

---

* Também indicado sob a forma abreviada "bac": no sistema educacional francês, designa, ao mesmo tempo, os exames e o diploma conferido ao final do 2° ciclo do ensino de 2º grau [N.R.].

dos "superdotados"), aos princípios de visão e divisão mais profundamente escondidos, a vulgata pedagógica e todo seu arsenal de vagas noções sociologizantes – "*handicap* social", "obstáculos culturais" ou "insuficiências pedagógicas" – difundiu a ideia de que o fracasso escolar não é mais ou, não unicamente, imputável às deficiências pessoais, ou seja, naturais, dos excluídos. A lógica da responsabilidade coletiva tende, assim, pouco a pouco, a suplantar, nas mentes, a lógica da responsabilidade individual que leva a "repreender a vítima"; as causas de aparência natural, como o dom ou o gosto, cedem o lugar a fatores sociais maldefinidos, como a insuficiência dos meios utilizados pela escola, ou a incapacidade e a incompetência dos professores (cada vez mais frequentemente tidos como responsáveis, pelos pais, dos maus resultados dos filhos) ou mesmo, mais confusamente ainda, a lógica de um sistema globalmente deficiente que é preciso reformar.

Seria necessário mostrar aqui, evitando encorajar a ilusão finalista (ou, em termos mais precisos, o "funcionalismo do pior") como, no estado completamente diferente do sistema escolar que foi instaurado com a chegada de novas clientelas, a estrutura da distribuição diferencial dos benefícios escolares e dos benefícios sociais correlativos foi mantida, no essencial, mediante uma translação global das distâncias. Todavia, com uma diferença fundamental: o processo de eliminação foi diferido e estendido no tempo e, por conseguinte, como que diluído na duração, a instituição é habitada, permanentemente, por excluídos potenciais que introduzem nela as contradições e os conflitos associados a uma escolaridade cujo único objetivo é ela mesma. Em suma, a crise crônica – a que dá lugar a instituição escolar e que conhece, de tempos em tempos, manifestações críticas – é a contrapartida dos ajustamentos insensíveis e, muitas vezes, inconscientes das estruturas e disposições, através das quais as contradições causadas pelo acesso de novas camadas da população ao ensino secundário, e até mesmo ao ensino superior, encontram uma forma de solução. Ou, em termos mais claros, embora menos exatos, e portanto mais perigosos, essas "disfunções" são o "preço a pagar" para que sejam obtidos os benefícios (especialmente políticos) da "democratização".

É claro que não se pode fazer com que as crianças oriundas das famílias mais desprovidas econômica e culturalmente tenham acesso aos diferentes níveis do sistema escolar e, em particular, aos mais elevados, sem modificar profundamente o valor econômico e simbólico dos diplomas (sem que seja possível evitar que seus detentores corram um risco, ao menos, aparente); mas é também claro que são os responsáveis diretos pelo fenômeno de desvalorização – que resulta da multiplicação dos diplomas e de seus detentores, ou seja, os recém-chegados – que são suas primeiras vítimas. Os alunos ou estudantes provenientes das famílias mais desprovidas culturalmente têm todas as chances de obter, ao fim de uma longa escolaridade, muitas vezes paga com pesados sacrifícios, um diploma desvalorizado; e, se fracassam, o que segue sendo seu destino mais provável, são votados a uma exclusão, sem dúvida, mais estigmatizante e mais total do que era no passado: mais estigmatizante, na medida em que, aparentemente, tiveram "sua chance" e na medida em que a definição da identidade social tende a ser feita, de forma cada vez mais completa, pela instituição escolar; e mais total, na medida em que uma parte cada vez maior de postos no mercado do trabalho está reservada, por direito, e ocupada, de fato, pelos detentores, cada vez mais numerosos, de um diploma (o que explica que o fracasso escolar seja vivido, cada vez mais acentuadamente, como uma catástrofe, até nos meios populares). Assim, a instituição escolar tende a ser considerada cada vez mais, tanto pelas famílias quanto pelos próprios alunos, como um engodo, fonte de uma imensa decepção coletiva: essa espécie de terra prometida, semelhante ao horizonte, que recua na medida em que se avança em sua direção.

A diversificação dos ramos de ensino, associada a procedimentos de orientação e seleção cada vez mais precoces, tende a instaurar práticas de exclusão brandas, ou melhor, *insensíveis*, no duplo sentido de contínuas, graduais e imperceptíveis, despercebidas, tanto por aqueles que as exercem como por aqueles que são suas vítimas. A eliminação branda é para a eliminação brutal o que a troca de dons e contradons é para o "dá--se a quem dá": desdobrando o processo no tempo, ela oferece àqueles que têm tal vivência a possibilidade de dissimular a si mesmos a verdade ou, pelo menos, de se entregar, com chances de sucesso, ao trabalho de má-fé pelo qual é possível chegar a mentir a si mesmo sobre o que se faz. Em certo sentido, as "escolhas" mais decisivas são cada vez mais precoces (desde a *troisième*, e não, como antigamente, após o *baccalauréat* e até mais tarde) e o destino escolar é selado cada vez mais cedo (o que contribui para explicar a presença de alunos muito jovens nas grandes manifestações estudantis mais recentes); mas, em outro sentido, as consequências advindas dessas escolhas aparecem cada vez mais tarde, como se tudo conspirasse para encorajar e sustentar os alunos ou estudantes, *em sursis,* no trabalho que devem fazer para adiar o balanço final, a hora da verdade, em que o tempo passado na instituição escolar será considerado por eles como um tempo morto, um tempo perdido.

Esse trabalho de má-fé pode se perpetuar, em mais de um caso, para além do fim dos estudos, especialmente devido à imprecisão e indeterminação de alguns lugares incertos do espaço social que, pela maior dificuldade em serem classificados, deixam maior margem de manobra ao jogo duplo. É esse um dos efeitos mais potentes e também – não sem motivo – mais ocultos da instituição escolar e de suas relações com o espaço das posições sociais às quais, supostamente, deve dar acesso: ela produz um número cada vez maior de indivíduos atingidos por essa espécie de mal-estar crônico instituído pela experiência – mais ou menos completamente recalcada – do fracasso escolar, absoluto ou relativo, e obrigados a defender, por uma espécie de blefe permanente, diante dos outros e também de si mesmos, uma imagem de si constantemente maltratada, machucada ou mutilada. O paradigma desses inumeráveis *fracassados relativos* (que é possível encontrar até mesmo nos níveis mais elevados de êxito, por exemplo: os alunos das "pequenas escolas" em relação aos alunos das "Grandes Écoles"*, ou os piores destas últimas em relação aos melhores, e assim por diante) é, sem dúvida, o contrabaixista Patrick Süsskind, cuja miséria verdadeiramente profunda e real vem do fato de que tudo, no seio mesmo do universo altamente privilegiado que é o seu, acaba por lhe lembrar que ocupa aí uma posição rebaixada.

No entanto, o trabalho de recalcamento da verdade objetiva da posição ocupada no seio do sistema escolar (ou do espaço social) nunca tem êxito completo, nem sequer quando é apoiado por toda a lógica da instituição e pelos sistemas coletivos de defesa que ela engendra. O "paradoxo do mentiroso" não é nada ao lado das dificuldades que provoca a mentira a si mesmo. Tal fenômeno é perfeitamente ilustrado pelas afirmações de alguns excluídos, em *sursis*, que fazem coexistir a lucidez mais extrema sobre a verdade de uma escolaridade, cujo único objetivo é ela mesma, com a determinação quase deliberada de entrar no jogo da ilusão, talvez para desfrutar melhor o tempo de liberdade e gratuidade oferecido dessa forma pela instituição: aquele que tenta fazer sua a mentira que a instituição proclama a seu respeito está votado, por definição, à dupla consciência e ao *double bind*.

---

* Instituições de ensino superior, independentes do sistema universitário, que recrutam por concurso e se destinam a formar as elites intelectuais e dirigentes da nação [N.R.].

Mas a diversificação oficial (em ramos de ensino) ou oficiosa (em estabelecimentos ou classes escolares sutilmente hierarquizados, em especial através das línguas vivas) tem também como efeito contribuir para recriar um princípio, particularmente dissimulado, de diferenciação: os alunos "bem nascidos", que receberam da família um senso perspicaz do investimento, assim como os exemplos ou conselhos capazes de ampará-lo em caso de incerteza, estão em condições de aplicar seus investimentos no bom momento e no lugar certo, ou seja, nos bons ramos de ensino, nos bons estabelecimentos, nas boas seções etc.; ao contrário, aqueles que são procedentes de famílias mais desprovidas e, em particular, os filhos de imigrantes, muitas vezes entregues completamente a si mesmos, desde o fim dos estudos primários, são obrigados a se submeter às injunções da instituição escolar ou ao acaso para encontrar seu caminho num universo cada vez mais complexo e são, assim, votados a investir, na hora errada e no lugar errado, um capital cultural, no final de contas, extremamente reduzido.

Eis aí um dos mecanismos que, acrescentando-se à lógica da transmissão do capital cultural, fazem com que as mais altas instituições escolares e, em particular, aquelas que conduzem às posições de poder econômico e político, continuem sendo exclusivas como foram no passado. E fazem com que o sistema de ensino, amplamente aberto a todos e, no entanto, estritamente reservado a alguns, consiga a façanha de reunir as aparências da "democratização" com a realidade da reprodução que se realiza em um grau superior de dissimulação, portanto, com um efeito acentuado de legitimação social.

Mas essa conciliação dos contrários não se dá sem contrapartida. As manifestações dos estudantes dos liceus que, nos últimos vinte anos, têm surgido de tempos em tempos sob pretextos diversos, e as violências mais ou menos importantes que, continuamente, têm tido como objeto os estabelecimentos escolares mais deserdados, nada mais são que a manifestação visível dos efeitos permanentes das contradições da instituição escolar e da violência de uma espécie absolutamente nova que a escola pratica sobre aqueles que não são feitos para ela.

Como sempre, a escola exclui; mas, a partir de agora, exclui de maneira contínua, em todos os níveis do *cursus** (entre as classes de transição e os liceus de ensino técnico não há, talvez, mais que uma diferença de grau), e mantém em seu seio aqueles que exclui, contentando-se em relegá-los para os ramos mais ou menos desvalorizados. Por conseguinte, esses excluídos do interior são votados a oscilar – em função, sem dúvida, das flutuações e das oscilações das sanções aplicadas – entre a adesão maravilhada à ilusão que ela propõe e a resignação a seus veredictos, entre a submissão ansiosa e a revolta impotente. Eles não podem deixar de desco-

---

* Percurso (mais ou menos longo, nesse ou naquele ramo de ensino, nesse ou naquele estabelecimento) efetuado pelo aluno ao longo de sua carreira escolar [N.R.].

brir, mais ou menos rapidamente, que a identidade das palavras ("liceu", "estudante de liceu", "professor", "estudos secundários", "baccalauréat") esconde a diversidade das coisas; que o estabelecimento indicado pelos orientadores escolares é um lugar que reagrupa os mais desprovidos; que o diploma para o qual se preparam é um certificado sem valor ("eu me preparo para um pequeno G2"*, diz, por exemplo, um deles); que o *bac* obtido, sem as menções indispensáveis, acaba por condená-los aos ramos menos valorizados de um ensino que, de superior, só tem o nome; e assim por diante. Obrigados pelas sanções negativas da escola a renunciar às aspirações escolares e sociais que a própria escola lhes havia inspirado, e, em suma, forçados a diminuir suas pretensões, levam adiante, sem convicção, uma escolaridade que sabem não ter futuro. Passou o tempo das pastas de couro, dos uniformes de aspecto austero, do respeito devido aos professores, outros tantos sinais de adesão manifestados diante da instituição escolar pelas crianças oriundas das famílias populares, tendo cedido o lugar, atualmente, a uma relação mais distante: a resignação desencantada, disfarçada em negligência impertinente, é visível através da indigência exibida do equipamento escolar, os cadernos presos por um barbante ou elástico transportados de forma displicente em cima do ombro, os lápis de feltro descartáveis que substituem a caneta-tinteiro de valor oferecida para servir de encorajamento ao investimento escolar ou na ocasião do

---

* Cf. entrevista no Anexo [N.R.].

aniversário etc.; tal resignação exprime-se também pela multiplicação dos sinais de provocação em relação aos professores, como o *walkman* ligado, algumas vezes, até mesmo na sala de aula, ou as roupas, ostensivamente descuidadas, e muitas vezes exibindo o nome de grupos de *rock* da moda, inscritos com caneta esferográfica ou com feltro, que desejam lembrar, dentro da escola, que a verdadeira vida encontra-se fora dela.

Aqueles que, movidos pelo gosto da dramatização ou pela busca do sensacionalismo, gostam de falar do "mal-estar nos liceus", reduzindo-o – por uma dessas simplificações do pensamento pré-lógico que grassa, com tanta frequência, no discurso quotidiano – ao "mal-estar dos subúrbios" que, por sua vez, está contaminado pelo fantasma dos "imigrantes", referem-se, sem o saber, a uma das contradições mais fundamentais do mundo social em seu estado atual: particularmente visível no funcionamento de uma instituição escolar que, sem dúvida, nunca exerceu um papel tão importante – e para uma parcela tão importante da sociedade – como hoje, essa contradição tem a ver com uma ordem social que tende cada vez mais a dar tudo a todo mundo, especialmente em matéria de consumo de bens materiais ou simbólicos, ou mesmo políticos, mas sob as espécies fictícias da aparência, do simulacro ou da imitação, como se fosse esse o único meio de reservar para uns a posse real e legítima desses bens exclusivos.

Anexo

Para elas, o bac G é uma lata de lixo

– Em sua opinião, há uma hierarquia entre os bacs?

– Com certeza. Se levarmos em consideração unicamente as mentalidades, o *bac* C é muito mais cotado. As pessoas de C são muito mais apreciadas que as pessoas de G. Para elas, o *bac* G é uma lata de lixo. De modo geral, a ordem de classificação é C e D; em seguida, A e B mais ou menos no mesmo nível; e depois G.

– Nesse caso, não é verdade quando se diz que o ensino é o mesmo para todos?

– Exatamente, isso não é verdade. Digamos, talvez na origem, seja o mesmo para todos. Mas a consideração de todo o mundo, inclusive dos professores, por certas classes faz com que... os próprios professores não considerem o *bac* G como uma verdadeira classe.

– Então, como é que é considerada por eles?

– Lata de lixo! Para eles, essa classe recebe todas as pessoas que, na *troisième*, não quiseram parar e (aquelas que), na *seconde*, não obtiveram notas suficientes para [...] enfim, para as outras seções. Não se sabe o que fazer com essas pessoas, então são colocadas aí. É uma pena. [...] Bom, o que é certo é que elas existem realmente; pergunta-se o que fazem aí. Alguns encontram-se nessa classe porque não há lugar em outras seções, mas não estão verdadeiramente contentes. Digamos que se todos os que foram para o *bac* G, por sua própria vontade, fossem colocados na mesma classe, seria possível desafiar qualquer outra classe. [...] A vantagem com o *bac* que eu faço [G2] é que eu posso fazer advocacia. Se eu for para a faculdade, poderei fazer advocacia. Também posso fazer gestão, contabilidade, comércio. Há muitas possibilidades de emprego, enfim, mais variadas. Porque os outros, por exemplo, os de C, são obrigados a fazer engenharia, enfim a ficar na área da matemática. Quanto aos de B, eles são obrigados a fazer comércio; os de A, literatura. Com nosso *bac*, podemos chegar em todos os domínios. Em nossa seção, já existem três possibilidades que podem ser escolhidas. Se, além disso, formos para a faculdade, então...

Aluna de liceu, 18 anos, bac *G2 em Lagny; pai inspetor de vendas e mãe assistente social; ambos são titulares do* bac. *O irmão mais velho, 20 anos, estuda matemática especializada.*

Muitos estão aí, porque é obrigatório ir ao liceu

– *O que você espera de seus estudos no LEP?*

– Para começar, obter meu diploma e, em seguida, orientar-me graças a ele. Em seguida, eu gostaria de continuar um *bac* profissional.

– *E em seguida?*

– Se eu não conseguir isso, talvez procure o BTS para ser professora... se eu realmente passar.... veremos [...] No LEP, é preciso estar realmente afim de trabalhar. O ambiente não é favorável a isso.

– E qual é o motivo?

– As pessoas que estão aí: elas não têm nenhuma motivação. Muitas estão aqui porque é obrigatório ir ao liceu ou, então, não têm outra coisa a fazer. De qualquer forma, a maioria das pessoas que estão no LEP encontram-se aí, sobretudo, porque é obrigatório ir ao liceu.

Aluna de liceu, 19 anos, no 2º ano de BEP "Vendas-atividade mercantil". Mãe, ex-operária, ocupa-se atualmente de crianças com dificuldades mentais. Pai caminhoneiro, alcoólatra. Pais divorciados há oito anos.

O que seria de mim se não houvesse a escola

– Meu problema é que eu não consigo interessar-me por isso [os estudos] [....]

– Mas, então, o que leva você a continuar no liceu?

– [Sorrisos] à primeira vista, eu não sei. À segunda vista [longo silêncio], eu não sei. Porque eu não me interesso pela escola, [...] é um pouco uma espécie de marcha forçada.

– Mas você não acha que, no final, conseguirá alguma coisa?

– Com certeza, mas eu não creio muito nisso. Eu não sei. Do ponto de vista da escola, eu deixo o tempo passar. Eu não me coloco em questão todas as manhãs... não, eu não acredito na escola. Eu creio que se trata de uma espécie de marcha forçada, é isso...

– *A maioria das pessoas são um pouco empurradas pelos pais, mas, segundo parece, não é esse o seu caso?*

– Quando eu digo "marcha forçada", é em relação a [...] não que eu seja verdadeiramente um carneirinho, mas eu não sei [...] a escola para mim, isso não traz grande coisa ... mas, mesmo assim, eu estou aqui. O que eu faria se eu não fosse à escola [...]? Eu creio que, a rigor, esta pode ser uma resposta, é isso. Não tenho qualquer disposição para me esfalfar ou preparar um BEP. Eu creio que é mais em relação a "que seria de mim se não houvesse a escola?" Então, por enquanto, eu continuo aí, é isso. Talvez, um dia, eu venha a descobrir sua utilidade. [...]

– *Mas você não gostaria de fazer, mais tarde, algo que lhe interessa?*

– Mmm... Bem, eu não sei. Eu creio que é difícil fazer qualquer coisa que nos interesse [silêncio]. Não, é verdade, eu não sei para onde eu vou, de fato. Eu penso que ... que eu não sou o único.... mas, de fato .... não, eu não sei. Eu sei que eu me oriento para um *bac* B e, depois, eu não sei. Eu não sou um superbom aluno, então eu não creio que .... eu pegarei aquilo que me derem, talvez, hein. [...].

– *Mas será que isso torna você deprimido ou não?*

– Bem.... sim, não ... isso não me torna deprimido. Isso me deixa deprimido, quando eu penso nisso, ou seja, três vezes por ano. Eu não me coloco muitas questões, é isso. Enfim, eu deixo andar e depois ver-se-á. [...]

O pessoal fez a passeata, sobretudo, para denunciar um mal-estar.

– *O que era esse mal-estar?*

– Bem, nada .... esta vida de cachorro que se tem neste liceu de merda [risos]. [...]. Eu mudei de estado de espírito em relação ao liceu, porque eu saio com uma gata, seus pais são pedagogos [mãe professora de espanhol e pai professor de direito]. Eu tinha pais que não andavam atrás de mim, eu estava entregue a mim mesmo. [...] Esse ambiente de pedagogos, isso me sensibilizou mesmo assim. Eu me dei conta de que era preciso que eu tentasse aceitar a escola, em vez de estar contra, é isso. Eu era contra porque eu, na escola, o que me desagrada, é... é o negócio aleatório que há por trás... inclusive no conselho de classe, onde os julgamentos de valor são feitos sobre pessoas... que nem são conhecidas... A escola reproduz as hierarquias, bom, bem isso, isso me... isso me repugna um pouco. Nem todos têm sua chance, exatamente... nem todos estão em um mesmo pé...

Estudante de liceu, 19 anos, na première *B em um liceu de periferia. Pais divorciados, mãe vendedora, pai caixeiro-viajante, depois de ter sido bombeiro.*

Estes extratos são provenientes de entrevistas realizadas por Lucien Arleri, Jean-Patrick Pigeard e Delphine Fanget.

CAPÍTULO X

As contradições
da herança

Pierre Bourdieu

Tradução: MAGALI DE CASTRO
Revisão técnica: GUILHERME JOÃO DE FREITAS TEIXEIRA

Fonte: BOURDIEU, Pierre. "Les contradictions de l'héritage", publicado originalmente em BOURDIEU, P. (org.). *La Misère du monde*. Paris: Éditions du Seuil, 1993, p. 711-718.

Segundo Heródoto, a vida entre os persas decorreu bem enquanto eles se contentaram em ensinar às crianças a montar a cavalo, atirar com o arco e não mentir. Com efeito, é certo que, nas sociedades diferenciadas, coloca-se de maneira muito particular a questão absolutamente fundamental em toda sociedade que é *a ordem das sucessões*, ou seja, a gestão da relação entre pais e filhos e, mais precisamente, da perpetuação da linhagem e de sua herança, no sentido mais amplo do termo. Em primeiro lugar, para continuar aquele que, em nossas sociedades, encarna a linhagem, ou seja, o pai, e o que constitui, sem dúvida, o essencial da herança paterna, ou seja, essa espécie de "tendência a perseverar no ser", perpetuar a *posi*ção social, que o habita, é preciso, muitas vezes, distinguir-se dele, superá-lo e, em certo sentido, negá-lo; tal operação não ocorre sem problemas, tanto para o pai que deseja e não deseja essa superação assassina quanto para o filho (ou a filha) que se encontra diante de uma missão dilacerante e suscetível de ser vivida como uma espécie de transgressão[1].

Em segundo lugar, a transmissão da herança depende, doravante, para todas as categorias sociais (embora em graus diversos), dos veredictos das instituições de ensino que funcionam como um *princípio da realidade* brutal e potente, responsável, em razão da intensificação da concorrência, por muitos fracassos e decep-

---

1. Decidi privilegiar, ao longo desta análise, o caso do filho, reservando para outra ocasião o estudo das variações da relação de sucessão segundo o sexo dos pais e dos filhos.

ções. A instituição do herdeiro e o efeito de destino que ela exerce – até então, atribuições exclusivas da palavra do pai ou da mãe, depositários da vontade e da autoridade de todo o grupo familiar – competem, hoje, igualmente à escola, cujos julgamentos e sanções podem não só confirmar os da família, mas também contrariá-los ou opor-se a eles, e contribuem de maneira abolutamente decisiva para a construção da identidade. É o que explica, sem dúvida, o fato de que a escola se encontre, frequentemente, na origem do sofrimento das pessoas entrevistadas, frustradas ou em seu próprio projeto ou nos projetos que fizeram para seus descendentes, ou ainda pelos desmentidos infligidos pelo mercado do trabalho às promessas e garantias da escola.

Matriz da trajetória social e da relação com essa trajetória – portanto, das contradições e duplas vinculações (*double binds*) que nascem, especialmente, das discordâncias entre as disposições do herdeiro e o destino encerrado em sua herança – a família é geradora de tensões e contradições genéricas (observáveis em todas as famílias, porque ligadas à propensão a se perpetuar) e específicas (variando, especialmente, segundo as características da herança). O pai é o sujeito e o instrumento de um "projeto"[2] (ou, melhor, de um *conatus*) que, estando inscrito em suas disposições herdadas, é transmitido inconscientemente, em e por sua

---

2. Para evitar a lógica da intenção consciente evocada pela palavra projeto, falar-se-á de *conatus*, correndo o risco de parecer que se está cedendo ao jargão.

maneira de ser, e também, explicitamente, por ações educativas orientadas para a perpetuação da linhagem (o que, em certas tradições, é chamada "a casa"*). Herdar é transmitir essas disposições imanentes, perpetuar esse *conatus*, aceitar tornar-se instrumento dócil desse "projeto" de reprodução. A herança bem-sucedida é um assassinato do pai consumado a partir de sua própria injunção, uma superação dele destinada a conservá-lo, manter seu "projeto" de superação que, enquanto tal, está na ordem das sucessões. A identificação do filho com o desejo do pai como desejo de ser continuado faz o herdeiro sem história[3].

Os herdeiros que, aceitando herdar – portanto, serem herdados pela herança –, conseguem apropriar--se dela (o politécnico filho de politécnico ou o metalúrgico filho de metalúrgico), escapam das antinomias da sucessão. O pai burguês, que deseja para o filho o que tem e é, pode se reconhecer completamente nesse *alter ego* que produziu, reprodução idêntica àquilo que ele é e ratificação da excelência de sua própria identidade social. E o mesmo ocorre com o filho.

Do mesmo modo, no caso do pai em vias de ascensão em trajetória interrompida, a ascensão que leva o filho a superá-lo é, de certa forma, seu próprio acaba-

---

* No original, "la maison" [N.R.].

3. A identificação ao pai e ao seu desejo como desejo de ser continuado é uma das principais mediações da entrada na *illusio* masculina, ou seja, da adesão aos jogos e implicações considerados como interessantes em determinado universo social.

mento, a plena realização de um "projeto" rompido que ele pode, assim, completar por procuração. Quanto ao filho, rejeitar o pai real é aceitar, tomando-o por conta própria, o ideal de um pai que, por sua vez, se rejeita e se nega, fazendo apelo à sua própria superação.

Mas, nesse caso, o desejo do pai, por mais realista que seja, amplia-se, por vezes, desmesuradamente, além dos limites do realismo: o filho ou a filha, transformados em substitutos do pai, são encarregados de realizar, em seu lugar e, de alguma forma, por procuração, um eu ideal mais ou menos irrealizável: assim, é possível encontrar muitos exemplos de pais ou mães que, projetando no filho certos desejos e projetos compensatórios, exigem-lhe o impossível. Essa é uma das principais fontes de contradições e sofrimentos: muitas pessoas sofrem *continuadamente* devido ao descompasso entre suas realizações e as expectativas dos pais que elas não conseguem satisfazer nem repudiar[4].

Se a identificação com o pai, e com seu "projeto", constitui, sem dúvida, uma das condições necessárias à

---

4. O mesmo ocorre quando as expectativas dos pais, constituídas em um estado anterior do mundo social, são, de alguma forma, descompassadas e defasadas em relação às exigências do mundo presente que são mais ajustadas às expectativas dos filhos por terem sido constituídas em condições de socialização diferentes. Uma outra fonte de sofrimento é a existência de descompassos entre as expectativas paternas e as expectativas maternas que, muitas vezes, estão associadas a discordâncias sociais entre o pai e a mãe ou entre suas linhagens que buscam prolongar-se, prolongando a respectiva herança (isso contrasta com os casos em que o desejo da mãe é simplesmente redundante em relação ao desejo do pai). Uma outra causa de contradições, e de dupla vinculação, é a existência de contradições no projeto paterno.

boa transmissão da herança (sobretudo, talvez, quando esta consiste em capital cultural), ela não é condição suficiente para o êxito da operação de sucessão que – sobretudo para os detentores do capital cultural, mas também, em menor grau, para os outros – encontra-se, hoje, subordinada aos veredictos da escola e, portanto, passa pelo sucesso escolar. Aqueles, comumente chamados de "fracassados", são, essencialmente, os que erraram o objetivo que lhes fora socialmente atribuído pelo "projeto" inscrito na trajetória dos pais e no futuro que ela implicava. Se sua revolta volta-se, indistintamente, contra a escola e contra a família, é porque têm todas as razões de sentir a cumplicidade que, apesar da oposição aparente, une essas duas instituições e se manifesta na *decepção* de que eles são a causa e o objeto. Tendo liquidado as expectativas e as esperanças do pai, não lhes resta outra escolha a não ser abandonarem-se ao desespero, tomando à sua conta a imagem totalmente negativa que lhes é enviada pelos veredictos das duas instituições aliadas, ou matarem simbolicamente, em seu próprio princípio, o "projeto" dos pais, orientando-se de forma oposta ao estilo de vida familiar, como fez aquele adolescente que, filho de um engenheiro de esquerda, ocupa-se das tarefas mais penosas do militantismo de extrema-direita.

Seria preciso analisar de maneira mais completa as diferentes formas que pode assumir a relação entre os veredictos, muitas vezes essencialistas e totais, da instituição escolar, e os veredictos dos pais, prévios e, sobretudo, consecutivos aos da escola: essa relação depende muito da representação, muito variável segundo as categorias sociais, que as famílias têm do "contrato pedagógico" e que varia segundo o grau de confiança atribuído à escola e aos mestres, e, ao mesmo tempo, segundo o grau de compreensão de suas exigências explícitas e, sobretudo, implícitas. Confinada em uma visão meritocrática que a prepara mal para perceber e enfrentar a diversidade das estratégias mentais dos alunos, a instituição escolar provoca, muitas vezes, traumatismos propícios a reativarem os traumatismos iniciais: os julgamentos negativos que afetam a imagem de si encontram um reforço, sem dúvida muito variável em sua força e forma, junto aos pais, que redobra o sofrimento e coloca a criança ou o adolescente diante da alternativa de se submeter ou sair do jogo por diferentes formas de negação e compensação ou de regressão (a afirmação da virilidade e a instauração de relações de força física podem, assim, ser compreendidas como uma forma de inverter, individual ou coletivamente, as relações de força cultural e escolar).

Um outro exemplo, próximo do precedente, embora, em certo sentido, mais dramático, é aquele do filho que, para "fazer sua vida", como se diz, deve negar a vida do pai, rejeitando, pura e simplesmente, herdar e ser herdado e anulando, assim, retrospectivamente, toda a empreitada paterna, materializada na herança rejeitada. Prova particularmente dolorosa para o pai (e, sem dúvida, também para o filho) quando – como o agricultor que entrevistamos – ele mesmo construiu, de alto a baixo, toda essa herança, essa "casa", que sucumbirá com ele: é toda a sua obra e, ao mesmo tempo, toda a sua existência, que são desse modo anuladas, despossuídas de seu sentido e de sua finalidade.

De todos os dramas e conflitos, ao mesmo tempo interiores e exteriores, e ligados tanto à ascensão quanto ao declínio, que resultam das contradições da sucessão, o mais inesperado é, sem dúvida, o *dilaceramento* que nasce da experiência do êxito como fracasso ou, melhor, como transgressão: quanto maior for seu êxito (ou seja, quanto melhor você cumprir a vontade paterna que deseja seu êxito), maior será seu fracasso, mais contundente será o assassinato de seu pai, maior será sua separação dele; e, inversamente, quanto maior for seu fracasso (realizando, assim, a vontade inconsciente do pai que, no sentido ativo, não pode desejar totalmente a própria negação), maior será seu êxito. Como se a posição do pai encarnasse um limite a não ultrapassar; o qual, tendo sido interiorizado, tornou-se uma espécie de proibição de adiar, distinguir-se, negar, romper.

Esse efeito de limitação das ambições pode ser exercido no caso em que o pai conheceu um grande êxito (o caso dos filhos de personagens célebres merece uma análise particular). Mas reveste-se de toda a sua força no caso em que o pai ocupa uma posição dominada, seja do ponto de vista econômico e social (operário, pequeno empregado), seja do ponto de vista simbólico (membro de um grupo estigmatizado) e, dessa forma, sente-se inclinado à ambivalência em relação ao êxito do filho, assim como em relação a ele próprio (dividido entre o orgulho e a vergonha de si, decorrente da interiorização da visão dos outros). Ele diz: seja como eu, faça como eu, e, ao mesmo tempo: seja diferente, desapareça. Toda a sua existência encerra uma dupla injunção: tenha êxito, mude de situação, torne-se um burguês, e, por outro lado, permaneça simples, sem orgulho, próximo do povo (de mim). Não pode desejar a identificação do filho com sua própria posição e com suas disposições e, não obstante, trabalha continuamente para produzi-la por meio de seu comportamento e, em particular, pela linguagem do corpo que contribui tão fortemente para modelar o *habitus*. Deseja e teme que o filho se torne um alter ego, teme e deseja que ele se torne um *alter*. O produto de tal injunção contraditória está votado não só à ambivalência em relação a si mesmo, mas também ao sentimento de culpa pelo fato de que o êxito, nesse caso, é verdadeiramente assassinato do pai: se obtém êxito, sente-se culpado de traição; se fracassa, carrega a culpa de ter causado uma decepção. O trânsfuga deve prestar (justiça) ao pai: daí, determinadas fidelidades à causa do povo que são fidelidade à causa do pai (por exemplo, como confirmam os testemunhos que recolhemos, certas formas de adesão ao Partido Comunista inspiram-se na busca da reconciliação com um povo imaginário, ficticiamente reencontrado no seio do partido); e um bom número de condutas, não somente políticas, podem ser compreendidas como tentativas para neutralizar magicamente os efeitos da mudança de posição e de disposições que, praticamente, marca uma separação em relação ao pai e aos pares ("você não aguenta mais ficar conosco") e para compensar, pela fidelidade a suas tomadas de posição, a impossibilidade de se identificar completamente com um pai dominado[5].

Tais experiências tendem a produzir *habitus* dilacerados, divididos contra eles próprios, em negociação permanente com eles mesmos e com sua própria ambivalência; portanto, votados a uma forma de desdobramento, a uma dupla percepção de si e, também, às sinceridades sucessivas e à pluralidade de identidades.

Assim, ainda que não tenha o monopólio da produção dos dilemas sociais e ainda que o mundo social multiplique as posições que produzem efeitos absolutamente semelhantes, a família impõe, muitas vezes, injunções contraditórias, seja em si mesmas, seja em relação às condições oferecidas para sua realização. Ela está na origem da parte mais universal do sofrimento social, inclusive da forma paradoxal de sofrimento que se encontra enraizada no privilégio. É ela que torna possíveis esses privilégios-armadilhas que, muitas vezes, arrastam os beneficiários dos presentes envenenados da consagração social (estamos pensando na *noblesse oblige* de

---

5. Estamos pensando no jovem árabe nascido na França: imprensado entre dois universos inconciliáveis, não consegue se identificar com a escola que o rejeita, nem com o pai que ele tem o dever de proteger; sua tensão parece encontrar um começo de solução quando encontra uma família adotiva nos pais de sua namorada e, através dela, a possibilidade de se reconhecer na escola.

todos os beneficiários-vítimas de uma forma qualquer de consagração ou escolha, nobres, homens, primogênitos, detentores de certificados escolares raros) para as diferentes espécies de *impasses nobres*, vias nobres que se revelam ser vias sem saída. A família é, sem dúvida, a principal responsável por essa parte do sofrimento social que tem como sujeito as próprias vítimas (ou, mais exatamente, as condições sociais que acabam produzindo suas disposições).

Dito isso, é preciso evitar transformar a família na causa última dos mal-estares que, segundo parece, são determinados por ela. De fato, como se vê perfeitamente no caso da família camponesa – em que a sentença de morte da empreitada sobrevém através do celibato ou da partida do filho mais velho – os fatores estruturais mais fundamentais (como a unificação do mercado dos bens econômicos e, sobretudo, simbólicos) estão presentes nos fatores inscritos no seio do grupo familiar. Isso faz com que, através da narrativa das dificuldades mais "pessoais", das tensões e contradições, na aparência, mais estritamente subjetivas, acabem se exprimindo, muitas vezes, as estruturas mais profundas do mundo social e suas contradições. Isso nunca é tão visível como no caso dos ocupantes de posições instáveis que são extraordinários "dispositivos analisadores práticos": situados em pontos onde as estruturas sociais "estão em ação" e, por esse fato, movidos pelas contradições dessas estruturas, eles são obrigados, para viver ou sobreviver, a praticar uma forma de autoanálise que, muitas vezes, dá acesso às contradições objetivas de que são vítimas e às estruturas objetivas que se exprimem através delas[6].

Aqui, não é o lugar de colocar a questão da relação entre o modo de exploração da subjetividade que propomos e o modo utilizado pela psicanálise. Mas é preciso, pelo menos, estar precavido contra a tentação de pensar as relações desses dois modos em termos de alternativa. A sociologia não pretende substituir o modo de explicação da psicanálise pelo seu, mas somente construir, de outra forma, alguns dados que esta toma também por objeto; assim, detém-se em aspectos da realidade que são descartados pela psicanálise como secundários ou insignificantes, ou abordados como anteparos que devem ser transpostos para que seja possível alcançar o essencial (por exemplo, as decepções escolares ou profissionais, os conflitos de trabalho etc.) e que podem conter informações pertinentes sobre coisas que são levadas em consideração também pela psicanálise.

Uma verdadeira sociogênese das disposições constitutivas do *habitus* deveria empenhar-se em compreender como a ordem social capta, canaliza, reforça ou se opõe a processos psíquicos, conforme existe homologia, redundância e reforço entre as duas lógicas ou, ao contrário, contradição e tensão. É evidente que as estru-

---

6. Tem sido, muitas vezes, o caso dos trabalhadores da área social – inicialmente, pensávamos interrogá-los como informantes; afinal, tornaram-se objetos privilegiados de uma análise tanto mais rica em revelações objetivas na medida em que levou mais longe a exploração das experiências subjetivas.

turas mentais não são o simples reflexo das estruturas sociais. O *habitus* mantém com o campo uma relação de solicitação mútua e a *illusio* é determinada do interior, a partir das pulsões que impelem o indíviduo a investir no objeto; mas também do exterior, a partir de um universo particular de objetos socialmente oferecidos ao investimento. Em virtude do princípio de divisão (*nomos*) específico que o caracteriza, o espaço dos possíveis peculiar a cada campo – religioso, político ou científico etc. – funciona como um conjunto estruturado de licitações e de solicitações, e também de interdições; atua à maneira de uma língua, como sistema de possibilidades e impossibilidades de expressão que interdita ou encoraja processos psíquicos diferentes entre si e, em todo caso, diferentes dos processos psíquicos do mundo comum; através do sistema de satisfações reguladas que propõe, acaba impondo um regime particular ao desejo que é, assim, convertido em *illusio* específica. Por exemplo, como observa Jacques Maître, o campo religioso capta e legitima processos psíquicos que, para as instâncias que regem a existência comum, seriam considerados rejeições patológicas da realidade: os personagens celestes, objetos imaginários inscritos em um simbolismo socialmente aceito, validado, valorizado, e os modelos extraídos, mais ou menos conscientemente, de uma tradição mística autônoma, permitem a projeção de fantasmas reconhecidos pelas pessoas mais próximas e asseguram uma "regulação religiosa da ilusão" (inteiramente análoga àquela que asseguram os personagens e modelos literários em matéria de amor)[7]. E, da mesma forma, poder-se-ia mostrar como o desejo se especifica e se sublima, em cada um dos universos propostos à sua expressão, para revestir formas socialmente aprovadas e reconhecidas: aqui, as da *libido dominandi*; ou, alhures, as da *libido sciendi*.

Em sua análise do "romance familiar dos neuróticos", Freud observava que, muitas vezes, os sonhos diurnos da pós-puberdade apropriam-se do "tema das relações familiares" em uma atividade fantasmática que visa rejeitar os pais, doravante menosprezados, para substituí-los por outros, "de uma posição social mais elevada" e, em uma palavra, "mais distintos". E, de passagem, sublinhava que esses sonhos "servem para realizar desejos, corrigir a existência tal como ela é, e visam, principalmente, dois objetivos, erótico e ambicioso". Acres-

---

7. Cf. MAÎTRE, J. "Sociologie de l'idéologie et entretien non directif". *Revue Française de Sociologie*, XVI, 1975, p. 248-256. Todos aqueles que tentaram conciliar a sociologia com a psicanálise não manifestaram o mesmo rigor e prudência de Jacques Maître em seus trabalhos sobre os místicos; além disso, de certas tentativas recentes para avançar nesse sentido, pode-se inferir incitações a uma vigilância ainda maior. Se se pretende que a socioanálise seja algo diferente de uma espécie de interseção vazia, como acontece, muitas vezes, com as disciplinas intermediárias que escapam das exigências das duas disciplinas em questão, é preciso, efetivamente, evitar, a qualquer preço, as conciliações ecléticas não só de uma "psicanálise" de revista que se contenta em rebatizar as noções mais ingênuas da psicologia espontânea – a ambição torna-se o ideal do eu ou desejo narcisista de onipotência; o fracasso, perda de objeto – mas também de uma sociologia "mole" que, em nome da "complexidade" e da "pós-modernidade", manipula as ideias vazias, sem referente objetivo, de uma mitologia fundada nas oposições de termos antagônicos e orquestrando, uma vez mais, o velho refrão bergsoniano do fechado e do aberto.

centando, logo em seguida, entre parênteses: "mas, por detrás deste (o objetivo ambicioso) esconde-se, também, quase sempre, o objetivo erótico"[8]. Não me compete confirmar ou invalidar tal afirmação. Mas eu gostaria de lembrar somente a afirmação complementar que o psicanalista passa em silêncio: o desejo apenas se manifesta, em cada campo (vimos um exemplo com o campo religioso), sob a forma específica que, em determinado momento do tempo, lhe é atribuída por esse campo e que é, em mais de um caso, a da ambição.

---

8. FREUD, S. *Névrose, psychose et perversion*. Paris: PUF, 1973, p. 158-159.

CAPÍTULO XI

Medalha de ouro
do CNRS 1993

Pierre Bourdieu

Tradução: SÉRGIO GRÁCIO

Fonte: BOURDIEU, Pierre. "Medalha de ouro do CNRS 1993",
publicado originalmente em *Educação, Sociedade & Culturas*
(Revista da Associação de Sociologia e Antropologia). Porto: Edições
Afrontamento, n. 2, 1994, p. 31-38. Transcrito aqui com a autorização
dos editores dessa revista.

Discurso de Pierre Bourdieu feito a 7 de dezembro de 1993, por ocasião da entrega da Medalha de Ouro por François Fillon, Ministro do Ensino Superior e da Investigação.

Senhor Ministro, Senhor Presidente, Senhor Diretor-Geral, caros colegas e amigos, Senhoras e Senhores:

As consagrações que deveriam apenas tranquilizar-nos têm sobre mim o poder de provocar ou despertar inquietação e um certo sentimento de indignação. Mas elas não podem esconder a minha profunda certeza de que a sociologia e os sociólogos são inteiramente dignos do reconhecimento que a comunidade científica por meu intermédio lhes concede. Eu desejaria partilhar esta convicção, aproveitando o fato de ter diante de mim as mais altas autoridades da política e da ciência e os mais eminentes representantes do jornalismo para tentar responder a algumas das questões, muitas vezes críticas, que se tem o hábito de colocar a propósito desta ciência mal-amada.

Mas eu não gostava que esta apologia da sociologia ficasse um exercício desprovido de efeitos reais. Tornando-me, por momentos, porta-voz de todos os sociólogos, ou pelo menos daqueles que me afirmaram e me escreveram sobre a sua alegria de verem a sua ciência assim consagrada, gostaria de endereçar uma espécie de petição solene às autoridades políticas e científicas para que a sociologia francesa, universalmente reconhecida como uma das melhores do mundo, beneficie de todas as vantagens simbólicas, mas também materiais, associadas a um verdadeiro reconhecimento. Penso muito particularmente em todos os que iniciam presentemente uma carreira e que devem muitas vezes viver de expedientes, durante os anos mais decisivos da sua existência científica, sem de algum modo terem a segurança de um dia obterem um posto no ensino ou na investigação que lhes possa garantir decentes condições de trabalho.

Não tentarei esconder o meu desejo de que as vantagens a que apelo para a sociologia tenham por prioridade todos os que, numa ou noutra ocasião, participaram na minha equipe no quadro do Centro de Sociologia Europeia e do Centro de Sociologia da Educação e da Cultura. Estão aqui, na sua maioria, e gostava de poder nomeá-los um por um no momento em que lhes afirmo publicamente a minha dívida e gratidão. Penso que muitas das dificuldades que tivemos, dentro e fora da equipe, têm origem no fato de, à maneira dos discípulos de Durkheim, termos tentado elaborar um estilo de trabalho que, nomeadamente pelo seu caráter colectivo, contradizia as tradições e as expectativas de um mundo intelectual que ainda se encontrava ligado à lógica literária, com as suas alternativas mundanas do singular e do banal, do novo e do ultrapassado, favorecidas pelos pequenos mestres presunçosos e pela busca da originalidade a qualquer preço.

Desejo mencionar à parte aqueles que participaram comigo num empreendimento um pouco desmedido, que conduziu a *La Misère du monde*, e também aqueles e aquelas que – e são em parte os mesmos –, durante cerca de vinte anos, ajudaram-me a assumir o encargo da revista *Actes de la recheche en sciences sociales* e do seu suplemento internacional, *Liber*. Isto muito frequentemente sem quaisquer outras gratificações a não ser a satisfação de participar numa aventura intelectual (a comunidade científica nunca foi muito generosa para com eles). A minha satisfação seria completa, esta noite, se me garantissem que eles receberão das instituições que os acolhem ou que deveriam acolhê-lhos, CNRS, Escola de Altos Estudos etc., o justo reconhecimento do seu mérito.

Posso voltar agora à sociologia e às questões que se colocam a seu propósito. A primeira e a mais comum, diz respeito ao seu estatuto de ciência. É claro que a sociologia possui as principais características que definem uma ciência: autônoma e cumulativa, ela se esforça por construir sistemas de hipóteses organizados em modelos coerentes capazes de dar conta de um vasto conjunto de fatos observáveis empiricamente. Mas podemos perguntar se a questão é verdadeiramente esta, quando verificamos que ela nunca é colocada a propósito da maior parte das disciplinas canônicas das faculdades de Letras e de Ciências Humanas, ou das disciplinas menos seguras de si das faculdades de Ciências.

Com efeito, a sociologia sempre foi suspeita – especialmente nos meios conservadores – de compromissos com a política. E é verdade que o sociólogo, diversamente do historiador ou do etnólogo, toma como objeto o seu próprio mundo, sobre o qual parece tomar partido e do qual faz parte. É certo que ele tem, inevitavelmente, interesses neste mundo e que corre sempre o risco de investir na sua prática preconceitos ou, pior ainda, pressupostos ligados à sua posição no objeto. Na realidade, o perigo é muito menor do que parece ao leigo. Com efeito, talvez por estar particularmente exposta, a sociologia permite dispor de um arsenal especialmente forte de instrumentos de defesa. E sobretudo, a lógica da concorrência, que é a de todos os universos científicos, faz com que pesem sobre cada sociólogo constrangimentos e controles que ele faz pesar por sua vez sobre todos os outros. É o conjunto do universo sociológico mundial, em toda a diversidade das suas posições e das suas tomadas de posição científicas (e não políticas) que se interpõe, como uma muralha, entre cada sociólogo e o mundo social: a lógica das censuras cruzadas leva a que ele não se possa abandonar às seduções profanas e aos compromissos mundanos, os do jornalismo sobretudo, sem correr o risco de ser excluído do "colégio invisível" dos cientistas; exclusão que tem algo de terrível, mesmo se ela é ignorada pelos profanos – e pelos maus jornalistas, que tomam as diferenças de nível por diferenças de opinião, destinadas a se relativizarem mutuamente.

A independência puramente negativa que deste modo se encontra garantida não se realiza com verdadeira autonomia senão na medida em que cada sociólogo se tiver tornado senhor dos conhecimentos coletivos da sua disciplina, conhecimentos já imensos, cuja propriedade é a condição da entrada nos debates propriamente científicos.

Os sociólogos estão divididos, é um fato, mas segundo dois princípios muito diferentes: os que se apropriaram da herança coletiva estão unidos mesmo nos seus conflitos por esta herança – falam, como se diz, a mesma língua – e opõem-se entre si nos termos e segundo a lógica que são constitutivos da problemática e da metodologia que daí saíram directamente. Mas também se opõem de um modo muito distinto àqueles que estão privados dessa herança e que, por tal fato, estão mais próximos, muito frequentemente, das expectativas mediáticas. O mesmo é dizer que as discordâncias mais gritantes, invocadas com frequência para pôr em questão a cientificidade da sociologia encontram o seu fundamento puramente sociológico na dispersão extrema (no sentido estatístico do termo) dos que se atribuem o nome de sociólogo.

Para ser verdadeiramente autônoma e cumulativa, e plenamente conforme à sua vocação científica, a sociologia deve ser também e sobretudo reflexiva. Ela deve tomar-se a si própria por objeto, usar de todos os instrumentos de conhecimento de que dispõe para analisar e dominar os efeitos sociais que se exercem sobre ela e que podem perturbar a lógica propriamente científica do seu funcionamento. Remeto os que julgarem estas análises demasiado abstratas para o que é dito em *Homo academicus* a propósito da sociologia e das instituições em que encontra lugar (talvez então me julguem demasiado concreto...).

Imperativa para os sociólogos, a sociologia do universo científico parece-me apenas um pouco menos necessária no caso das outras ciências. Efetivamente, ela é sem dúvida a realização mais eficaz da "psicologia do espírito científico" que Gaston Bachelard preconizava: está em condições de fazer surgir o inconsciente social que é reprimido coletivamente, que está inscrito na lógica social do universo científico, nas determinantes sociais da seleção, dos comitês de seleção e dos critérios de avaliação das comissões de avaliação, nas condições sociais do recrutamento e do comportamento dos administradores científicos, nas relações sociais de dominação que se exercem a pretexto de relações de autoridade científica, refreando ou bloqueando muito frequentemente a inventividade e a criatividade em vez de as libertar, sobretudo nos mais jovens, nas redes de cooptação nacionais e hoje locais que protegem uns contra os rigores da avaliação científica, interditando a outros a expressão plena das suas possibilidades criadoras etc., etc. Como as circunstâncias me obrigam a permanecer, aqui, alusivo ou obscuro, contentar-me-ei por evocar uma passagem, sempre esquecida, do famoso discurso sobre "a ciência como profissão", em que Max Weber coloca, diante da assembleia dos seus colegas reunidos, uma questão na verdade capital para a vida da ciência, mas habitualmente reservada para as conversas privadas: por que razão as universidades nem sempre selecionam os melhores (Max Weber usa uma linguagem mais brutal)? Como bom profissional, afasta a tentação de atribuir culpas a pessoas, na ocasião "as pequenas personagens das faculdades e dos ministérios" e convida a procurarmos a razão deste estado de coisas "nas próprias leis da ação concertada dos homens", as que, nas eleições dos papas ou dos presidentes americanos, levam quase sempre a selecionar "o candidato número dois ou três" e conclui, com um realismo que não é isento de humor: "Não é de admirar o fato de frequentemente acontecerem equívocos nestas condições, mas antes que [...] apesar de tudo constatemos um número tão considerável de nomeações justificadas". Uma política científica menos resignada poderia apoiar-se no conhecimento destas leis para contrariar e neutralizar os seus efeitos. Penso, para dar apenas um exemplo, na liberdade que introduziria em todo o sistema da investigação a criação, no seio de cada departamento, de uma secção que reagrupasse todos aqueles que têm dificuldades com a divisão entre as disciplinas e com as disciplinas mais ou menos arbitrárias e disfuncionais cientificamente que elas impõem.

Já disse o bastante para que se compreenda que a ideologia da "comunidade científica" como cidade ideal onde os cidadãos teriam apenas um objetivo, a procura da verdade, não serve de fato os interesses da verdade. A análise do funcionamento da cidade científica tal qual é e de todos os mecanismos que colocam obstáculos à concorrência pura e perfeita, e simultaneamente à invenção, a qual implica muitas vezes uma revolução das relações de força específicas do mundo erudito, poderia contribuir grandemente para o crescimento da produtividade científica, com a qual se inquietam muitos dos nossos tecnocratas. Em todo o caso, o que é certo é que os sábios, cada vez mais numerosos atualmente – sobretudo entre os biólogos –, que se preocupam com o futuro da sua ciência, arrastada pela força incontrolada dos seus mecanismos, só podem esperar obter um domínio coletivo do futuro da sua prática se empreenderem, com a ajuda dos sociólogos e dos historiadores das ciências, uma análise coletiva dos mecanismos sociais que regem o funcionamento real do seu mundo.

Poderão perguntar-me com que direito, em nome de que autoridade especial, esta ciência recente se ocupa da análise do funcionamento das ciências mais avançadas e firmadas. De fato, esta acusação de imperialismo vem sobretudo de filósofos e de escritores e de alguns cientistas particularmente inclinados à certeza do seu estatuto. E é outra virtude da sociologia da ciência ela oferecer fortes antídotos contra esta arrogância, profundamente funesta para a própria ciência. Na verdade, sem condenar em nada ao niilismo anticientífico (o que não demonstrarei aqui por falta de tempo), ela faz regressar a ciência às suas origens históricas ou sociais: longe de serem essências eternas, saídas já preparadas do cérebro humano, as verdades científicas são produtos históricos de um determinado tipo de trabalho histórico realizado sob as repressões e controles deste mundo social verdadeiramente especial, nas suas regras e sobretudo nas suas regularidades, que é o campo científico. Talvez a sociologia aí esteja para lembrar às outras ciências, tanto pela sua existência como pelas suas análises, a origem histórica daquelas, que é princípio da sua validade provisória, bem como da sua falibilidade. E ela mostra que as tentativas sempre renovadas para basear a ciência em princípios transcendentes estão condenadas ao círculo, evocado por James Joyce, da autoproclamação da infalibilidade do papa, a quem se não pode recusar a palavra em consequência da sua infalibilidade.

Comecei a responder à questão de saber para que serve a sociologia. Poderia contentar-me em dizer, como Tony Morrisson, escritora negra a quem perguntaram se os seus próximos romances dariam voz a personagens brancos, e que respondeu: "Perguntavam isso a um escritor branco?", os senhores poriam a questão da sua utilidade e da sua razão de ser a um físico, a um químico, a um arqueólogo ou mesmo a um historiador? Estranhamente, se o sociólogo tem tanta dificuldade em justificar a sua existência, é porque se espera dele muito ou muito pouco. E porque existem sempre muitos sociólogos para responder às expectativas mais grandiosas e entrar no papel impossível, e um pouco ridículo, de "pequeno profeta privilegiado e estipendiado pelo Estado", como diz ainda Max Weber.

Espera-se do sociólogo que, à medida do profeta, dê respostas últimas e (aparentemente) sistemáticas às questões de vida ou de morte que se colocam dia a dia na existência social. E é-lhe recusada a função, que ele tem direito de reivindicar, como qualquer cientista, de dar respostas precisas e verificáveis apenas às questões que está em condições de colocar cientificamente: quer dizer, rompendo com as perguntas postas pelo senso comum e também pelo jornalismo.

Não deve entender-se com isto que ele deva assumir o papel de perito ao serviço dos poderes. Não pode nem deve substituir o político na definição dos objetivos (fazer aceder 80% dos adolescentes ao final do secundário ou ensinar a ler 100% das crianças escolarizadas); mas pode lembrar as condições econômicas e sociais da realização destes objetivos àqueles que em completo desconhecimento de causa os definem, expondo-se deste modo a alcançar resultados opostos aos que julgam perseguir. Doravante, a sociologia estará tão segura de si mesma que dirá aos políticos que não podem pretender governar em nome de universos dos quais ignorem as leis de funcionamento mais elementares. Durkheim gostava de dizer que um dos maiores obstáculos ao progresso da ciência da sociedade, reside no fato de nestas matérias toda a gente pensar que tem o conhecimento infuso... E que dizer dos políticos que, fortalecidos com uma experiência de professor ou de funcionário, não hesitam em dar aos sociólogos lições de sociologia da educação ou da burocracia?

Longe de aprovar os políticos que, ao menor estremecimento das faculdades, se apressam a encorajar os estudantes descontentes a orientarem-se para estudos menos embaraçosos do que as ciências humanas, penso que é desejável que os estudos de sociologia sejam encorajados e largamente desenvolvidos, em si mesmos e por si mesmos, nas faculdades de Letras e Ciências Humanas, evidentemente, mas também, a título de ensino complementar, nas faculdades de Ciências, de Direito e de Medicina, e igualmente, mas desta vez com força, nas Escolas de Ciência Política e na ENA. Não teria dificuldade em mostrar o que o olhar do sociólogo poderia trazer ao magistrado, ao médico (a experiência tem desde há muito sido realizada nos Estados Unidos e podem estudar-se os seus efeitos), ao quadro superior, ao professor, ao jornalista e sobretudo talvez às suas ações e produções, portanto às suas clientelas. A estes sociólogos, que julgamos pletóricos, desejaria vê-los em todas as "instituições totais", como as apelida Goffman, asilos, hospitais, internatos, cadeias, e também nos grandes aglomerados, nas cidades, liceus e colégios, nas empresas (é preciso evocar aqui, mas de um modo diferente do habitual, o caso japonês); em tantos universos sociais complexos, cujos disfuncionamentos poderiam analisar ou manifestar as tensões e nos quais poderiam desempenhar o papel socrático de parteiros de indivíduos ou grupos.

Não creio que estejamos autorizados a ver nestes propósitos uma manifestação de imperialismo. Não é certo, na verdade, que todos os sociólogos estejam interessados no desenvolvimento da sociologia (poderiam contentar-se, como outros, em formas mais ou menos larvares de *numerus clausus*). Mas o certo é que o desenvolvimento da sociologia e do conhecimento científico da sociedade é conforme ao interesse geral e que a sociologia está autorizada a definir-se como serviço público. O que não quer dizer que esteja encarregado de responder imediatamente às necessidades imediatas da "sociedade" ou daqueles que se arvoram em seus porta-vozes e, menos ainda, daqueles que a governam.

As somas despendidas pelos governos, quer de direita quer de esquerda, para financiar sondagens ruinosas (apenas uma delas deve representar quase dez vezes o orçamento anual do meu laboratório) e cientificamente inúteis são o testemunho mais indiscutível do que eles esperam da ciência social: não o conhecimento da verdade do mundo social, mas, como os publicitários e anunciantes, o conhecimento dos instrumentos de uma demagogia racional. De entre as tarefas que incumbem à sociologia, e que somente esta pode realizar, uma das mais necessárias é a desmontagem crítica das manobras e manipulações dos cidadãos e dos consumidores que se apoiam em utilizações perversas da ciência. Podemos preocupar-nos na verdade pelo fato de o Estado, que representa a única liberdade diante dos constrangimentos do mercado, subordine cada vez mais as suas ações e as dos seus serviços, especialmente em matéria de cultura, de ciência ou de literatura, à tirania dos inquéritos de *marketing*, das sondagens, do *audimat* e de todos os registos supostos fiáveis das supostas expectativas do maior número. Vê-se que, na condição de que saiba servir-se da independência econômica que lhe garante a assistência do Estado para afirmar a sua autonomia em relação a todos os poderes, mesmo os do Estado, a sociologia pode ser um dos contrapoderes críticos, capazes de se opor eficazmente a poderes que se baseiam cada vez mais na ciência, real ou suposta, para exercer ou legitimar o seu império.

Anexo I
Quadro comparativo dos sistemas de ensino – Brasil/França

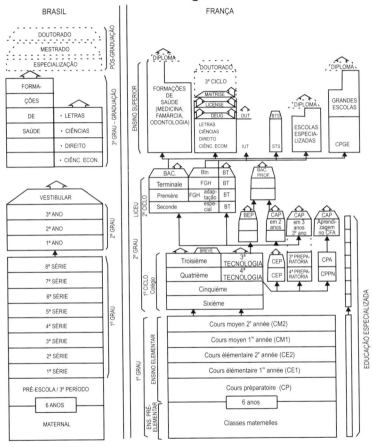

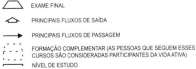

Anexo I
Quadro comparativo dos sistemas de ensino – Brasil-França

Anexo II
Significado das siglas

BEP	=	Brevê de Estudos Profissionais
BEPC	=	Brevê de Estudos do Primeiro Ciclo
BT	=	Brevê de Técnico
BTn	=	Vestibular (*baccalauréat*) Técnico
BTS	=	Brevê de Técnico Superior
CAP	=	Certificado de Aptidão Profissional
CEG	=	Colégio de Ensino Geral
CEP	=	Certificado de Estudos Profissionais
CES	=	Colégio de Ensino Secundário
CET	=	Colégio de Ensino Técnico (antiga denominação de LEP)
CFA	=	Centro de Formação de Aprendizes
CNRS	=	Conseil National de la Recherche Scientifique
CPA	=	Classe Preparatória de Aprendizagem
CPGE	=	Classes Preparatórias para as *Grandes Écoles*
CPPN	=	Classe Pré-Profissional de Nível
DEUG	=	Diploma de Estudos Universitários Gerais
DUT	=	Diploma Universitário de Tecnologia
FGH	=	Opção Administração e Informática (*Filière de Gestion et Informatique H*)
IUT	=	Instituto Universitário Tecnológico
LEP	=	Liceu de Ensino Profissional
LP	=	Liceu Profissional (atual denominação de LEP)
STS	=	Seção de Técnicos Superiores

Fonte: VASCONCELLOS M. *Le système éducatif*. Paris: Editions La Découverte, 1992 e BCLE, Belo Horizonte, 1992.

Conecte-se conosco:

f facebook.com/editoravozes

◉ @editoravozes

🐦 @editora_vozes

▶ youtube.com/editoravozes

☎ +55 24 2233-9033

www.vozes.com.br

Conheça nossas lojas:
www.livrariavozes.com.br

Belo Horizonte – Brasília – Campinas – Cuiabá – Curitiba
Fortaleza – Juiz de Fora – Petrópolis – Recife – São Paulo

  Vozes de Bolso

EDITORA VOZES LTDA.
Rua Frei Luís, 100 – Centro – Cep 25689-900 – Petrópolis, RJ
Tel.: (24) 2233-9000 – E-mail: vendas@vozes.com.br